OLIVER HASSENCAMP

Fröhliche Zeiten

Oliver Hassencamp

Fröhliche Zeiten

Die Wende zum Wunder

Herbig

Umschlaggestaltung: Werner Rebhuhn, Hamburg
Satz: Filmsatz Schröter GmbH, München
Gesetzt aus 10.5/13 Punkt Palatino auf Linotron 202
Druck und Binden: May + Co., Darmstadt
Printed in Germany
ISBN: 3-7766-1339-4

Inhalt

Wegweiser

Was fällt uns zu allererst ein, wenn wir zurückdenken an unsere Jugend unmittelbar nach dem Krieg?
Die Feste.
Wir haben immerzu gefeiert. Obwohl wir eigentlich nichts zu lachen hatten, konnten wir, nach allem was hinter uns lag, den Ernst nicht mehr ernstnehmen.
Jedes Zusammentreffen, jedes Wiedersehen wurde zum Fest. Dazu brauchte es nicht viel. Einen Raum, ein Radio oder ein Grammophon, etwas zu trinken, weil Tanzen und Reden durstig machen.
Alkoholisches war zwar willkommen, als Hilfsmittel aber konventionell. Wir hatten gelernt, daß es dazugehört. Für die Stimmung brauchten wir's nicht. Die schlug von Anfang an hohe Wellen. Ob sich nun zwanzig eine Flasche teilten oder nur fünf. Irgend jemand brachte immer irgend etwas mit. Ärzte meistens oder Chemiker.
Auf einem Faschingsfest bei Emil Frey, dem berühmten Medizinprofessor, standen erstaunlich viele Flaschen bereit. Dazu Orangenjuice aus amerikanischer Quelle. Nur etwas fehlte – Gläser. An sich hätte es niemanden gestört, aus der Flasche zu trinken, doch der Alkohol stammte von einem Institut der Universität und war vergällt. Er schmeckte penetrant nach Zusätzen wie Kampfer, Menthol oder nach dem hochgiftigen Methyl. Um Beigeschmack wie Nebenwirkungen zu mildern, sollte er mit dem Juice verdünnt werden.

Aber wie?
Da auch keine Schüssel zu finden war, die sauber genug gewesen wäre, erklärten sich beherzte Kavaliere bereit, von sämtlichen Flaschen, ohne sich die Stimmung vergällen zu lassen, die obere Hälfte abzutrinken, damit sie für die Damen mit Orangenjuice aufgefüllt werden konnten.
Die Wackeren trugen lebensgefährliche Räusche nach Hause, beziehungsweise sie mußten rauscheshalber getragen werden und fielen zumindest für das nächste Fest aus.
Dann tanzten sie wieder und zeigten keine Idiosynkrasie gegen Alkohol. Auch Spätfolgen sind nicht bekannt. Sie leben noch heute, oder starben viel später aus anderen Gründen.
Ein besonders erfindungsreicher Festefeierer – Mediziner auch er – kam mit kleinsten Mengen bestimmter Flüssigkeit aus. Heute würde man ihn als Nestor der Drogenszene bezeichnen – er mixte und verabreichte sogenannte *Stimmungsspritzen.* Sein Name sei verschwiegen, um ihn vor verspätetem Reichtum zu bewahren. Nur so viel kann verraten werden: Die von ihm präparierten Gäste fielen in der üblichen Hochstimmung nicht auf.
Unsere Reserven an Fröhlichkeit sprengten jedes Maß. Um sich zu amüsieren, bedurfte es keiner Getränke, keiner kaubaren Genüsse, keiner Musik, ja nicht einmal eines Partners. Mehrere Frohnaturen als Umfeld genügten.
Damals war ein amerikanischer Schlager in Mode. Er handelte von einem gewissen Richard, der die Tür aufmachen und den Anklopfenden hereinlassen soll, was er jedoch nicht tat.

Open the door, Richard!
Open the door and let me in.
Open the door, Richard!
Richard why don't you open the door?

In dieser schrecklichen Ungewißheit wurde der Zuhörer belassen. Die Klopfzeichen an der Tür waren rhythmisch mit der Information verwoben. Paarweise zu je vier Achteln unterbrachen sie mehrfach den Text – für die Zuhörer ein Anreiz, mitzuklopfen.
Irgendwo fand wieder ein Fest statt, saßen Freunde in einer Wohnung zusammen. Plötzlich griff einer im Überschwang nicht nach einer Tanzpartnerin, sondern nach der nächsten Tür und klopfte, während er den Schlager sang, jeweils an den richtigen Stellen. Das machte Laune. Alle stimmten in den Song ein.
Nun hängte er die Tür aus, ging damit durchs Zimmer, durch die ganze Wohnung, singend, klopfend, unbeeindruckt vom Gewicht der Tür und hörte nicht mehr auf. Weder vergällter Alkohol, noch eine Spritze oder die Rarität eines zu starken Kaffees waren schuld an seiner trancehaften Besessenheit, die alle mitriß zu befreiender Albernheit.
Sie wirkte nach. Anderntags erzählten wir einander die Geschichte und gerieten darüber erneut in Stimmung, als sei wieder ein Stück Vergangenheit von uns abgefallen. Den Mann mit der Tür erwähnten wir nicht weiter. Verrückt waren wir alle. Verrückt vor Freude.
Ich würde es nicht Galgenhumor nennen, was uns zu Höchstleistungen an Fröhlichkeit anspornte. Wir verdankten sie nicht dem *Morgenthau-Plan*, der Deutschland versteppen wollte, zum Agrarland ohne jede Industrie,

und damit unsere Zukunftsaussichten auf Agrikultur mit Kultur heruntergeschraubt hätte.
Was es war, hat Hans Werner Richter formuliert. Nicht irgendeiner dieses Namens, vielmehr *der* Hans Werner Richter, Mitfeierer, Mentor und Dompteur der Gruppe '47, die nach dem Kahlschlag im Goebbels'schen Propaganda-Wald die zarten Pflänzchen unschuldiger deutscher Buchstaben hegte und pflegte.
Spontan erinnert er sich an einen besonders vergnügten Faschingsabend unter dem Motto *Bayerischer Kolonialball* – ein Fest der Künstler, Poeten, Maler, Schauspieler im Stil von 1910, zur ironischen Erinnerung an die herrlichen Zeiten unter Willi Zwo, speziell an die bayerischen Kolonien in Übersee. Also nicht weit weg. Übersee heißt ein kleiner Ort beim Chiemsee. Den Preis für die besten Masken – eine Flasche Sekt – gewannen der Bühnenbildner der Kammerspiele Wolfgang Znamenacek und die Kostümbildnerin Elisabeth Urbancic.
Doch zu Freund Hans Werner. Er sagt:

Vielleicht haben viele von uns in den ersten Nachkriegsjahren ihre Jugend nachgeholt, eine Jugend, die ihnen genommen wurde, nicht nur in den Jahren des Krieges, sondern auch in denen davor. Wir hatten überlebt und alles schien vorbei: der Haß, die Unterordnung, der Zwang, die Schikaniererei und die ständig vorhandene Furcht. Es entstand eine überschäumende Lebensfreude, gespeist von dem Gefühl: Wir sind noch einmal davongekommen.
Gewiß, Entbehrungen und Armut hielten noch lange an. Aber auch sie trugen zur Lebensfreude bei, sie beeinträchtigten sie nicht, sondern erhöhten sie. Jedes Fest, jede Feier war eine Art Bestätigung dafür, daß wir noch leben konnten. Die schönen Seiten des Lebens taten sich vor uns auf; die

anderen, die häßlichen, die brutalen, die gemeinen, die kannten wir. Nun wollten wir sie vergessen. Wir waren voll großer Hoffnungen, vielleicht auch großer Utopien.
Diese ersten Jahre waren für uns der Aufbruch in eine neue und bessere Zeit. Nur so kann man sich erklären, warum wir in diesen Jahren keinen Anlaß zum Feiern ausließen, kein Fest versäumten, und je turbulenter es zuging, um so wohler fühlten wir uns. Der Nachholbedarf war ungeheuer.
Und wenn ich von mir sprechen darf, es waren die schönsten Jahre meines Lebens.

Damit ist Freund Hans Werner nicht allein. Erst viel später begriffen wir, welche Freiheiten zur Entfaltung die Stunde Null uns bot. Kein Zwang von Milieu und Stand, keine Gesetze, keine Förderungsprogramme drängten das Individuum in vorgegebene Bahnen, kein Konkurrenzkampf entzweite Freunde, kein Ehrgeiz machte verwandte Gemüter zu Feinden.
Wann je war Chancengleichheit radikaler verwirklicht, wann Hilfsbereitschaft selbstverständlicher? Wann gab es vergleichbaren Ideenreichtum, um aus dem Nichts etwas zu machen, spielerisch mit der Leichtigkeit der Davongekommenen? Wann herrschte ein elementareres Bedürfnis nach Lebensfreude?
Von Gesellschaftssystemen, von Bevormundung im Gewand sozialen Fortschritts geheilt, warteten wir nicht auf staatliche Förderungen, machten kein Recht auf Starthilfe geltend, demonstrierten nicht für Pensionsanspruch nach dem Abitur. Mit viel Staat ist wenig Staat zu machen – das hatten wir schmerzlich erfahren und vertrauten allein auf die eigenen Kräfte und Einfälle.
Zeit war noch nicht Geld. Man hatte Zeit. Und brauchte sie für die tägliche Improvisation beim Freistilringen mit

Verbot und Not. Vermögen, Unvermögen und nicht vorhandenes Vermögen wiesen den Weg in die ureigenste Richtung. Mit Phantasie, einer gewissen sportlichen Beharrlichkeit wurde man, von keinerlei Selbstverwirklichungsgeschwätz irritiert, zwangsläufig der, der man war. Ganz nach dem Rezept des Fürsten Metternich

Talente soll man hindern, damit sie reifen.

Wir Gehinderten – ein Freundeskreis von Feinden des alten Regimes in München – denken verjüngend an unsere Abenteuer durch Begrenzung zurück. Wir haben uns redlich geplagt.
Kommende Generationen sollten es einmal besser haben!
Eins ist uns mittlerweile klar: Mit ihnen tauschen möchten wir nicht.

Volkesstimme

Wir hatten die Nase von Politik und ihren Folgen unvorstellbar voll. Unser Widerwillen war nicht mehr zu bremsen. Gewissermaßen hinter dem Rücken des letzten, abziehenden SS-Mannes entfernten wir die Requisiten der großen Zeit, das Hoheitszeichen vor allem, jenen trutzigen Adler, der den Lorbeerkranz mit dem Hakenkreuz hält. Nichts sollte uns mehr dran erinnern.

Ein langjähriges Ärgernis war die bronzene Ehrentafel an der Feldherrnhalle, bewacht von je zwei SS-Männern mit Gardemaß und dem stupiden Geradeaus-Heldenblick der Statuen des Reichs-Muskelprotzers – des Bildhauers Joseph Thorak.

Alle Vorübergehenden hatten an diesem *Ehrenmal der Nation* den Deutschen Gruß zu entbieten. Sonst landeten sie auf der gegenüberliegenden SS-Wache und wer weiß wo danach.

Wir umgingen die Zumutung im genauen Sinn des Wortes: Wir bogen vorher ab, ins sogenannte *Drückebergergäßchen*.

Die militärische Lage machte – Simsalabim – aus dem Ehren- ein Schandmal. Anfang Mai 1945, unmittelbar nach dem Einrollen der Amerikaner, brachen zwei Freunde auf, es zu entfernen. Der Ex-Obergefreite Dieter Rieppel – er hatte sich am Vortag als Pfarrer verkleidet, von einer Strafversetzung nach Hause durchgesegnet – und sein Schwager, der Architekt Tino Walz.

Frühmorgens kamen sie zur Feldherrnhalle. Die Tafel

war aus der Halterung gerissen und lehnte an der Wand, der Kopf des Adlers fehlte. Mit Hebeltechnik wuchteten sie die Last auf Rundhölzer, um sie über die Straße in die Residenz zu rollen. Einer hob die hinten freiwerdenden Hölzer auf und legte sie vorn wieder in den Weg, der andere schob das Monstrum am Hals des Adlers vorwärts.
Ein Radler kam des Wegs, sah sie den König der Lüfte anschieben wie eine störrische Kuh und lachte.
»Aha! Tut's Vögel fangen in aller Herrgottsfrüh.«
Die beiden schoben nicht allein die Vergangenheit weg, sie sorgten bereits für die Zukunft vor: Die Bronze stellte einen Wert dar, der nicht verlorengehen durfte. In NATO-Deutsch würde man von *Recycling* sprechen. Denn nicht alles, das man seiner Eigenschaften wegen von früher übernimmt, verdient die Bezeichnung *Tradition*.

Vor den Toren Münchens, im Landkreis Starnberg, sah es so aus, als sei die Vergangenheit wieder zurückgekehrt. Auf höchst surreale Weise, denn keiner hatte jene Zeiten miterlebt, die hier plötzlich auferstanden.
Schauplatz: ein besonders schöner Bauernhof. Er gehörte einer bekannten Münchner Familie, Besitzer einer großen Firma. Auf diesem Hof hatte Gewandmeister Günther von den Kammerspielen gegen Ende des Krieges die wertvollsten Kostüme ausgelagert.
Nach dem Zusammenbruch zogen befreite KZ-Insassen durchs Land. Auf Suche nach leiblichen Genüssen, den lange entbehrten, nistete sich ungefähr ein Dutzend von ihnen in dem Hof ein. Sie fanden nicht nur, was sie suchten, sie fanden auch etwas, um endlich wieder lachen zu können.

Eines Tages staunten die Bewohner im Umkreis über den Besuch höchster Herrschaften. Aus verschiedenen Jahrhunderten. Da saß ein zaundürrer *Hamlet* auf einer Bank; dort ging *Maria Stuart* mit dem *Fürsten Piccolomini* über die Dorfstraße. Vor der Kirche wartete *Doktor Faust* auf *Emilia Galotti; Minna von Barnhelm* stand mit *Don Carlos* am Brunnen, während *Kaiser Maximilian* und der *Großinquisitor* aus dem Wirtshaus wankten.

Kopfschüttelnd standen zwei alte Einheimische in der Nähe.

Sagte der eine: »I wart nur, daß jetzt no der König Ludwig aus 'm Rathaus kommt.«

Der andere seufzte: »Dann hätt' ma endlich wieder a Monarchie!«

Nach sechs Jahren in vaterländischer Einheitskleidung und erfolgreichem Widerstand gegen alle Versuche, einen Offizier aus mir zu machen – ich wollte keine Hitler-Befehle ausführen, noch solche weitergeben – sagte der Zivilist in mir: Jetzt holst du die verlorene Zeit erst einmal nach. Widme dich ganz der Lebensfreude! Der Ernst des Lebens kann warten.
Viele Freunde dachten ähnlich. Berufe, die sie hätten ergreifen können, gab es noch nicht. Gewiß, jeder tat etwas, irgendwo. Wegen der Lebensmittelkarten, der Aufenthaltsbewilligung, der Einweisung in ein Zimmer. Vorrangig aber war man mit Überleben beschäftigt und mit den Festen, die wir feierten, gut drei in der Woche.
Ich hatte diesen sinnlichen Antrieb mit dem Berufsnachweis gekoppelt und war so beim Theater gelandet, bei den Münchner Kammerspielen. Als Kaffeeholer für den Regisseur, Beschaffer von Zigaretten und anderen Schwarzmarktgütern für die Schauspieler – eine Tätigkeit, die es mir unter dem Decknamen *Regieassistent* erlaubte, offiziell vorhanden sein zu dürfen. Gelegentlich wurde ich lückenbüßenderweise in ein muffelndes, Gänsehaut erzeugendes Kostüm gesteckt und mußte auf der Bühne auswendig gelernte Sätze wiederkäuen. Sehr kurze Sätze, meist nur einen. Doch der war von entscheidender Bedeutung. Dramaturgisch sind die Kleinstrollen, die Boten-Auftritte wichtigsten Figuren

oft überlegen. Wenn ich die Bühne verließ, war alles anders und die Hauptdarsteller hatten sich damit abzufinden.
Trotzdem wurde ich meiner Wirkung nicht froh. Es waren Triumphe in der falschen Richtung. Ich beeindruckte die Darsteller, nicht das Publikum. Daran änderte sich nichts, so sehr ich mein Sätzchen von Vorstellung zu Vorstellung neu gestaltete. Den Rest gab mir Erich Engel, der Intendant persönlich. Nach einer Neufassung des Sätzchens nahm er mich beiseite.
»Versuch' nicht zu gestalten! Das wollen wir den Schauspielern überlassen. Sag deinen Satz so, daß man ihn versteht. Ob *du* ihn verstehst oder was du dir dabei denkst, ist völlig uninteressant.«
Die Antwort, ich hätte dem Hauptdarsteller nachgeeifert, lag mir auf der Zunge. Doch ich biß sie weg. Der würdige Mime machte nämlich sehr viel. Für meinen Geschmack zu viel. Auch Erich Engel litt unter dem Schöngetöne. Was mich betraf, gab ich ihm recht, denn in diesem Augenblick wurde mir eines klar: Ich konnte nicht in eine Rolle schlüpfen, konnte mich nicht verwandeln. Weil ich mich gar nicht verwandeln wollte.
Das hing nicht zuletzt mit meiner Militärzeit zusammen. Dort hatte ich mich ständig verstellen müssen, auf Befehl Diensteifer vortäuschen, bei dümmlichen Vorgesetzten subalterne Haltung einnehmen. Mir reichte es. Ich wollte nicht mehr Theater spielen. Auch nicht beim Theater. Wenn ich privat mit meiner Ziehharmonika als Jazzler auftrat, hatte ich Erfolg. Weil ich mich da nicht verstellte. Wer parodiert, deutet einen anderen nur an. Ohne sich selbst zu verleugnen. Er bleibt Privatperson und hat als solche die Freiheit zu improvisieren. So machen sie's beim Kabarett.

Ohne es zu ahnen, hatte mich mein künstlerischer Ziehvater über den kleinen Unterschied aufgeklärt.
Beim Schauspieler, der mit festgelegtem Text ganz hinter seiner Rolle verschwindet, fragt man: Wie heißt eigentlich der Hamlet privat? Beim Kabarettisten, der trotz aller komödiantischen Lust immer er selbst bleibt, sagt man: Der Sowieso war sehr gut – oder sehr schlecht – als . . .
Ich war kein Schauspieler. Ich hatte mein Sätzchen nie gestaltet, immer nur Typen parodiert, mit noch scheuer Lust an Improvisation, am freien Umgang mit Geste und Wort, am Spiel mit Einfällen aus dem Augenblick.
Krieg stellt seltsame Weichen. Ich hatte überlebt, weil ich mich nicht blindlings unterordnete. Wenn es mulmig wurde, fielen mir Tricks ein, um mich selbständig zu machen. Dieser Drang nach Spielraum hatte sich zum Charakterzug ausgewachsen. Alles Zu-fest-Gefügte war mir verdächtig. Insbesondere bei den Klassikern auf dem Theater. Verleitet, ja zwingt die legierte Sprache nicht förmlich zu falschen Tönen, zu pathetischem Leerlauf über verstaubte Probleme hinweg, zu Placebotemperament und Edelsirup von Wohllauten der Verinnerlichung?
Noch sehe ich den kühlen Erich Engel auf der Probe sich winden wie unter Magenkrämpfen. Sie rührten nicht von dem Kaffee her, den ich ihm gebracht hatte. Er litt am deutschen Wesen auf der Bühne, an dem Gralsgetue, das da Tiefe zelebriert. Um genau das zu vermeiden, hatte er Shakespeare neu übersetzt, entschlegelt und entplüscht, wohlwissend, wie kitschanfällig die Gestaltung von Gefühlen ist.
Diese Festgefahrenheiten zu lockern, langweilte mich schon beim Zuschauen. Mein Drang nach Spielraum und Lebensfreude muß echt gewesen sein. Er teilte sich

so deutlich mit, daß mein Vertrag nicht verlängert wurde.
Arbeitslos, mit riesigem Entscheidungsspielraum, blieb ich den Kammerspielen verbunden. Durch mein Ausscheiden sollte keine Lücke entstehen. Schwarzhandel war Vertrauenssache, und so lang die gewohnten Quellen sprudelten, suchte man sich keine neuen.
Ohne jeden Versuch, einen Schwarzhändler bühnenreif zu gestalten, vielmehr ganz als Privatperson, die einen Preistreiber parodiert, belieferte ich weiterhin die Schauspieler mit den mir zugänglichen Kleinmengen: eine Stange amerikanischer Zigaretten, eine Dose Kaffee, Peanutbutter, Milchpulver, Cornedbeef, Trockenei, Schokolade. Sorgen machte ich mir nicht. Ich wußte jetzt wohin. Nur noch nicht wo.

Nicht nur das Land war besetzt, auch die Sprache. Viele Worte wurden ohne phonetische oder orthographische Anpassung aus dem Amerikanischen übernommen. Dann wandelten sich die Besatzer zu Verbündeten; die Besetzung der Sprache aber blieb, ja sie steigerte sich noch. Niemand wehrte sich dagegen. Was Verbündete sprechen, ist Freundsprache, nicht Fremdsprache. Auch daran mag es liegen, wenn wir den unaufhörlichen Zustrom von Amerikanismen nicht als verbale Unterdrückung empfinden. Und an der Kürze, am Trend, um sprachlich im Bild zu bleiben, nicht zuletzt am technischen Vorsprung des großen Bruders. Was anderswo erfunden wurde, kann im Land noch keinen eigenen Namen haben. Man übernimmt beides, Sache und Bezeichnung, oder kombiniert. So entstehen Mischbegriffe wie Freizeit-Ranch, Heimwerker-Shop, Einkaufs-Center.

Mehr als dreißig Jahre, bevor die Bezeichnung geprägt wurde, gab es in München ein solches Einkaufs-Center, wo sich greifnah beisammen fand, was bis dahin viele Wege erfordert hatte: die *Möhlstraße*. Hier konnte man alles kaufen, wenn man's bezahlen konnte. Amerikanisch war der Umschlagplatz nur dem Großteil der Waren nach, ansonsten eher ein osteuropäischer Markt, voll merkantiler Romantik wie aus Chagalls Kindheitserinnerungen, ein verpflanztes Ghetto ohne feste Preise.

Der endgültige Warenwert wurde in tastendem Dialog zwischen Verkäufer und Käufer ausgehandelt. Geschäft als Sport und Abenteuer – eine verlorene Welt, in der es menschelte.
Da man sich gegenseitig zu überzeugen trachtete, entfiel der dumme Snobismus, nur das Teuerste zu nehmen, waren Schlagfertigkeit, Witz, ja Charme unerläßlich. So kam man einander näher. Kein Verkäufer spielte den Beleidigten, wenn ein Interessent das Gesuchte als zu teuer rügte. Nirgendwo wurde Seriosität durch Arroganz vorgetäuscht. Eine Zugabe kündigte das Limit an.
»Wenn Sie's nehmen, schenk ich Ihnen noch a Paar Socken dazu.«
Geschicklichkeit ist am Ende ehrlicher als kalkulierter Betrug. Am Schluß hatten beide Seiten ihr Erfolgserlebnis.
Die Möhlstraße war ein kurioses Paradies, eine Erdbeere im Reisrand aus Trümmern. In den Vorgärten der ehedem noblen Straße reihte sich Bretterbude an Bretterbude. Die meisten mit Schaufenstern, verglast, ohne Sprünge, eine Seltenheit. Auch die Gehsteige dienten als Auslage. Kisten und Tische quollen von Waren über; in Vitrinen lag Fleisch mit dem Vermerk *Koscher*.
Da es sich bei den Händlern und einem Teil ihrer Kundschaft um sogenannte *displaced persons* handelte, um rehabilitierte Minderheiten aus den Ostgebieten, ließ sich der Handel mit Waren, die es für Deutsche offiziell nicht gab, nicht als Schwarzhandel abtun. Straftaten konnte die deutsche Polizei nur vermelden, wenn sie Münchner Bürger beim Einkauf erwischte. Immer wieder gab es Razzien – in Samthandschuhen gewissermaßen. Denn die Händler pochten temperamentvoll auf ihr wiedererlangtes Recht, verwahrten sich gesten-

reich gegen Diffamierung und alle sprachen sie deutsch. Wir mußten den Umgang mit der galizischen Mentalität erst wieder lernen. Ein gewöhnlicher Schwarzhändler verlangte einen überhöhten Preis. Das war normal. In der Möhlstraße kam noch ein psychologisches Moment hinzu, ein Kaufanreiz von eigener Logik. Ich erinnere mich an einen Obststand, vor dem drei Kisten mit Orangen, dieser lang entbehrten Köstlichkeit, in ansprechender Schrägneigung den Blickfang bildeten. In der linken Kiste befanden sich kleine Orangen, in der mittleren größere und leuchtende Prachtexemplare in der rechten. Alle drei Güteklassen waren durch Preisschilder unterschieden. Das Pfund zu 10,– 20,– und 30,– Mark, um es vereinfacht zu sagen.

Nun lagen in der Zehn- und in der Zwanzig-Mark-Kiste je eine aufgeschnittene Hälfte. Nichts dergleichen in der Dreißiger-Kiste. Ich fand das sozial. Auch weniger kaufkräftige Kunden sollten sehen, daß das für sie Erschwingliche von lohnender Qualität sei. Bei der Güteklasse eins verstand sich das von selbst. Während ich dastand und überlegte, kam in schwarzem Hut, schwarzem Bart, mit Schläfenlocken und schwarzem Mantel ein Rehabilitierter daher. Nach kurzem Blick in die Kisten rascher Zugriff. Er hielt die aufgeschnittenen Hälften aus der Zehn- und Zwanzig-Mark-Kiste gegeneinander.

»Paßt« sagte er, lachte laut, legte beide in die Dreißig-Mark-Kiste und ging weiter.

Vom Reiz dieser Denkweise fasziniert, erstand ich ein Pfund zu dreißig Mark, ließ es im eigens mitgebrachten Trompeten-Formkoffer verschwinden und konnte nicht widerstehen, mich noch einmal umzudrehen.

Richtig: gerade nahm der Händler die beiden Hälften aus der teuren Kiste und legte sie an ihre Plätze zurück.

Wie gesagt, alle Händler sprachen deutsch. Mehr nach Gutdünken als nach Duden, mehr jiddisch in vielen Varianten. Auf der Schaufensterscheibe einer winzigen Konditorei stand ein Werbespruch, der mir im Gedächtnis geblieben ist:

Kuchen und Torten, die feinste Sorten.
Mein Spezialität – nur Qualität

Aber auch Fremdsprachen waren zu hören in diesem Schtetl in der Stadt. Russisch, rumänisch, bulgarisch, jugoslawisch, polnisch, tschechisch, ungarisch, griechisch, kroatisch, serbisch, albanisch, montenegrinisch klangen durcheinander wie Karussellmusik auf dem Oktoberfest, das erst 1949 auf die Theresienwiese zurückkehrte. Dunkel bleiben die Wege, auf denen Zeitungen in vielen dieser Sprachen in die Möhlstraße gelangten. Es gab sie, mit relativ aktuellem Inhalt, und sie wurden gekauft.
Mein Freund Schusch, laut Personalausweis Georg Alexander Roemmich und unter diesem Namen ein renommierter Architekt, durchwanderte auf Nahrungssuche die Möhlstraße. Vor dem Zeitungsstand traf er einen Bekannten. Die Begrüßung, akzentfrei und grammatikalisch korrekt, entging dem Händler nicht, der mit einigen Männern auf dem Gehsteig gerade die Weltlage besprach.
Hier haben sich zwei Deutsche getroffen – registrierten sie.
Über die Schulter seines Gegenübers hinweg entdeckte mein Freund die kyrillischen Schriftzeichen einer russischen Zeitung. Der Bekannte verabschiedete sich, Schusch trat näher, griff zu und überflog das Nachrich-

tenangebot, noch unschlüssig, ob es sich lohne, die Zeitung zu kaufen.
Der Händler und seine Gesprächspartner beobachteten das Geschehen mit wachsendem Argwohn. Sie kombinierten Möglichkeiten, denn selbstverständlich erschien ihnen das nicht.
Freund Schusch hatte sich festgelesen. Ihm entging, daß der Händler neben ihn getreten war, ihm über die Schulter sah, zu seinen Gesprächspartnern zurückging und sie mit fatalistischem Schulterzucken unterrichtete:
»Er liest!«
Langer Blick, dann von einem sehr gedehnt die unvermeidliche Gegenfrage.
»Er liest?«
Der Händler bestätigte. Mit Kopfnicken und verbalknapp, im Sinne von *ja und*?
»Er liest.«
Das mußte genauer untersucht werden. Ein anderer pirschte sich heran. Auch er sah dem verdächtigen Zeitungsleser über die Schulter, nickte dem andern zu, bevor er auf Tuchfühlung an den Lesenden herantrat und ihm mit lauerndem Seitenblick ungemein gedehnt die Frage stellte:
»Sie lesen?«
Nicht unhöflich, wohl aber kurz, weil er sich gestört fühlte, erwiderte mein Freund, ohne aus der Zeitung aufzuschauen: »Ich lese.«
Mit eingezogenem Kopf, als wirke das dämpfend auf seine Schritte, kehrte der Störer zu den anderen zurück und bestätigte seinerseits mit Gewißheit im Unterton:
»Er liest!«
Sie schwiegen betroffen. Nur ihre Blicke wanderten wie-

der hinüber. In großen, traurigen, dunklen Augen brannte die Frage: Wieso?
Bewegung kam auf. Gemeinsam, ohne daß einer sichtbar vorausging, rückten sie dem Lesenden auf die noch nicht bezahlte Zeitung. Gemeinsam eröffneten sie das Gespräch, ihre Neugier mit Durcheinander mildernd: Der Herr sei doch Deutscher und lese a russische Zeitung. No gut. Mancher hätt' als Soldat russisch gelernt. Aber lesen? Kyrillisch? Und Heimweh möcht' das kaum sein. Der Herr müssen schon entschuldigen, wenn einen das beschäftigt, in diese schwere Zeiten ...
Nicht nur mit der kyrillischen Schrift, auch mit der Mentalität vertraut, gab Schusch Auskunft. Russisch sei ihm seit der Kindheit geläufig. Er habe viele Sommer in Bessarabien verbracht. Auf dem Gut seines Vaters bei Kischinew ...
Wieder die langen Blicke, die gedehnten Fragen.
A Gut? – In Bessarabien? – Bei Kischinew?
Für Kombinationen drei griffige Worte. Sie wiegten die Köpfe, hoben und senkten die Brauen, die Schultern – in ihrer Körpersprache untrügliche Zeichen für angestrengtes Nachdenken. Wieviele Deutsche hatten in der Gegend schon ein Gut, außer Vater Roemmich?
Einer hielt plötzlich inne. Vorgeneigt maß er den deutschen Goj mit Augenaufschlag und sagte: »Dann sind sie der klaane Remmach!«
Mein Freund zeigte keinerlei Überraschung. Zu genau kannte er dieses blitzschnelle Errechnen von Personen und Umständen, das diesem Stamm eigen ist, und gab zu, daß er's sei: Sohn des großen Roemmich – der klaane Remmach.
Die Geschichte seiner Enttarnung konnte folgen – eine Folge der jüngsten Geschichte, wie sich herausstellte.

Anfang der Vierzigerjahre wurden die bessarabischen Juden aus ihren Geschäften und Berufen gedrängt. Nicht preußisch-gründlich, eher rumänisch-lax. Das bedeutete langsamer.

Die Härte blieb. Als die jüdischen Gutsangestellten abgeholt und in der Nähe interniert wurden, versorgte Vater Roemmich sie heimlich mit Naturalien und Geld. Eines Tages war das Notquartier leer.

Hier endete der Bericht. Ob er die Umsiedlung selbst miterlebt hatte oder ein Verwandter, ließ der Mann offen.

Freund Schusch ersparte ihm schmerzliche Erinnerungen. Er stellte keine Fragen, erwähnte nur, daß auch die Familie das Gut habe verlassen müssen. Dann schwiegen sie. Wenn man einander auf der gleichen Seite wußte, war Schweigen ein Schutz, der respektiert wurde.

Behutsam und bestimmt zugleich lenkte der Zeitungshändler das Gespräch in die Gegenwart zurück.

»Wo Sie können lesen, machen Sie mir die Ehre, nehmen sie die Zeitung mit. Ich schenk sie ihnen. Dem klaanen Remmach.«

Schaubude

Im Schwarzhandel war ich ein ganz Kleiner, auf der Bühne kaum größer, als Jazzler mit dem Akkordeon aber fiel ich auf. Besonders durch meinen Gesang in einer gewissermaßen chiffrierten, synkopenreichen Sprache, die sich BE BOP nennt.

»Du jaulst zwar wie ein irrer Derwisch, aber es ist mal was anderes«, sagten die Freunde.

Das fand man auch beim Nachwuchsbrettl im *Simpl*, damals am Platzl, gegenüber dem Hofbräuhaus. Theo Prosl, Wirt und Kabarettnestor, hatte sich trotz der schweren Zeiten ein Herz für zarte Talentpflänzchen bewahrt. Nach dem offiziellen Programm durften diese sich um das Wohlwollen des bereits entströmenden Publikums bemühen – Scharmützel an der Untergrenze der Kleinkunst. Die Obergrenze wurde von der *Schaubude* markiert, wo Ursula Herking auftrat und Erich Kästner Texte schrieb.

Nach ein paar Auftritten unten meldete ich mich unaufgefordert oben, das Instrument im Koffer. Einer der zwei Direktoren des Hauses, Rudolf Schündler – er sollte später einer der brillantesten Chargenspieler des deutschsprachigen Theaters werden – Rudolf Schündler empfing mich in der Rolle des feingespürigen Talententdeckers. Er blickte kritisch, nickte versonnen, hörte nicht zu. Ungeduldig schickte er mich auf die Bühne. Auch für meinen Vortrag nahm er sich keine Zeit.

»Danke, genug.«

Mit dem Luftknopf schloß ich den Balg des Akkordeons. Es klang wie ein Seufzer vor ungewisser Zukunft. Um meine demütigende Lage nicht auszuweiten, nahm ich das Instrument über die Schulter, stürmte mit leerem Koffer ab und dem Ausgang zu. Neue Peinlichkeit im Foyer: Rudolf Schündler stand mir im Weg.

»Kommen Sie mit«, sagte er, »Sie spielen im nächsten Programm.«

Es war im umgedrehten Orwell-Jahr, und er bot mir pro Vorstellung acht Mark. Für mich waren sie wie achthundert.

Bei dieser Visitenkarte!

Die provozierte Entdeckung brachte mir neben einem Solo mit Akkordeon allerlei Kleinstrollen in Sketches und Ensemblenummern, mit Monika Grewing, Gisela Fackeldey, Ruth Kappelsberger, mit Hellmuth und Bum Krüger, Alfons Höckmann, Fritz Walter sowie zweien von meinem Schlag: unvermeidbare Randfiguren zu acht Mark. Oder bekamen sie gar zehn? Über Gagen wird unter Gleichrangigen geschwiegen, aber jeder fürchtet, der andere verdiene mehr.

Wir spielten kein geschlossenes Stück, wir machten sogenanntes Nummernkabarett mit Zwischenconférencen, bissigen oder heimtückisch-samtpfotigen Anmerkungen zum Zeitgeschehen.

Meist conférierte Hellmut Krüger. Gelegentlich ein anderer, langsamer, kontemplativer als der Balte, der Ostpreuße Walther Kiaulehn. Eigentlich Journalist und vor allem Theaterkritiker, kompensierte er das einseitige Befinderdasein durch schneidigen Seitenwechsel, indem er selbst auftrat und sich seinen Kollegen von der Kritik stellte. Das wirkt nicht nur mäßigend auf die eigenen Rezensionen; wer Mittel und Möglichkeiten des

Darstellers aus eigener Erfahrung kennt, dem gelingen interessante Blickwinkel. Er gleitet weniger leicht in Bildung, Eitelkeit oder Geschmäcklerei ab.

Und trotzdem: Walther Kiaulehn blieb auch auf der Kabarettbühne seinem Fach treu. Er kritisierte das Welttheater, nahm sich Schmierenkomödianten aus der Politik vor, die jüngsten Ereignisse – auch Nebensächliches, so es typisch war – sarkastisch und aus dem Stegreif. Dabei kam der im Feuilleton so konzis Formulierende leicht vom Hundertsten ins Tausendste, als sei er von jemandem gelobt worden, man könne ihm stundenlang zuhören. Sicher war es auch die Lust des langsamen Verfertigens der Gedanken beim Reden, die er dabei auskostete, die Kunst, Einfall um Einfall hervorzubringen und auf Anhieb witzig zu formulieren.

Wenn Walther Kiaulehn conférierte, hatte das weitere Programm Verspätung. Kein Zischen des Inspizienten aus der Kulisse störte ihn, keine musikalischen Warnschüsse, die Matthias Perl und Heinz Brüning von zwei Klavieren aus dem Orchestergraben abfeuerten, brachten ihn aus dem Text, geschweige denn zum Schweigen. Mitunter merkte das Publikum an den Klavierballern oder an einem Darsteller, der plötzlich auftrat, ihn erstaunt ansah, deutlich »Verzeihung« sagte und wieder abging, daß hier etwas nicht stimmte. Aber das ist ja die Krux mit dem Witz – beim Kabarett denken die Leute, es gehöre dazu. Und sie klatschen.

Walther Kiaulehn konnte fortfahren, wie nach eigener Pointe. Er tat es. Keiner der Mitwirkenden nahm ihm seine Marathonconférencen übel. Sie amüsierten alle. Dieser Mann war nicht einer, der sich vordrängt. Er hatte etwas zu berichten, auf seine Art, und das kostete Zeit.

Nun kommt da noch etwas hinzu. Beharrungsvermögen

wie Unbeirrbarkeit können auch von hohen Öchslegraden herrühren. Vor der Vorstellung und auch danach wußten wir mit einiger Sicherheit, wo unser Vorstellungsverlängerer zu finden sein könnte. In einem verschwiegenen Ausschank saß er als privilegierter Schwarztrinker. Oft zusammen mit Bum Krüger. Beider Augen verrieten, wie weit sie sich schon vom Alltag entfernt hatten.

Einmal war der Abstand so groß, daß der Beginn der Vorstellung fraglich wurde. Bum kam und kam nicht. Zuerst verständigten wir Rudolf Schündler, der leicht zu finden war. Er saß vorzugsweise in der Damengarderobe. Danach begab sich Fritz Walter, genannt Pinkus, ein alter Freund aus Mannheimer Theatertagen, in den Ausschank, auch *Bum's Lokal* genannt, um den Säumigen aus dem Glas zu fischen. Er hatte Petri Heil und brachte ihn, mehr in tragender als in führender Rolle, in die Garderobe.

Gemeinsam topften wir ihn ins Kostüm, eine preußische Uniform, um. Lallend ließ er uns hasten. Einer verständigte vorsichtshalber die beiden Pianisten, daß heute geschehen könne, was im Theater selbst bei hohem Fieber eines Darstellers nicht geschieht und nie geschehen darf, daß ein Auftritt ausfallen muß. Noch dazu ein Solo.

Der Vorhang teilte sich zur musikalisch vollsaftigen Eröffnung mit dem ganzen Ensemble. Unbemerkt halfen alle mit, schubsten, drehten und stützten den Kurzatmigen, dessen Kopf auf Zeitlupe geschaltet war. Immerhin sang er mit, das gleiche Lied sogar und dieselbe Zeile, wie die andern, oder tat jedenfalls so. Beim raschen Abgang jedoch versagten ihm die Beine. Er stolperte und stürzte, fürs Publikum nicht mehr zu sehen.

Dann war es wie in der Pause vor der zwölften Runde. Wir führten ihn in seine Ecke in der Garderobe, trockneten das erhitzte Gesicht, massierten ihm kreislaufanregend den Nacken, flößten ihm Wasser ein, tätschelten seine Backen, damit er präsent bleibe und fragten ihn, ob er sich tatsächlich zutraue weiterzumachen, oder ob wir das Handtuch werfen sollten.
Seine Augen traten hervor. Schubartig erhob er sich, leer wie nur ein Voller es kann, starrte er in die Runde und wankte zur Tür.
»Noch nicht!« warnte sein behutsamer Freund.
Da schüttelte ein Schluckauf die Antwort aus ihm heraus. »Ich trete auf, wo und wann ich es für richtig halte!« Erneut geschüttelt, öffnete er griffsicher die Tür, stakste wie auf geliehenen Beinen über den Korridor zur Bühne. Als Betreuer schlichen wir ihm nach, um das Schlimmste zu verhindern.
Im Blackout und Beifall für ein Chanson von Inge Bartsch verloren wir den Kontakt, glaubten aber ein Stöhnen zu hören. Die Scheinwerfer flammten wieder auf, Gott sei Dank, er stand noch da. Ein Ruck durchfuhr die rundliche Gestalt und gleichsam ausgenüchtert von Werner Bochmanns schmissiger Musik zu seinem Solo in Uniform, marschierte er ohne Wanken an die Rampe und siegte wie selten zuvor.
Zirkuspferde sind aus anderem Stoff.
Nach der Vorstellung wurde kein Wort mehr darüber verloren. Zu zittern, aufeinander angewiesen zu sein und selbstverständlich zu bestehen, gehörten zum Geschäft. Beinahkatastrophen und Miterlebnisse verbinden. Aus ihnen wächst das Ensemble. Bei Privattheatern wird das deutlicher als bei den Darstellungsbeamten subventionierter Häuser.

Ich sog die leichtlebige Akkuratesse, die straffe Bohème der Schaubude auf wie ein Vollbier, im Gegensatz zu den damaligen Molkegetränken. Es ging so herrlich familiär zu. Mit aller Distanz, die Verwandten bisweilen gebührt. Viele kannten sich seit Jahren, zum Teil flüchtig-genau. Axel von Ambesser und Karl Schönböck, die in der Vorstellung gewesen waren, hatten mit Rudolf Schündler, Ursula Herking wie auch mit Cheftexter Erich Kästner schon in Berlin zusammengearbeitet.
Diese Art zu leben gefiel mir. Völlig unvoraussehbar immer wieder zu einer Arbeit zusammenzukommen, nach Jahren getrennter Tätigkeit den Kontakt neu aufzunehmen, loser oder enger, je nach Rolle und Umständen dort weiterzumachen, wo man aufgehört hatte, sei es nach einem Skandal, einem Triumph oder einem Riesenkrach persönlicher Art, selbstverständlich mit einem Schulterklopfen:
»Weißt du noch . . .?«
In dieser ungesicherten, dabei hermetischen Welt wurlte das sogenannte Menschliche südländisch. Das war Leben. Gerade im gelegentlichen Parallellauf mit längeren oder kürzeren Trennungen dazwischen erkennt man einander besser, sieht Entwicklungen deutlicher, das Auf und Ab der Karrieren und weiß, man gehört zusammen. Ist doch jeder, auch bei sparsamer Sympathie, ein *zauberhafter Kollege*, wie die Schauspieler sagen.
Inzwischen darf ich mitreden. Zwölf Jahre später, unter völlig veränderten Umständen, konnten Ursula Herking, Karl Schönböck, Erich Kästner und ich einander zunicken: »Wißt ihr noch . . .?«
Es war wie ein Familientag. Man hatte sich wieder, hing am gleichen Erbe, war unter sich. Dieses Gefühl gab so etwas wie bürgerlichen Halt im unbürgerlichen Beruf, in

dem man eine Unzahl, ich möchte sagen, unpersönlicher Freunde hat, von denen jeder im Notfall ein echter werden kann, ohne alle Erwartung. Wer versagt, bleibt trotzdem zauberhafter Kollege, mit dem es vielleicht beim nächsten Mal klappt und den man nach Besuch einer Vorstellung in der Garderobe umarmt, um ihm zuzuflüstern: »Du warst der Beste! Aber sag's den andern nicht.«

Und schon geht man zum nächsten. Mit demselben Text.

Die Schaubude ist allen Beteiligten unvergessen. Dafür sorgte ein psychologisch gewichtiger Faktor – die Not. Widrigste Umstände zwangen, alles Unnötige wegzulassen und nur das Wesentliche herauszuarbeiten, wie in einer guten Inszenierung. Für Allüren, persönliche Animositäten oder Intrigen war kein Platz. Jeder fühlte sich mitverantwortlich für das Ensemble und diente ihm mit allem, was er besaß.

Auch ein Amerikaner gehörte dazu, ein blonder Hüne aus Texas. Peter, wie er mit Vornamen hieß, trat nicht auf. Er hatte keinen Vertrag für irgendeine Tätigkeit hinter der Bühne, wohl aber einen Eid abgelegt: als Offizier bei der amerikanischen Besatzungsmacht. Trotzdem fühlte er sich dem Thater fest verpflichtet. Sein Engagement hieß Ursula Herking.

Die Primadonna des deutschen Nachkriegskabaretts war alles andere als eine Primadonna. Überströmend warmherzig, hilfsbereit, bescheiden und sehr ausschließlich. Was sie tat, das tat sie mit Vollgas. So fuhr sie auch Peters Jeep. Ungeachtet der Militärnummer flitzte sie damit durch die Stadt, besorgte und erledigte alles, was für das Theater nötig und dringend war. Galt es etwas schwarz zu organisieren, lieferte ihr Peter den

Rohstoff, die Tauschartikel. Meist Zigaretten und Whisky. Sie wohnte bei ihm, kannte seine Möglichkeiten und schöpfte sie aus. Nicht für sich selbst.
Peter hielt wacker mit, ein humoriger Bär, der nebenbei gern häkelte. Ihm war es ernst. Er wollte Ursula heiraten. Bedingung: Sie sollte ihre Karriere aufgeben und ihm nach Texas folgen. Schon mehrfach war seine Mutter angereist – jedesmal mit unbeschreiblichen Blumenhütchen – um von der schillernden Braut ein Bild zu gewinnen, das in ihre Welt paßte.
Da sie stets unangemeldet kam, mußte Ursula Hals über Kopf die Wohnung räumen und bei Freunden unterschlupfen, die ohne sie schon eng genug hausten. Für ihr hundertprozentiges Temperament eine unzumutbare Heuchelei. Darüber kam es schließlich zum Bruch. Nach einem bühnenreifen Sie-oder-ich-Streit verließ Ursula die Wohnung mit der bekannten Pointe:
Es ist aus!
Tage später klingelte es an der Tür ihres Unterschlupfs. Sie war allein in der Wohnung und öffnete. Draußen stand ihr Hüne, keuchend, mit wildem Blick, Gesicht und Hände blutverschmiert. Seine Lippen zitterten:
»I killed my mother!«
Der Anblick überzeugte.
Gräßlich, zu Krallen gekrümmt diese Hände, die so hübsch häkeln konnten!
Was jetzt?
Das hatte Ursel mit ihrer Trennung nicht gewollt. Aber einen Mörder wollte sie auch nicht. Im Clinch der Blicke standen beide einander gegenüber.
Peter unterlag schließlich. In seinen Augenwinkeln braute sich ein Grinsen zusammen, dann brach es aus ihm heraus. Die Mutter saß wieder im Flugzeug; beim

Auftauen von Fleisch für ein Versöhnungsessen war ihm die Idee gekommen . . .
Jetzt unterlag sie. Ihrer Schwäche für schwarzen Humor. Sie sank an seine blutverschmierte Wange. Peter tat wieder alles für seine Ursula und damit für die Schaubude.
Das Theater war auf jede nur erdenkliche Hilfe angewiesen. Im eisigen Winter 46/47 konnte auf der Bühne nicht probiert werden. Die Abendvorstellungen genügten vollauf, sämtliche Bronchien labil zu halten. Ständige Auseinandersetzungen mit dem Besitzer, der die leichte Muse aus seinem katholischen Haus verbannen wollte, ließen es zudem angeraten sein, ihm den Anblick des frivolen Künstlervölkchens bei Tageslicht zu ersparen. Nun sollte im neuen Programm der noch unbekannte Gert Fröbe mitwirken. Sein Engagement erwies sich gleich zu Beginn der Probenzeit als Glücksfall. Der zaundürre spätere *Otto Normalverbraucher* war nämlich nebenbei ein begabter Amateurmaler. Mit seinem Pinsel hatte er es geschafft, die Frau eines Kohlenhändlers auf die damals viel wichtigere vertikale Leinwand zu bringen und sie dort für immer festzuhalten. Dankbar entlohnte ihn die Geschönte mit Briketts.
Der Vielseitige wohnte am Max-II-Denkmal, im Haus über der *Kleinen Komödie*, dem ersten Münchner Boulevardtheater. Selbstverständlich stellte er sein friedensmäßig geheiztes Zimmer als Probebühne zur Verfügung. Hier traf sich das Ensemble fortan jeden Morgen. Da die Treppe dank einer Luftmine zu großen Teilen fehlte, mußte man über Balken und Abgründe hinaufklettern bis unter ein Dach, das den Komplex bedeckte wie ein Faschingshütchen mit Gummiband. Hier befand sich unter standhaft gebliebenen Ziegeln der mollig warme

Proberaum. Gleichzeitig auch Anproberaum und Musikzimmer.
Während in einer Ecke ein Sketch gelesen und in albernster Laune mundgerecht gemacht wurde, stand vor dem Ofen eine halbnackte Kollegin. An ihr plagte sich die Modeschöpferin Bessie Becker damit, Stoffreste zu Bühnenchic zusammenzufügen.
Hart wie scharfe Pingpongbälle klapperte über beide hinweg ein Dialog auf Rufweite. Am Fenster sang Edmund Nick Ursula Herking seine Melodie zu ihrem neuesten Chanson ins Ohr, auf daß es drinbleibe. Statt des Klaviers hatte er das absolute Gehör dabei. Die Tonart mußte ja stimmen.
Konzentration war reine Nervensache.
Ensembleszenen, die Platz brauchten wie Kästners legendäres *Ringelspiel*, wurden draußen im Oben-ohne-Teil des Dachbodens einstudiert. Vermummt, mit Thermosflaschen in der Hand, hielten die Darsteller ihre künstlerische Temperatur aufrecht, während Regisseur Schündler Mühe hatte, im dichten Atemnebel Mienenspiele zu prüfen.
Als das Programm stand und alle jenes gute Gefühl hatten, das man abergläubischerweise nicht aussprechen darf, gab es einen Riesenkrach. Gert Fröbe stieg aus, in aller Eile mußte umgestellt werden. Es blieb nicht einmal Zeit, nach Schuld zu suchen, was auch unökonomisch gewesen wäre, die Nerven flatterten schon genug so kurz vor der Premiere.
Und es klappte, versteht sich. Applaus streichelte die Geschundenen. Woher der einzelne die Kraft nahm, blieb ihm selber rätselhaft. Reserven können es nicht gewesen sein, die hatte keiner mehr.
Im Grunde gab's nur noch Haltung und die gebietet, daß

man nicht über sie spricht. Wie Alexander Hunzinger, ein Komiker, dem es erbärmlich schlecht ging. Sein Talent als Feinschmecker versagte bei der Beschaffung des fein zu Schmeckenden völlig. Da nahm sich ein Schulkamerad aus Hamburger Tagen seiner an: Axel von Ambesser, der für die Schaubude Texte schrieb, lud ihn zum Mittagessen ein, damals eine Tat, die heute einer Gehaltserhöhung gleichkommt.

Inge von Österreich, Axels Frau, schonte weder Beine noch Scheine, um auf einem Rundgang zu verschiedenen Schwarzhändlern alles für ein friedensmäßiges Essen Erforderliche zusammenzutragen.

Schulfreund Alexander fühlte sich gerührt-geehrt. Er bedurfte dringend dieser Vitaminspritze. Am Morgen des Sättigungstages rief er an. Nicht um sich zu vergewissern, ob es auch dabei bleibe. Etwas anderes machte ihm zu schaffen. Das Ensemble – so sagte er – habe beschlossen, heute Holz für die Öfen in den beiden Garderoben zu sammeln. Alle würden mithelfen, es sollte bis in den Nachmittag dauern. Man möge ihn bitte verstehen, daß er da nicht fernbleiben und sich den Magen vollschlagen könne.

Solcher Ensemblegeist hat Strahlkraft. Sie kam am Abend über die Rampe, gab den ohnehin nicht zimperlichen Texten zusätzlichen Schub. Die Autoren durften ja wieder ihre Meinung sagen und taten es witzig.

Axel von Ambesser hatte eine Parodie auf die erste Nachkriegsexportschau verfaßt, eine *Ausverkaufsschau*, in der er Typen vorführte. Den Export-Deutschen, brav, ohne Nazivergangenheit, die Samariterin der Besatzer, das sogenannte *Fräulein*, und so weiter.

Da kam aus der Schweiz Carl Zuckmayer erstmals wieder nach Deutschland. Er sah sich Theater an, prüfte die

Stimmungslage für sein Stückprojekt *Des Teufels General* und besuchte auch die Schaubude. Das Programm gefiel ihm. Bis auf Ambessers Export-Sketch. Sein Einwand verblüffte, ja er rührte ans Herz. Ausgerechnet er, der Vertriebene, der Emigrant, fühlte sich in seinem alten Heimatgemüt verletzt. Der Text war ihm, wie er sagte, zu »anti-deutsch«.
Gestrichen wurde er deswegen nicht. Für die zwangsläufig Dagebliebenen traf er genau. Im Morgenrot der Freiheit galt es wachsam zu sein. Nicht nur auf dem Schwarzen Markt. Die von den Braunen Gebrannten wußten genau zu unterscheiden, falschen Neuanfängen mit Sarkasmus zu wehren, oder, wie Freund Axel es formuliert hatte: Aufforderung an alle traurigen Vögel, das Nest zu beschmutzen!
Wachsamkeit war in der Tat geboten. Walter Kiaulehn befürchtete Angriffe auf die Darsteller. Nicht von vorn, vom Publikum, eher von hinten, vom technischen Personal. Bühnenarbeiter, Beleuchter, Requisiteur rekrutierten sich nämlich aus alten Obernazis, die zur Schaubude kommandiert worden waren, um hier ihr Arbeitslager abzudienen.
Man bedenke: Stramme Nazis verhelfen Pointen gegen die Nazis zu größtmöglicher Wirkung – eine wahrhaft kabarettistische Lösung. Und bei den sarkastischen Texten vielleicht eine gründlichere Umschulung als sie gemeinhin geübt wurde.

Zwischen politischen Attacken bot das Programm Ventile zur Bewältigung des Alltags, Allzumenschliches beider Geschlechter, Burleskes, Hintersinniges. Als zarten Kontrapunkt hatte die Direktion Monika Greving engagiert. Der jungen Schauspielerin war, infolge eines von der Gestapo abgefangenen Briefes, das Konzentrationslager Oranienburg nicht erspart geblieben. Jetzt sprach München von ihrer Interpretation lyrischer Kästner-Chansons; der Kritiker Max-Christian Feiler nannte sie zärtlich *Die blaue Blume der Romantik*.

Nun heischt ein Kabarettensemble Vielseitigkeit. Jeder muß neben seinen Brillier-Rollen auch Reifen halten, den Stichwortgeber für andere machen, aus sogenannten technischen Gründen. Weil besser Geeignete hinter der Bühne gerade einen größeren Kostümwechsel zu bewältigen haben.

Mit einem Nichts an Text, aus Mimik und Gesten in Sekunden eine Figur hinzustellen, die obendrein komisch sein soll, das erfordert viel Brettl-Erfahrung. Hier wird der Mimus gefordert, der elementare Spieltrieb. Mancher renommierte Bühnenschauspieler ist daran schon gescheitert und hat fortan das Kabarett als Klamottenbetrieb verteufelt.

Die Blaue Blume welkte beim ersten rauhen Reifenhalten rasch. Auf der Probe einer Ambesser-Szene brach Rudolf Schündler nach dem dritten Durchlauf ab. Das betretene Schweigen dröhnte in ihrem Kopf, unter Tränen lief sie davon. Der Autor, zufällig im Theater, saß bereits in ihrer Garderobe. Väterlich nahm er sie zwischen die Knie.

»Du hast sowas noch nie gespielt, gib's zu.«

Schon sah sie ihr Engagement entschwinden und konnte nur nicken.

Freund Axel griff nach ihrer Hand. »Mach dir keine Sorgen. Dann ziehe ich den Sketch einfach zurück.«

Wie die Besatzer ihre langen Zigarettenkippen, warf er die eigenen Pointen weg und schrieb zu Hause einen anderen Übergang. Bei der Premiere blühte die Blaue Blume betörender denn je.

Bis zum Finale.
Mit einer Parodie auf die *Bernauerin* von Carl Orff war dem Autor Herbert Witt nach aller Meinung ein Wurf gelungen. Eine Schlußnummer aus dem Bilderbuch. Urkomisch Ursula Herking als Agnes Bernauer, der knochige Bruno Hübner – später bei den Kammerspielen – als Bahnvorstand. Aber nicht nur sie, alle hatten prächtige Rollen in diesem deftig-bayerischen Derbleckspiel, konnten ihre Spiellaune austoben, getragen von jenem guten Gefühl, das man – toi toi toi – nicht beschreien darf.
Sie sollten sich nicht täuschen. Bei der Premiere saß jede Pointe. Aus der Distanz des in Masuren geborenen Berliners hielt der Autor die lokale Stammeseigenart sicher im satirischen Griff. Als der Vorhang fiel, jubelten Zugereiste und Intellektuelle. Viele in Personalunion. Sattgelacht und spaßgewärmt kehrte das Publikum in seine Wohnhöhlen zurück.
Was für ein Abend!
Der Geist, von keiner Leibesfülle behindert, war mitgehüpft von Thema zu Thema, von Pointe zu Pointe; wieder einmal hatte sich Humor als einzig richtiger, einzig möglicher Blickwinkel erwiesen, der Unernst als Waffe gegen den lastenden Ernst. So konnte man leben.
Die Erfrischung sprach sich herum. Geistiges München und geistige Schickeria ließen ihre Beziehungen spielen, um an Karten zu kommen. Das Theater war körperbeheizt und jeden Abend ausverkauft. Ursula Herking als Agnes Bernauer – das mußte man gesehen haben.
Nun lebten in München auch Bayern. Sie amüsierten sich nicht minder über die gelungene Orff-Parodie.
Da geschah eines Abends etwas Seltsames. Mitten im totsicheren Finale plötzlich deutliches Murren, Pfiffe

hallten durch den Zuschauerraum, Rufe wurden laut. *Aufhören! Schweinerei! Skandal!*
Als Gegenstände auf die Bühne flogen, mußte der Vorhang fallen. Es kam zu tumultartigen Szenen, daß man kein Wort mehr verstehen konnte. Die Schaubude hatte ihren ersten Theaterskandal.
Hinter dem Vorhang, den weitere Würfe beulten, standen die Darsteller wie vom Blitz getroffen. Mußte der schmalbrüstige Frieden neuer Gewalt weichen? War der Anfang schon zu Ende? Kaum vernarbte Erinnerungen rissen wieder auf.
»Was ist los?« fragten sie verstört. »Die Nazis gibts doch nicht mehr.«
Jetzt gab es in Bayern eine Bayernpartei. Für Bayern. Das war bekannt. Dort hatte man, wie sich später herausstellte, von der verballhornten Bernauerin gehört, über dunkle Kanäle Karten in größeren Mengen beschafft, und zum Haberfeldtreiben geblasen. Die organisierte Entrüstung gipfelte in einem Sturm, in einem Volkssturm des Provinzialismus auf die lasterhafte Hauptstadt. Der Vergangenheit noch nicht entwöhnt, ging es darum, diesen vaterlandslosen Gesellen, die das gesunde Volksempfinden verhöhnen, ehrbares Weibs- und Brauchtum mit ihren artfremden Füßen treten, ein für alle mal das Mundwerk zu legen.
Parole: Ausradieren!
Im Zuschauerraum tobte Publikumskrieg. Zwei Fronten hatten sich gebildet.
»Saupreußen raus!« brüllten die einen.
»Dableiben!« höhnten die andern.
Als sich die Gegensätze zu Sprechchören formierten, fingen Ursula Herkings Augen grimmig – sendungsbewußt zu leuchten an, gleichsam in der Rolle der Heiligen

Johanna. Mit raumgreifenden Laban-Schritten trat sie vor den Vorhang und rief leicht irre:
»Auch ich bin eine Preußin!«
Da raste die Bestie Publikum. Aus vermischten Motiven. Die Bekennerin aber zog sich, unter erneuten Würfen, als eilige Johanna zurück.
Die Schlacht endete in allgemeiner Heiserkeit. Verluste fürs Publikum: eine halbe Bernauerin. Für die Schaubude wars ein Doppelsieg. An Bestätigung und Werbung. Um möglichen Steinwürfen vorzubeugen, verteidigte das Ensemble fortan die noch junge Freiheit der Meinung unter Polizeischutz.

Am 20. Juni 1948 war die Vorstellung nicht wie gewohnt ausverkauft. Auch an den folgenden Tagen konnten wir abzählen, wer wohl stärker vertreten sei – Publikum oder Ensemble. Schaufenster quollen plötzlich über, Theater blieben leer. Die Re-materialisierung hatte begonnen. Mit neuer D-Mark.
Rudolf Schündler wurde vom Steuerberater beschworen, sein Musenkind unverzüglich umzubringen. An den paar Tagen, die er zögerte, sollte er noch Jahre knabbern.

Unzeitgemäss elegant

Das improvisierte Dasein in Trümmern erklärt, warum nach dem Zusammenbruch keine neue Zeit anbrach, sondern eine möglichst alte. Die Restauration entsprach dem verständlichen Wunsch, die Lebensumstände aus Friedenszeiten in bescheidenerem Maßstab wieder herzustellen. Auch die Jugend bildete da keine Ausnahme. Gelegentlich ein Fest in elegantem Rahmen entsprach etwa dem, was für spätere Generationen ein teurer Flitzer wurde – ein Mittel zum repräsentativen Auftritt, als gehobener Ausdruck von Freiheit. Die erforderliche Kleidung lieh man sich zusammen, das Vehikel, mit dem man vorfuhr, ließ noch alle Wünsche offen.

Da strampelte eines Nachts mein Freund Schusch ohne Licht durch den Englischen Garten nach Schwabing. Er trug Smoking. Das rechte Hosenbein wurde von einer Klammer, dem sogenannten *Zündschlüssel des kleinen Mannes,* daran gehindert, mit der öligen Kette in Berührung zu kommen. Zwischen seinen Knien, auf dem Scheitelrohr des Rades, litt Nudy, die Begleiterin, gewissermaßen im Damensattel. Österreichisches Baronesserl von Geburt, verfügte sie über eine zahlreiche Verwandtschaft, darunter auch Tante Fanny Fürstenberg, die den veränderten Zeiten mit Luxus zu trotzen beliebte – sie hatte einen Modesalon gegründet.

Das Kleid, das Nudy trug, eine veritable Création aus gerettetem oder organisiertem, jedenfalls sündteurem Material, war eine Leihgabe und bodenlang. Ideal, um damit geradelt zu werden. Ohne Fußstütze, mit angewinkelten Unterschenkeln, reichte die erlernte Conténance nur jeweils für wenige hundert Meter. Dann mußte er anhalten, damit sie die Seite wechsle.

In Linksauslage ging alles glatt. Nahm sie jedoch von rechts Platz, verspürte Freund Schusch bald ein sanftes Bremsen, als hänge das Rad an einem Gummiseil, das sich zu spannen beginnt, während ein zusätzliches Begleitgeräusch ihn glauben machte, es reiße bereits.

»Halt!« rief Nudy.

Ein Streichholz erhellte den Grund für seine widersprüchlichen Wahrnehmungen: Das teure Kleid war zwischen Kette und Kettenblatt geraten.

»Moment. Haben wir gleich.«

Dem tröstlichen Kavalierswort folgten keine genaueren Angaben. Nur die Bitte, ein neues Streichholz zu entzünden und zu halten. Damals trug der Mann von Welt noch ein Taschenmesser bei sich. Und schnitt damit.

»Bist du wahnsinnig?« ereiferte sich Nudy. »Das Kleid gehört Tante Fanny!«

Doch sie erinnerte sich, daß Besitz und Notlage zweierlei sind. Der Fahrtwind an ihren Knöcheln wurde deutlicher. Bei der nächsten Sanftbremsung gelangte sie zu neuer Einsicht.

»Tante Fanny erschlägt mich!«

»Nicht vor morgen«, tröstete der Kavalier und verwies auf die Zwanzigerjahre, da es Kleider mit wechselnder Saumlänge gegeben habe. Dieser Mode entsprach das zur Abfahrt bodenlange Modell bei der Ankunft, wenn man von einzelnen, fransenartig herabhängenden Fäden absah.

»Das kann ich nie mehr zurückgeben!« Verzweifelt sah Nudy am Ziel der Fahrt in den Spiegel.

»Dafür steht es dir auch zu gut«, entwichtigte der Kavalier.
Mit einer Schere schnipselte die Gastgeberin den Saum auf die vom Schicksal vorgegebene Länge, während Freund Schusch weiteren Trost bereithielt.
»Na endlich! Jetzt kommen deine Beine viel besser zur Geltung.«
Er hatte recht. Zwischen den auf Abendkleid umgearbeiteten Damastvorhängen und Konzertflügeldecken stach das oben fabelhaft sitzende Modell schon durch sein Material heraus, trotz gewisser Extravaganzen im Parterre. Unter Freunden wirkte es, als hätt's ihr Tante Fanny nicht nur auf den Leib, sondern auch auf die Seele geschneidert. Wenn jemand so etwas mit Stil tragen konnte, dann die quirlige Nudy, ein Wesen voll unerschöpflicher Reserven an Fröhlichkeit und Überraschungen, die Männer bis zur Sprachlosigkeit verwirren konnte. In euphorischer Laune kaute sie manchmal Gläser.
Für das Fest war Nudys Pech ein Glück. Unbeschädigt hätte das Luxuskleid selbst an ihr madamig perfekt gewirkt. So fügte es sich in die improvisierte Eleganz des Abends. Er dauerte, wie üblich, bis zum Morgen. Der Schock kam nach kniefreier Rückfahrt und seligem Erwachen erst in der blauen Stunde.
Wie sagen wir's Tante Fanny? Jedenfalls nicht gleich!
Es galt, den Tag der Hinrichtung möglichst hinauszuschieben.
Nun erkennt man einen Kavalier auch daran, daß er Schwierigkeiten auf sich nimmt, für die er nicht unbedingt verantwortlich zu machen ist. Fahrrad und Haute couture passen in normalen Zeiten nicht zusammen. Doch damals war Unvereinbarkeit die Regel. Freund

Schusch hatte es gut gemeint, und das sollte nicht strafbar sein. Er kannte Tante Fanny und strampelte anderntags zu ihr, um wahrheitsgemäß vom Erfolg des Festes und Nudys aufsehenerregender Erscheinung zu berichten.

Scheibchenweise, nach bekannter Salamitaktik – allerdings ohne die nahrhafte Wurst – ließ er sich gewisse Widrigkeiten entlocken: Wie schwierig es sei, zu zweit ohne Licht zu radeln. Obendrein in einem so langen Kleid. Anstandshalber sollte man es reinigen lassen und dann erst zurückgeben. Dem widersprach die Tante entschieden. Das zu entscheiden, möge er gefälligst ihr überlassen. Nicht jedes Material eigne sich für chemische Behandlung. Also her mit dem Kleid!

Jetzt half nur noch ritterliche Bekenntnis. Man trotzte ja den widrigen Zeiten mit gewissen umständlichen Formen. Aus gutem Grund. Weil Spielregeln Reaktionen berechenbarer machen und damit das Dasein erleichtern.

Tante Fanny ahnte das Schlimmste, ahnte es mit vorbildlicher Zurückhaltung. Freund Schusch konnte ihre Klarsicht loben, eine gewisse Mitschuld der unberechenbaren Fahrradtechnik anlasten, und sich selber als Helfer, auf welchem Gebiet auch immer, anbieten. Sei es, daß er auf dem Schwarzen Markt Stoff für ein neues Unterteil besorge – die obere Hälfte habe keinen Schaden genommen und eigne sich beispielsweise als Spenzer ausgezeichnet. Verschiedene Materialien wären in der Mode bekanntlich kein Hindernis für einheitlichen Gesamteindruck. Das könne er beurteilen. Schließlich sei er Architekt.

Tante Fannys Ausdruck entspannte sich.

»Du könntest mir meine Wohnung herrichten«, sagte sie

und überraschte ihn mit Kenntnissen von Baustoffen und Formen, als handle es sich um eine Création aus Samt und Seide.
Gleichsam unter Kollegen spielte er den Helfer voll aus. Seine schöpferische Phantasie versetzte Türen und Wände, bis das Konzept gefunden war, dem sie zustimmte. Alles hatte er berücksichtigt, auch das, was es nicht gab.
»Dazu brauche ich fünf Sack Zement.«
Spontan nannte die Tante einen englischen Namen. Nicht *Portland,* wie das Produkt eines deutschen Zementherstellers heißt, sondern einen Vornamen.
»Er ist Colonel bei der Militärregierung«, erläuterte sie. »Ich ziehe seine Frau an. Von ihr stammt übrigens der Stoff...«
Die glückliche Fügung wurde nicht weiter besprochen. Wenige Tage später gab sie Freund Schusch einen Schein mit amtlichem Stempel, der ihn ermächtigte, fünf Säcke Zement in einem Lager der Militärregierung abzuholen. Wieder machte der Transport Schwierigkeiten. Nicht daß die Säcke zwischen Kette und Kettenblatt geraten wären. Auf sein Fahrrad mußte der strampelnde Ritter diesmal verzichten. Jeder Polizist, ob Deutscher oder Amerikaner, hätte ihn bei diesem Frachtgut unweigerlich hinter Gitter verbracht. Tante Fanny telefonierte mit ihrer Kundin, ein Jeep lieferte alles an, der Architekt besorgte die Maurer.
Während der Umbau zügig voranschritt, fragte er einmal spaßeshalber nach dem Preis des ruinierten Kleides. Er entsprach in etwa seinem Honorar, wenn er eines bekommen hätte. Sparsam im Umgang mit dem kostbaren Material gelang es ihm, wenigstens einen Rest Zement gegen Naturalien umzutauschen.

Nudy konnte aufatmen. Sie behielt das Oberteil, zu dem sie sich einen Rock machen ließ. Nicht bei Tante Fanny. Die Einweihung des neuen Modeateliers war gleichzeitig Versöhnungstermin. Dank der amerikanischen Kundin gab es friedensmäßig zu essen und zu trinken.
»Unzeitgemäß elegant!« lobte der Architekt sein Werk und nahm den Zündschlüssel des kleinen Mannes vom rechten Hosenbein.
Nudy trug, der Tageszeit entsprechend, einen kurzen Rock. In ihrer unbeschwerten Art sah sie die an sich unvereinbare Verknüpfung von Spinn- und Baustoff aus einem für alle Beteiligten interessanten Blickwinkel. »Wenn du mir wieder mal ein Abendkleid leihst, Tante Fanny, baut er dir eine Villa.«

Bürgerinitiative

Als 1944 die Bombenangriffe die Stadt umzupflügen begannen, retteten Münchner Bürger die unersetzliche Innenausstattung des Cuvilliés-Theaters in der Münchner Residenz.

Private Initiative war damals nicht ungefährlich. Kunstschätze erhalten zu wollen ohne Befehl von oben, wurde mit Defaitismus gleichgesetzt. Man glaubte demnach nicht an den deutschen Endsieg – eine Haltung, die nach vorgeschriebener Meinung den Abwehrwillen schwächte.

Die Retter waren Männer vom Fach. Sie hatten von Berufs wegen mit dem Bauwesen zu tun, insbesondere mit der Residenz. Sie wußten, wofür sie sich einsetzten – für eines der schönsten Rokoko-Theater der Welt.

Da milderte der Bombenangriff vom 18. März 1944 Gleichgültigkeit und Argwohn bei der Regierung so weit, daß sie ans Werk gehen konnten. Dr. Pfister, Baureferent im Kultusministerium, Ministerialrat Gablonsky vom Innenministerium, Regierungsbaudirektor von Petz, Regierungsbaurat Otto Mayer, beide von der Bauleitung der Münchner Staatstheater und – man lese und staune, ein Neutraler, der die gefährdete Stadt hätte verlassen können, ein Schweizer Staatsbürger – der bauleitende Architekt in der Münchner Residenz, Tino Walz.

Man ging professionell vor, beschloß die Innenausstattung zu teilen und beide Hälften an verschiedenen Orten auszulagern. Sollte eines der Notquartiere zerstört wer-

den, konnte später die gerettete Hälfte als Vorlage für die Restauration dienen.
Das gesamte Dekor war nicht, wie Theaterbesucher vielfach glaubten, in Stuck ausgeführt, sondern in Holz. Die Schnitzereien waren aufgeleimt und bemalt; ihr Ausbau machte keine Schwierigkeiten. Logenbrüstungen, Pfeilerverkleidungen, die ganzen Paneele wurden einfach zerlegt, in Kisten verpackt und weggebracht. Lediglich Teile aus Gipsmarmor am Unterbau der Königsloge sowie die Proszeniumsumrandung konnten nicht ausgebaut werden. Doch sie überdauerten wundersamerweise bis auf den Portalvorhang.
Selbstverständlich sollten alle Stücke für den Wiedereinbau numeriert werden. Hier gab es eine Überraschung. Sie waren bereits auf der Rückseite fortlaufend gekennzeichnet.
»In der edlen und klaren Schrift der napoleonischen Zeit numeriert...«, wie Regierungsbaurat Mayer sich ausdrückte.
Was hatte das zu bedeuten?
Der Seniorchef der mit dem Ausbau beauftragten Firma Heinrich Pössenbacher fand die Erklärung: Zu Zeiten König Ludwigs I. galt Rokoko nicht viel, der Begriff war nahezu ein Schimpfwort. Zu üppig, zu verspielt, entsprach es nicht dem Zeitgeschmack. Damals war die gesamte Cuvilliés'sche Ausstattung zum ersten Mal ausgebaut und irgendwo im Stadtteil Lehel gelagert worden. Der leere Zuschauerraum mit den rohen Wänden diente dann als Dekorationsmagazin für das Hoftheater. Unter Ludwig II. feierte das Rokoko üppige Wiederkehr. Vor allem in seinen Schlössern Linderhof und Herrenchiemsee. Die Cuvilliésdekoration wurde wieder in den Theaterraum eingebaut und zum Teil unangebracht

übermalt. Guter Stil hält so etwas aus, wie ein gutgebautes Stück eine schlechte Inszenierung.
Nun, beim zweiten Ausbau, wurde die eine Hälfte mit offizieller Fahrgenehmigung ins Pfarrhaus von Obing im Chiemgau gebracht. Die andere fühlte sich als Theaterdekoration dramatischem Geschehen offenbar besonders verpflichtet. Die Kisten und bis zu sechs Meter langen Paneelen aus Lindenholz sollten im Schloß Herrenchiemsee gelagert werden.
Hierbei wurde der private Charakter der Initiative deutlich. Das Unternehmen begann gewissermaßen im Familienkreis: Architekt Tino Walz leitete den Transport; sein Schwager, der Obergefreite Dieter Rieppel, führte ihn durch, dessen Schwägerin begleitete als Kunsthistorikerin die Fahrt.
Dieter, aus alter Münchner Familie, war nach längerem Lazarettaufenthalt nicht mehr frontfähig und zum Fahrlehrer für Lastwagen umgeschult worden. Täglich unternahm er mit Fahrschülern eine Übungsfahrt. Diesmal nach Herrenchiemsee. Das Fahrzeug, ein schwerer Laster mit Holzgasantrieb und Anhänger, wurde in der Residenz beladen und erreichte, von Tieffliegern unbelästigt, den Ort Gstaad am Chiemsee.
Dort wartete, vom Architekten Walz organisiert, eine Pontonfähre mit Motorboot als Zugmaschine. Millimeterweise bugsierte der Obergefreite persönlich das breite Gefährt auf die schmale Plattform. Rechts wie links ragten die Reifen einige Zentimeter über den Rand hinaus, zudem wehte eine nette Brise. Bei ausgezeichnetem Segelwetter mit kleinen Schaumkrönchen legten sie ab. Der Wind griff den Konvoj von der Seite an. Er war stark genug, den Kurs zu beeinflussen.
Rhythmisch wie ein Metronom schaukelte die kostbare

Fracht von einer Seite zur andern; leicht grünlich mußten die Begleiter zusehen, wie ihr ruderloses Floß dem Motorboot keineswegs folgte. Es brach nach der Seite aus, als wolle es zum Überholen ansetzen, änderte dann abrupt den Kurs, hielt auf eine nicht vorhandene Boje zu, wie beim Wasserskislalom. Jede dieser Wenden verstärkte den Eindruck, diesmal werde das hochbeladene Gefährt gewiß kentern. Doch, aller Landrattenfurcht zum Trotz, erreichte es die Insel.

Millimeterweise, ohne von der Plattform abzukommen, rollte der Lastzug auf festen Grund. Die beiden Fahrschüler durften ihn zum Schloß steuern und dort das Rückwärtsfahren mit Anhänger üben, bis er korrekt vor der Abladestelle stand. Hilfskräfte verschiedener Nationalität luden ab und schleppten die Kisten in einen besonders trockenen Keller.

Auch die Rückfahrt, bei noch besserem Segelwetter, wurde ohne Seenot gemeistert. Es sollte nicht die letzte Feindberührung mit dem Element Wasser bleiben.

Im verschärften Bombenkrieg erwies sich das Schloß Herrenchiemsee als leicht auszumachendes Ziel. Und da die Alliierten nicht nur kriegswichtige Objekte in Trümmer legten, veranlaßte man den Umzug zu einem anderen Lagerort, den der umsichtige Schweizer ausfindig gemacht hatte.

Diesmal ging es nach kurzer Schönwetterbootspartie um so länger über Land. Bis hinauf nach Kehlheim, wo hoch über der Donau auf dem Michelsberg die Befreiungshalle klassizistisch in die Landschaft klotzt. Von König Ludwig I. zur Erinnerung an das Ende der napoleonischen Fremdherrschaft errichtet, war sie gewiß auch ein gut auszumachendes Bombenziel, als

leerer Ruhmestempel aber kein lohnendes. Daher ein ideales Versteck schon des Unterbaus wegen. Nationale Einschüchterungsarchitektur pflegt auf überdurchschnittlich soliden Fundamenten zu ruhen.
Die kostbare Theaterhälfte verschwand in den geräumigen und trockenen Kellern des Monuments. Ein beamteter Wärter mit Dienstmütze bekam die Schlüssel sowie den Auftrag, Temperatur und Luftfeuchtigkeit konstant zu halten, indem er regelmäßig lüftete.
Beruhigt kehrte Tino Walz zu seiner Frau und weiteren Rettungsaktionen nach München zurück. Wie das Leben im Kriegsdeutschland für einen Neutralen aussah, bezeugen seine Tagebucheintragungen als bauleitender Architekt.

26. April 1944: Das Gewölbe des Theatinerganges stürzt ein und reißt die Residenzfassade am Odeonsplatz bis zur Decke Erdgeschoß mit sich.

25. Mai: Prof. Rudolf Esterer gründet die Bauleitung Residenz, die dem Ministerium direkt unterstellt ist.

4. Juni: Eine Abteilung Pioniere will die Reste der Fassade an der Residenzstraße sprengen. Bis von Gauleiter Giesler der Einstellungsbefehl erwirkt wurde, ist eines der Prunkportale schon zur Hälfte abgerissen, ebenso ein Teil der Nische der Patrona Boiariae.

13. Juni: Treffer im Hofgartentempel. Die Rottmann-Fresken unter den Arkaden werden abgenommen.

11. Juli: Erster Angriff 11 Uhr. Sprengbomben über

der ganzen Stadt. Zeitzünder detonieren die ganze Nacht und erschweren die Rettungsarbeiten.

12. Juli: Zweiter Angriff mit Brandbomben. Feuersturm in Schwabing.

13. Juli: Dritter Angriff: Es funktioniert nichts mehr. Auch die Alarmanlagen versagen. Da es keinen Strom gibt, kann man auch übers Radio keine Luftwarnung erhalten. Nachrichtenlos lebt man in Ungewißheit wie auf einer Insel.

16. Juli: Vierte Angriffswelle. Die aus den Häusern auf die Straßenmitte geretteten Möbel brennen z. T. wie Zündschnüre durch die Straßen ab. Wasser gibt es nirgends mehr. Vom Nymphenburger Kanal versucht die Feuerwehr mit einer Schlauchleitung durch die Nymphenburger Straße Wasser ins Innere der Stadt zu leiten. Die gerade abgestützte Fassade der Grottenhalle erhält einen Volltreffer und bricht zusammen. Alle Mühe war umsonst. Die mittleren Felder des Antiquarium-Gewölbes stürzen ein. Der Brunnenhof ist umgepflügt. Volltreffer in den Steinzimmern. Durch die gerissene Lücke blickt man aus dem Innern der Residenz unmittelbar auf die Theatinerkirche. Unser Notbüro im Königsbau ist völlig zerstört. Treffer im Preysing-Palais, das zweite Notdach wie weggeblasen. In der Ökonomie des Englischen Gartens verbrennen 45 Stück Vieh.

20. Juli: Attentat mißglückt! Der Krieg wird weitergehen!

23. Juli: Die letzten Brandherde verlöschen. Es regnet stark. Die Residenz schwimmt, da kein einziges Notdach erhalten geblieben ist. Wir beginnen von vorne. Es gibt immer weniger zu schützen: Die Ahnengalerie, das restliche Antiquarium, das Schiff der Hofkapelle, Teile des Königsbaues, die Kaisertreppe. Stukkatur-Reste von Decken und Wandfriesen werden abgenommen, registriert und in den Kellergewölben gelagert. Wird man sie jemals verwenden?

7. November: Der erste Schneefall. Verheerende Zustände in der Residenz. Unerwartete Hilfe: Am 9. November soll Hitler zur Kranzniederlegung am Ehrenmal der Feldherrnhalle kommen. Die Residenzstraße muß dafür schuttfrei sein. Sonderzuteilung von zwei Baggern, beliebig Benzin und Lastwagen. Mit allen verfügbaren Kräften schaffen wir Schutt aus der Residenz auf die Straße, um ihn auf diese Weise loszuwerden. Die Feuerwehr muß mit Schwämmen den Staub von den traurigen Resten der Residenzfassade waschen. Tag und Nacht wird gearbeitet.

9. November: Die Kranzniederlegung findet nicht statt!! Radioansprache von Goebbels vom Endsieg.

Stoisch arrangierten sich die Menschen mit dem Wahnsinn. Sie machten einfach weiter, halfen einander und witterten, wo es etwas ohne Marken gab. Auch der großdeutsche Obergefreite Rieppel rettete, was zu retten war. Wie er von seinem Schwager wußte, befand sich im Keller unter dem Thronsaal der Residenz der Weinkeller des primitivsten aller Spitzen-Nazis: Christian

Weber. Dort lagerte zusammengestohlene Rebenlese von Weltklasse, wie Rothschild's *Château Mouton.*
Im Frühjahr 1945 nahm der Obergefreite das Lager im Handstreich. Mit einem Elektrokarren, wie sie zum Gepäcktransport am Bahnhof verwendet wurden, fuhr er in die flüssige Schatzkammer. Hinten auf der Ladeplattform klirrten leise leere Flaschen. Freund Dieter ging generalstabsmäßig vor. Um die Bestände in großem Stil lichten zu können, galt es den Schein zu wahren, als sei noch alles da.
Mit der altgedienten Obergefreiten eigenen Seelenruhe entkorkte er Flasche um Flasche, füllte den Inhalt um und legte das staubige Original mit dem vielversprechenden Etikett neu bekorkt an seinen Platz im Regal zurück. Seine gründliche Arbeit linderte die Not. Tage- und nächtelang dämmerte der gesamte Freundeskreis, aufs edelste trunken, dem Endsieg entgegen.
Dann endlich!
In Zeitlupe tasteten sich die Amerikaner an die zerstörte Stadt heran. Nicht schneller erfuhren die Befreiten die neue Freiheit. Zuerst war alles verboten. Niemand durfte das Stadtgebiet verlassen, es gab weder Post noch Telefon.
Wie mag es um die Befreiungshalle stehen? fragte sich Tino Walz. Sind die Dekorteile unversehrt geblieben?
Er beschloß, so bald wie möglich nachzusehen. Sein Schweizer Paß wirkte beschleunigend. Bereits am 7. Mai, dem Tag der bedingungslosen Kapitulation, hatte er eine schriftliche Fahrgenehmigung und Benzin. Die Formalitäten, sich um das ausgelagerte Gut überhaupt kümmern zu dürfen, dauerten allerdings länger. Sechs Wochen nach dem Einmarsch konnte er schließlich starten.

Es war ein strahlender Julitag. Mit jedem Kilometer wuchs seine merkwürdige Unruhe. In Kehlheim fuhr er zuerst zum Wärter. Stand das Haus? Lebte der Mann noch? Wo hatte er die Schlüssel?

Das Haus stand, der Wärter war da. Erleichterung, dann der Schock. Die örtliche Militärregierung hatte ihm untersagt, seinen Dienst in der Befreiungshalle weiterhin zu versehen. Weil er Parteigenosse gewesen war.

Es gibt Fügungen, die zu dumm sind, um darauf gefaßt zu sein. Die unersetzlichen Paneelen, seit Wochen ungelüftet! In welchem Zustand mochten sie sich befinden? Eine Kreuz- und Querfahrt zu amerikanischen Dienststellen begann, von einem Unzuständigen zum nächsten. Dabei fiel immer wieder ein Name: Captain Shuffie. Er sei der richtige Mann. Tino Walz fand ihn.

Der Captain war der Richtige. Er zeigte Verständnis und konnte ein Machtwort sprechen: Der kleine PG durfte die Keller aufschließen.

Mit überhitztem Motor rasten sie zur Befreiungshalle hinauf, als gelte es, ein Bergrennen zu gewinnen. Gleich bei der ersten Tür bestätigte modriger Geruch die ungute Vorahnung. Was sie fanden, übertraf jedoch die schlimmsten Befürchtungen. Ordentlich aufgereiht standen die einzelnen Teile an den Kellerwänden, jedes Brett mit dem unteren Ende in einer breiigen, übelriechenden Masse. Der Knochenleim, der die Schnitzereien zusammenhielt, hatte sich aufgelöst. Das gesamte Dekor war samt der Bemalung wie dicke Suppe hinuntergelaufen. Nicht mehr zu erkennen, lagen die einzelnen Teile in dem Brei.

Wie sollte man dieses gigantische Puzzle je wieder richtig zusammensetzen?

Entmutigt verließen sie den Ruhmestempel. Es hatte keinen Sinn mehr, noch irgend etwas zu unternehmen. Zufällig entdeckte das mit Zerstörungen und aussichtslosen Rettungsversuchen vertraute Architektenauge auf der anderen Seite der Donau eine Zementfabrik. Der Anblick genügte, um eine Idee zu zünden. Wie der Teufel fuhren sie hinunter und hinüber.

Richtig – da lag, was er suchte: Papiersäcke, gestapelt, um mit Zement gefüllt zu werden. Doch das Werk arbeitete nicht. Was sie verstauen konnten, nahmen sie mit, rasten wieder zurück und machten sich an die Arbeit. Jedes Brett des Paneeles bekam einen Sack für sich; die dazugehörigen Schnitzteile wurden aus dem Brei gefischt und beigegeben. Das würde spätere Sortierarbeit wesentlich erleichtern. Falls es je dazu kommen sollte, würde man wissen, was wohin gehörte und konnte die Teile nach gründlichem Trocknen neu aufleimen.

Captain Shuffie, gewissermaßen im Schnellkurs zum Kunstsachverständigen gereift, sprach ein weiteres Machtwort: Er setzte den kleinen PG wieder in sein Amt sein.

In den Säcken trockneten die Dekorationsstücke wie erwartet ab. Noch im selben Jahr wurden sie in die Obhut der Bayerischen Schlösser- und Seenverwaltung übergeben und nach Schloß Schleißheim gebracht. Diesmal ohne Mithilfe des seetüchtigen Obergefreiten. Der wollte jetzt Architekt werden.

Die andere Hälfte mit dem undramatischen Schicksal hatte die Zeitwende im Pfarrhaus von Obing heil und trocken überstanden.

Elf Jahre sollte die gesamte Innenausstattung ausgelagert bleiben. Die Zeiten hatten sich normalisiert,

Freunde taten sich zusammen, die Friedrich-Bauer-Stiftung spendete 6000,– D-Mark für den Versuch, die beschädigten Teile zu restaurieren. Und tatsächlich, in zweijähriger Arbeit gelang es den Werkstätten der Residenz, das Puzzle zusammenzusetzen, die Bemalung neu aufzubringen. Die Bauleitung, nun unter Otto Meitinger, dem Nachfolger des Schweizers, führte das Werk mit genialer Einfühlung zu Ende.
Man gelangt heute nicht mehr wie früher direkt von der Straße, sondern durch den Brunnenhof in das Theater. Der plätschernde Brunnen trennt gleich einer Schleuse Alltag und Erbauung – ein alter Wunsch der Freunde der Residenz war damit erfüllt, das Kleinod des Rokoko gerettet.
1958 wurde das neu eingepaßte Cuvilliés-Theater im alten Patinaglanz wiedereröffnet.

Selbsthilfe ist wieder im Kommen. Immer häufiger ergreifen Bürger die Intiaitve, damit etwas geschehe, was im Sinne des Allgemeinwohls geschehen müßte, von der Obrigkeit aber ignoriert wird oder nicht durchgesetzt werden kann.
Noch vor Ende des Krieges organisierte sich in der bayerischen Landeshauptstadt die erste Bürgerinitiative unserer jüngsten Geschichte. Zweihundert bis zweihundertfünfzig leidenschaftliche Münchner umfaßte sie, Einheimische wie Zugereiste, und trat unter dem Namen *Freunde der Residenz* am 16. Februar 1945 erstmals zusammen. Ihr Ziel: Kultur zu erhalten. Vor Kriegsende ein Ansinnen für Tagträumer. Sollte man meinen. Doch wer den Anfängen wehren will, muß bekanntlich früh anfangen.
Mit der Stunde Null hatte die Zerstörung durch Bom-

ben ein Ende. Genauer besehen wurde sie nur abgelöst: Von der Zerstörung durch Behörden. Deren Eifer, den Schutt möglichst schnell wegzuschaffen, erwies sich als Bärendienst.

Manch noble Fassade, die stehengeblieben war, wurde vollends abgerissen, um Platz für einen öden Neubau zu schaffen. Andere gelang es zu retten – dank der Initiative von Bürgern. Die *Freunde der Residenz* schauten weit voraus. Mit noch zur Verfügung stehenden sogenannten Ostarbeitern beschlossen sie als erstes, den Grottenhof der Residenz auszuräumen, damit er »für nachher« bereit sei.

In einem vom Dach bis zum Keller aufgerissenen Haus sahen sie in einer hochgelegenen Etage einen Konzertflügel stehen und kauften ihn dem Besitzer ab. Der hatte gerade andere Sorgen. Das Instrument war für »künftige Konzerte« vorgesehen. Irgend jemand schenkte ihnen einen Projektionsapparat.

Bis zuletzt trotzten sie den Verheerungen mit kulturellen Unternehmungen. In Wohnungen, in einer Klinik veranstalteten sie Konzerte und Theaterabende.

Die große Zeit dieser Bürgerinitiative aber kam nach dem Zusammenbruch. Sie schwelgte in Plänen.

»Wenn wir – so sagten sich die Freunde – die Residenz zu einem kulturellen Zentrum machen, die Ruinen mit Veranstaltungen beleben und Zulauf finden, kann sie nicht abgerissen werden.«

Am 28. August 1945 veranstalteten die Freunde das erste Konzert im vorsorglich »für nachher« ausgeräumten Grottenhof. Es musizierten: Gerda Sommerschuh, Alexander Paulmüller, Friedrich von Hausegger, Hermann von Beckerath, Georg Schmid und Ludwig Jäger. Unter den Gästen befanden sich: Ministerpräsident Fritz

Schaeffer, Kultusminister Dr. Hipp, Oberbürgermeister Karl Scharnagl.
Der Abend begann mit einer rührenden Ansprache:

> Verehrte Gäste, liebe Freunde der Residenz! Musik im Grottenhof, in den Ruinen – viele werden sich gewundert haben. Doch sind es nicht allein die Not oder Mangel an Raum, die uns gerade hier spielen lassen. Mehr soll damit gesagt sein: Wir wollen die schwer getroffenen Denkmäler unserer Kultur nicht aufgeben. Denn diese Kultur sichert uns auch jetzt und nach diesem Zusammenbruch einen vollgültigen Platz in der Reihe der Völker. So bitten wir, diese und die kommenden Veranstaltungen zu werten. Sie sollen die Trümmer, von denen auch heute noch Schönheit und ein starker Zauber ausstrahlt, mit neuem Leben und Klang erfüllen.

Ein nobles Anliegen ohne devote Töne schlechten Gewissens, ein Hinweis auf das *andere Deutschland*, das es auch noch gab. Die Initiative allein genügte jedoch nicht mehr. In einem Staatswesen, das sich gerade zur Demokratie mausert, darf nur sein, was offiziell erlaubt ist. Der Freundeskreis benötigte für weitere Veranstaltungen eine Lizenz. Er mußte sich, um für seine Vorhaben Geld sammeln zu dürfen, als Verein konstituieren. Dies fand am 13. November 1945 statt. Um ihre Tatkraft und Wichtigkeit zu bekunden, formulierten die Freunde mit dem Besiegten anstehenden stolzen Ernst einen massiven, kulturstrotzenden Text:

> Jahrhundertelang war die Münchner Residenz Mittelpunkt und Magnet aller kulturellen Kräfte des Lan-

des. In dieser Tradition will sich nun ein Kreis künstlerischer und geistig interessierter Menschen zu einem Verein *Freunde der Residenz* zusammenschließen. Für ihn soll der ehemalige Herrschersitz der bayerischen Herzöge, Kurfürsten und Könige Sinnbild und lebendes Vermächtnis bilden.
Die Residenz soll keine Trümmerstätte bleiben, sondern für München und ganz Bayern wieder neues Leben für alle Ströme und Entwicklungen der Kultur hervorbringen. Als Brücke von einer großen Vergangenheit zu einer lebensfroheren Zukunft soll sie nicht nur musealer Besitz, sondern ständige Verpflichtung sein. So wollen wir nicht nur mithelfen an der Sicherung und Neugestaltung dieses großartigen Baudenkmals, sondern mit Veranstaltungen verschiedenartigsten Gepräges an die Öffentlichkeit treten. Konzerte, Vorträge, Schauspiele und Ausstellungen seien der Ausdruck des Wachseins im Geiste. Solches Wirken bilde den Nährboden für das kulturelle Schaffen der Gegenwart und ein Bekenntnis zu unserer Zeit.

Wer konnte da *nein* sagen? Die Kulturbombe mit dem ganzen Gewicht des Abendlands schlug ein, bei deutschen wie bei amerikanischen Dienststellen. Tino Walz, Museumsdirektor Hans Thoma und Friedrich von Hausegger standen dem Verein vor. Reinhard Riemerschmid, Gert Hornung und Alwin Seifert bildeten den Beirat.
Nun konnten sie veranstalten. Zu Weihnachten im verschneiten Grottenhof einen Christkindlmarkt mit Krippe und Chor, weitere Konzerte, Lesungen, Vortragsabende und vor allem Geld sammeln für ihren kühnsten Plan: den Bau eines Theaters.
Eva Walz, die Frau des Architekten, sammelte in vier-

zehn Tagen die Rekordsumme von 100000 Rentenmark. Fünf Monate später, zum Jahrestag der Kapitulation am 7. Mai, wurde das Theater im Brunnenhof der Residenz eröffnet. Es hatte alles in allem 80000 R-Mark gekostet und wurde bis 1950 bespielt.

Die Unternehmungslust und unbekümmerte Einsatzfreude aller Beteiligten sprach der Ernährungslage Hohn. Ohne ihren Idealismus hätte jeder doppelte Schwerstarbeiterzulage bekommen müssen, um das zu leisten. Es war noch der Geist, der den Körper antrieb, nicht der Überfluß.

Ganz ungeschoren blieb die Bürgerinitiative allerdings nicht. Der Landtag, um einen geeigneten Versammlungsraum verlegen, nistete sich im Brunnenhoftheater ein. Gegen dieses parlamentarische Kuckucksei liefen die Freunde der Residenz Sturm.

Und sie siegten.

Die Abgeordneten mußten wieder ausziehen. Wegen unzulässiger Zweckentfremdung. Ein Parlament ist noch keine Kultur.

Das Theater mit der kleinen, knarzenden Bühne war ein Geschenk der *Freunde* an den Freistaat Bayern. Es hat, harten Zeiten und ebensolcher Bestuhlung zum Trotz, viel geistige Kraft und Optimismus vermittelt.

Erinnern wir uns: Bei der Eröffnung mit NATHAN DER WEISE spielt Helmut Renar die Titelrolle, Willi Rösner den Sultan, Eva Vaitl die Recha, Rudolf Vogel den Derwisch und Curd Jürgens den Tempelherrn. Unvergessen Inge Langens ANTIGONE, Anne Kerstens PHÄDRA, Thornton Wilders WIR SIND NOCH EINMAL DAVONGEKOMMEN in der Regie von Paul Verhoeven mit Otto Wernicke und Heidemarie Hatheyer als Mr. and Mrs. Antrobus und Luise Ullrich als Sabina.

Gerhart Hauptmanns Und Pippa tanzt, Strindbergs Traumspiel, Hebbels Maria Magdalena standen ebenso auf dem Spielplan wie Die Dinosaurier sind draussen, Abel – mein Sohn, Nora, Das Feuer ist aus und Doña Rosita. Auch ich, hier sei's gestanden, habe das Theater von oben erlebt. In einem Stück über das Leben Vincent van Goghs durfte ich unter der Regie von Arnulf Schröder sage und schreibe fünf Rollen spielen. 1950 gingen die Lichter aus. Die kleine Bühne mußte dem Neubau des alten Residenztheaters weichen, das zur 800-Jahrfeier der Stadt München fertigwerden sollte.

Für die Freunde kein Grund, ihre spendenwilligen Hände in den Schoß zu legen. Sie hatten noch ein Zweit-Schloß. Seit 1946 leitet Eva Walz die von allen ins Leben gerufenen *Nymphenburger Sommerspiele* – Musikfreunden jedes Jahr ein Ereignis von Rang, Stadt und Staat, ein Pfeiler im Kulturprogramm.

Unvergessen sind die Vorträge von Ernst Buschor, Fedor Stepun, Wilhelm Hausenstein, Lesungen von Hans Carossa, Werner Bergengruen, von Inge Birkmann oder von dem Dramaturgen Rudolf Bach, Kunsthistorisches von Carl Lamb, Tino Walz, Paul Girkon sowie Lichtbilderabende mit dem geschenkten Projektor. Das war noch am alten Platz. Sie pflegen die Freude an der Sache, die *Freunde.* Sie sind die einzige Einrichtung, die den Idealismus und die Bescheidenheit von damals bewahren konnte. Ein moralischer Kraftakt.

Dieser Geist überträgt sich noch heute auf die Mitwirkenden. Da wird nicht als erstes nach der Gage gefragt, werden kleine Mängel in Kauf genommen, statt sie zu beanstanden, sei es die Akustik, das Licht oder ein fehlender Wasserhahn in der Garderobe. Man geht zu Werk – wie damals.

Nach wie vor schreibt Eva Walz die Adressen der Einladungen mit der Hand, kümmert sich um Blumenarrangements, sucht Geschenke für die Künstler aus.
»Es soll nicht sein wie überall, sondern persönlich«, sagt sie.
Das erfordert Mühe, Zeit. Sie aufzuwenden, bedeutet Kultur. Freiwilligkeit, Sorgfalt, Liebe zum Detail schaffen das besondere Klima, um das man sich andernorts mit Ansprüchen, Management und Perfektionssucht vergeblich müht.
Die Bürgerinitiative hat Erfolg und Tradition angesetzt. Ihr origineller Einfall, sich ausgerechnet mit Kultur gegen Behördenwillkür und Schutträumeifer zu wehren, ist als Eulenspiegelei mit tieferer Bedeutung in der Geschichte der deutschen Wiederauferstehung einmalig. Hier leuchtet München am hellsten.

Lieben vor der Pille

Um es mit einem Ausdruck von damals zu sagen: Wir waren ziemlich etepetete. Das Wort gibt es heute nicht mehr. Nicht nur das Wort, das diese Mischung aus konventionell, umständlich und steif bezeichnet, die wir in alten Filmen belächeln, wenn Zuneigung gewissermaßen linientreuen Text auslöst, als habe man eine Diktatur im Nacken. Man hatte. Die Nach-Viktorianische.

Der Weg zueinander glich einem Hindernislauf über moralische Zeigefinger, religiöse Drohungen, Furcht vor Folgen, lustfeindliche Aufklärung und Psychoterror gegen den inneren Schweinehund. Dem Rollenverhalten nach hatte man uns allesamt im Kaiserin-Augusta-Stift für ein vorbildlich-unerotisches Leben in besten Kreisen gedrillt.

Es gab auch andere Kreise, wo's ungezwungener zuging. Doch sie zählten nicht im allgemeinen Elitestreben. Das Kaiserreich lag kaum eine Generation zurück. Selbst Nazis sagten beflissen *gnädiges Fräulein.*

Verteidigungs- und Durchhaltepropaganda wirkten, samt ihren Folgen, Zerstörung und Not, konservierend auf Moral und Form. So hat das gnädige Fräulein, Grauen mit Stolz verdrängend, die Kapitulation überlebt.

Sittenverfall ist Wohlstandssache. Wir begannen wieder etepetete. Manieren machten die Umgebung heller als das Hindenburglicht. Umständehalber gezwungen, im selben Zimmer zu übernachten, wandten wir uns ab, während eine junge Dame sich auszog, ja, wir beeilten uns, ihrer Aufforderung zuvorzukommen. Dabei stellten wir uns alles viel schöner vor: frisch gebadet, in Seide, nicht mit grauem Hals im Maccohemd aus Wehrmachtsbeständen. Erst ihr Zuruf, sie liege nunmehr im Bett, führte unseren Blick in die blasse Wirklichkeit unter alten Decken, Mänteln zurück, das Fußende vom Bettvorleger beschwert.

Jetzt konnte man sich auf der Bettkante niederlassen und reden, reden, damit sie Ritterlichkeit nicht mit Desinteresse verwechsle, konnte sich nach *ihm* erkundigen, auf den sie wartete, um festzustellen, wie sehr, beziehungsweise ob es ihn überhaupt gab. Dabei konnte man seine Schuhe ausziehen, in der Hoffnung, ein späterer Hinweis auf kalte Füße möge sich einladend auswirken. Wenn nicht, dienten sie als guter Grund, sich nach brüderlichem Gute-Nacht-Kuß auf die Stirn in seine zusammengerafften Klamotten einzupuppen, und, falls sie vorsichtshalber wieder von *ihm* zu erzählen anfangen sollte, gut hörbar, mit langen, gleichmäßigen Atemzügen zu antworten.

Die besseren Flirtdialoge waren doppelbödig wie beim Theater. Beide redeten scheinbar unbefangen von Kartoffeln und wußten, sie meinten Tomaten. Das hatte zusätzlichen Reiz.

Aus Erziehung, nicht aus soldatischer Gewohnheit, bewachte man unabschließbare Badezimmertüren, verteidigte, was einem nicht gehörte, nahm Lasten ab, hielt Türen auf, bot den eigenen Sitzplatz an. Höflichkeit war eine Spielart des Eros und ist es dieser Generation geblieben. Nicht als Geste vom stärkeren zum schwächeren Geschlecht, vielmehr aus Verehrung, vom Instinkt angetrieben, wie bei der Balz. Höflichkeit diente aber auch als Waffe, um Vertrauen zu schaffen. Wir erzeugten Magnetismus durch Zurückhaltung. Denn war nicht die Zitadelle erobert, blieb die gesamte Umgebung tabu.

Der Trieb trat, wie bei Vater Zeus, in mancherlei Gestalt auf. Zum Beispiel als Beschützertrieb. Im Gedränge oder auf der Tanzfläche umschloß sein starker Arm, was er sich unter vier Augen noch nicht traute. Ein Korb hätte ihn auf den Ausgangspunkt zurückgeworfen, wie bei manchen Brettspielen. Überhaupt ermöglichte vor allem der Tanz wonnesame Berührungspunkte, beziehungsweise Berührung von Punkten, rein zufällig, im Überschwang rhythmisierter Daseinsfreude.

Erfahrene Tänzer nahmen die noch unbekannte Akupressur vorweg. Beim ständigen Wechsel zwischen Schleudergriffen und Wangennähe ertasteten sie sich erogene Stellen auf Mädchenrücken und stimulierten sie, dabei arglos die ausgezeichnete Kapelle lobend.

Besonderes Raffinement verriet die Rolle des psychologischen Beobachters. Scheinbar höchst amüsiert machte der auf ein anderes Paar aufmerksam, dem er ansehe, wohin sein Gebaren treibe. Nicht daß er das Gesehene an der Partnerin exerzierte! Kein Nachahmungstrieb. Im Gegenteil, er fand die beiden undezent und beschied sich mit schelmisch-vertraulicher Mitteilung: beim Tanzen sehe man alles. So wie zwei tanzen, so seien sie auch im Bett. Und hüpfte arglosheiter dazu.

Blieb die Belehrte bei der nächsten Wangenähe nur eine Sekunde länger, bestätigte sie damit ihren Lerneifer. Und der ließ sich fördern. Etwa indem er die Arme

sinken ließ und nur sagte: »Führ du mal. Ich möchte deinen wahren Rhythmus kennenlernen.«
Nun durfte sie müssen, was sie wollte und konnte ihn mit Zaghaftigkeit zu gesteigerter Temperamentsentfaltung anspornen.
Schlechte Tänzer kommentierten solche Showeinlagen mit Ironie. Sie könnten das weder beurteilen noch nachmachen, sie hätten andere Vorzüge. Und da sie sich nicht weiter äußerten, antworteten ihre Partnerinnen in lockender Körpersprache. Man muß ja nicht dauernd reden beim Tanz.
Die künstlichen Hindernisse auf dem Weg zueinander überstiegen selbst die natürlichen des Nachkriegsalltags. Hier wie dort galt es, Konkurrenz auszuschalten. Der Stärkere mußte nicht zwangsläufig der Schnellere sein. Auf die Einfälle kam es an. Nebenbuhler mit Ideen zu besiegen, erhöhte die Freude am sinnlichen Spiel, steigerte das Selbstvertrauen. Manchmal beglückte die Strategie mehr als der Preis, den man nachher dafür bekam.
Nicht minder einfallsreich wahrten die Mädchen ihren Ruf. Hinter Engelsmienen zeigten sie sich oft erstaunlich flexibel, ja schikanös. Sie gewährten Vergünstigungen und kündigten sie wieder, bremsten plötzlich ab, wo man auf freie Fahrt gehofft hatte.
»Bitte nicht. Es ist doch alles dein!«
Mit dieser Logik grübelte man in schlaflosen Nächten weiter, wie die Prüfung als stürmischer Liebhaber doch noch zu bestehen sei.
Vertraute man sich einem Freund an, geschah auch das ziemlich etepetete. Körperliche Details wurden in unserer Clique dabei nicht besprochen. Verbal keusch wie Minnesänger, vermieden wir das zotige Gerede von

Kasernenhöfen. Etwas vom Gipfelinstinkt des Bergsteigers erfüllte uns. Wir wollten Schwierigkeiten überwinden, zu Höchstleistungen gezwungen werden. Ohne Zögern sind wir an Fassaden hochgeklettert, haben uns über Dächer abgeseilt, wenn die Tür versperrt war oder die Diele knarzte. In Arbeitskleidung, mit geliehenem Meßgerät, haben wir uns als Angestellte der Stadtwerke ausgegeben, um in *ihrer* Wohnung nach einem wichtigen Rohr zu suchen, und es genau in ihrem Zimmer zu finden. Mit Schwarzmarktwaren haben wir Eltern korrumpiert, und selbst vor Verlobungen nicht zurückgeschreckt, weil man dann ganz offiziell selbst zu Stunden kommen und gehen konnte, in denen Herrenbesuche normalerweise untersagt waren. Obendrein wurde die Option opulent gefeiert.

Wir waren listenreich und romantisch zugleich. Gewiß ging mancher Sieg mehr auf bizarre Einfälle als auf die eigene Unwiderstehlichkeit zurück. Auch auf männliche Sturheit. Ständiges *nein* machte manche Prüde müde, denn es befriedigte nicht einmal die Neugier. Es gelang dann doch, die beiderseitigen Wünsche zu koordinieren, geschehen zu lassen, was Erziehung verhindern sollte. Relikt aus einer Zeit, die schon vor dem letzten Schuß zu Ende gegangen war, erschwerte sie das Intimleben der Jugend nach eigener Logik. Die lautete, sportlich-salopp ausgedrückt, etwa so:

Der einmalige, mühsame Aufstieg zum Gipfel beschert rasantere Abfahrt ins Glück, als die Wochenkarte für den Sessellift. Insbesondere, wenn es sich um das Naturerlebnis einer Erstbesteigung handelt.

Was damals die Jungfrauen eisern machte, war vor allem der Katholizismus. Zu bemerken, Jesus habe Maria-Magdalena auch verziehen, genügte da nicht. Man mußte argumentieren wie ein Staatsanwalt mit jesuitischer Grundausbildung, der obendrein Brehm's Tierleben genau studiert hat. Während dem Munde Lehrreiches entströmte, tastete die Hand durch Unmengen von Textilien – die angeblich Mangelware sein sollten – knöpfte teilweise seitenverkehrte Knopfleisten auf, prüfte den Herzschlag vor Ort. Die Gesamtheit Mann rückte näher und ließ das mit Spinnstoff wattierte Ungestüm fühlen – wie bei Brehm.

War die Holde endlich überzeugt, es gehe bei den Goldhamstern ebenso natürlich zu wie beim Rotwild, kam es vor, daß sie auf Hygiene auswich. Zuerst ein heißes Bad, für das es leider an Kleinholz fehlte, vom Aufsehen in der überbelegten Wohnung ganz zu schweigen. Oder sie wollte lieber die nächste Hamsterfahrt der Eltern abwarten – Vater habe einen sehr flachen Schlaf. Auch des Genusses ihres Kusses fühlte sie sich nach dem Eintopf mit Knoblauch nicht ganz sicher. Solche nachgerade an tantrische Liebesregeln erinnernde Verhaltungen, ja Vertagungen ließen die lokale Fortifikation erschlaffen und den gekündigten Minnediener mit schmerzendem Anhang nach Hause schleichen.

Kroch man wegen mangelhafter Raumtemperatur gleich in voller Bekleidung gemeinsam unter die Bettdecke, schwebte bei jedem lustvollen Zugriff der Vorwurf durchs Zimmer, man nutze die Notlage aus. Brach sich schließlich die Natur durch alle hemmenden Textilien gewaltsam ihre Bahn, wollte sich der Tobende gerade mitsamt seinem Rückenpanzer aus Decken, Mänteln und Strickwaren gleich einer Schildkröte auf die Brutstätte senken, konnten das quietschende Bett und ihr zur Wand deutender Warnfinger alle Leidenschaft ersterben lassen.

»Psst! Wenn du mich wirklich liebst, denk' an meinen Ruf.«

Der schien nur im Freien gesichert. Unter gewissen Bedingungen. In rabenschwarzer Nacht, bei strengem Frost, war auf einer entlegenen Parkbank mit Störungen durch Passanten kaum zu rechnen. Im Schnee der Faschingszeit bekam die Natur am ehesten ihr Recht. Vorausgesetzt, vom Zyklus her gab es keine Bedenken. Aufatmen durfte man indes nicht zu früh. Nach der Premiere konnte abrupter Sinneswandel eintreten. Er kündigte sich mit der euphorisch vorgetragenen Frage an: »Wollen wir's sagen?«

Alle Welt sollte nun wissen, man sei ein Paar. Und schon warnte die innere Stimme, das werde gewiß nicht so bleiben.

Ein steiniger Weg verspricht nicht zwingend das große Glück am Ziel. Doch er bringt Erfahrung. Für die muß jeder sein Lehrgeld zahlen. Dabei mag sich das Handicap der Erziehung zum Vorsprung wenden. Er lernt schneller, gründlicher, was ihm gemäß ist, wer zu ihm paßt. Mühen und totaler Einsatz waren nicht umsonst. Sie haben die Einstellung zum andern Geschlecht geprägt: Respekt vor der Person. Nicht Degradierung zum Lustsubjekt.

Manch einer aus unserer Generation dankt den Eltern, den Kirchen, dem Zeitgeist, auch wenn sie nichts dafür können, für diesen Hindernislauf. Er war nützlich, so unsinnig die einzelnen Hürden erscheinen mochten und mögen. Zum Beweis läßt sich die exemplarische Liebesnacht der Nachkriegszeit auf eine griffige Formel verkürzen:

Erziehung bewirkte Geduld; Geduld bewirkte Rücksicht; Rücksicht bewirkte Verständnis; Verständnis

bewirkte Zuneigung; Zuneigung bewirkte Harmonie, Zusammenklang über das Physische hinaus.
Für eine falsche Erziehung ein bemerkenswertes Ergebnis.

Das Märchen vom Kronschatz

In vielen Märchen geht es um einen geheimnisvollen Schatz, Gold, Silber, Edelsteine, von unermeßlichem Wert. Er ist gut versteckt. Nur wenige Auserwählte kennen den Ort. Doch sie schweigen, ja sie riskieren ihr Leben, damit er nicht in falsche Hände gerate.

Ähnlich dramatisch kann es auch in der Wirklichkeit zugehen. Was dem bayerischen Kronschatz um das Ende des Zweiten Weltkriegs widerfuhr, damit er nicht in falsche Hände gerate, ist so unglaublich, daß es sich liest wie ein Märchen.

Es war einmal ein Museumsdirektor, der hieß Hans Thoma. Er lebte in einer Republik und es oblag ihm, unter anderem das Erbe aus monarchistischer Vergangenheit zu bewahren, den Kronschatz vor allem. Da hatte sich seit dem Jahr 800 allerhand angesammelt: ein fränkisches Zeremonienschwert, ein Evangeliar, Kronen, Zepter und Geschmeide von unermeßlichem Wert.

Nun ist es mit den Schätzen ein Kreuz. Immer muß man sie bewachen oder verstecken. Auch und gerade vor den jeweiligen Machthabern. Zumal wenn sie Geld brauchen wie in Zeiten des Krieges. Und danach.

Der umsichtige Museumsdirektor tat sein Bestes. Immer wieder verlagerte er den Schatz. Aus den Kellern der Residenz in München nach Schloß Herrenchiemsee und wieder zurück. Im Jahre 1943, als das Kriegsglück die Seiten wechselte, erschien ihm die Befreiungshalle bei Kelheim hoch über der Donau ein besseres Versteck zu

sein. Dort lagerten, wie erwähnt, bereits andere Kostbarkeiten.
Nur wenige wußten damals, wo sich der Kronschatz befand. Unter ihnen, man staune, ein Mann von anderem Stamme, ein Schweizer: der leitende Architekt in der Residenz zu München, Tino Walz. Doch da selbst der oberste Machthaber einem anderen Stamm angehörte – er war, wie man weiß, Österreicher – fiel das trotz des allgemeinen nordischen Rasserummels nicht auf.
Nun besagte ein Befehl des Österreichers, daß bei Annäherung des Feindes Nationalheiligtümer zu sprengen seien. Das Tannenberg-Denkmal, ein Ruhmestempel aus dem Ersten Weltkrieg, lag bereits in Trümmern, die Front bröckelte weiter.
Architekt und Museumsdirektor hielten die Befreiungshalle für nicht mehr sicher genug. Ohne weiter oben zeitraubend um Genehmigung nachzufragen, beschlossen sie, den Schatz aus dem Ruhmestempel Ludwig I. in einen der Prunktempel Ludwig II. zu verlagern – nach Schloß Neuschwanstein.
Mit seinem Wagen und den nötigen Papieren holte Architekt Walz die sieben Kisten ab. Er verstaute sie in und auf dem Wagen. Das lange fränkische Zeremonienschwert wickelte er in seinen Mantel und legte es diagonal zwischen die Vordersitze.
Unbehelligt schaukelte der Millionentransport seinem Ziel entgegen. Auf Schloß Neuschwanstein kannten Architekt und Museumsdirektor einige durch das Leben im Bannkreis des Märchenkönigs noch immer monarchietreue Bedienstete. Sie waren verständigt, ohne zu wissen, was man ihnen bringen würde.
Doch es kam anders.
Es begab sich nämlich, daß Tino Walz in der Abenddäm-

merung wenige Kilometer vor dem Schloß auf einen Konvoj aus Militärlastwagen stieß. Uniformierte hielten das hochbeladene Privatauto an – eine brenzlige Situation. Glücklicherweise jedoch wollten sie nur eine Auskunft: den Weg nach Schloß Neuschwanstein.
Ausgerechnet! dachte der Schweizer.
Er mußte Gewißheit haben, was hier vorging. Während er mit den Männern plauderte, tastete seine Rechte nach dem Zeremonienschwert, ob es noch mit dem Mantel bedeckt sei. Sie wirkten übermüdet, die Transportbegleiter, und kamen direkt aus Frankreich.
»Vom Stab Rosenberg«, wie sie sagten.
Tino Walz gab sich alle Mühe, ruhig zu bleiben.
Stab Rosenberg – das hatte sich bis in die Münchner Residenz herumgesprochen – war jene Dienststelle, die gestohlenen Kunstbesitz, Gemälde, Gold, Silber, Edelsteine, vieles aus jüdischem Besitz aus dem besetzten Nachbarland abtransportierte. Interessanterweise auch nach Schloß Neuschwanstein.
Ohne lang zu überlegen erbot sich der Eidgenosse, den erschöpften Männern den Weg zu zeigen. Er werde vorausfahren. Einträchtig rollten sie mit ihren Schätzen in die Dunkelheit.
Im Schloß wurde der Konvoj schon erwartet.
Er habe nur den Weg gezeigt, erklärte der Schweizer und verabschiedete sich, indem er baldige, wohlverdiente Ruhe wünschte.
Die Männer begannen abzuladen. Niemand kümmerte sich mehr um ihn und seine Fracht. Unbemerkt konnte er einen der Vertrauten beiseite nehmen. Es bedurfte nur weniger Worte. Der Königstreue ahnte die Gefahr, behielt aber die Nerven.
Während vor dem Schloß das von den Machthabern

geraubte Gut abgeladen wurde, verschwand hinten der ihrem Zugriff entzogene Kronschatz in einem anderen Keller jenseits der künstlichen Grotte, jenem Lieblingstraumraum Ludwigs II.
Noch immer atmete das Schloß den Geist des Märchenkönigs. Unter den herrschenden Umständen und in der Dunkelheit wurde das besonders spürbar.
Unbemerkt fuhr der eidgenössische Hoflieferant in die Nacht davon. Er war beruhigt.
Doch es kam anders.
Einer der wenigen Mitwisser hielt es für richtig, die eilige Verlagerung beim Ministerium zu melden. Das mußte als Defaitismus ausgelegt werden. Bange Tage vergingen. Museumsdirektor Thoma, der Hauptverantwortliche, tat nachts kein Auge zu. Aus den Tagen wurden Wochen – niemand belangte ihn. Die Ministerialen in München hatten im verschärften Bombenkrieg andere Sorgen.

Der Rauch der Brände verdüsterte den Himmel über Deutschland immer mehr. Seit der Invasion gab es zwei Fronten.
Im Februar 1945 gründete Tino Walz wie bereits erwähnt die Vereinigung *Freunde der Residenz.* Bei kulturellen Veranstaltungen vergaßen sie für Stunden die Not.
Doch nun war er es, der schlecht schlief. Was sollte mit dem Kronschatz geschehen? Die Front rückte immer näher.
Wenn die Amerikaner kommen – überlegte er – und finden in Neuschwanstein die aus Frankreich weggeschleppten Kunstschätze und unsere Kisten samt dem Schwert, dann fallen die für sie auch unter *geraubtes Feindgut.* Und alles war umsonst.

Die bayerische Schatzkammer mußte weg! Es galt, unverzüglich zu handeln.
Die Frage war nur wie?
Museumsdirektor Thoma konnte sich kein zweites Mal mit einer Verlagerung exponieren.
Mitwisser mußten unter allen Umständen vermieden werden. Da ersann der Architekt eine List:
Wenn er, Tino Walz, den Schatz auf eigene Faust verlagerte und selbst Museumsdirektor Thoma nicht wußte wohin, konnte der sich notfalls auf ein Mißverständnis, eine bedauerliche Verwaltungspanne hinausreden – das neue Versteck aber blieb geheim. Eine äußerst gefährliche Lösung. Doch es gab keine andere.
Der unerschrockene Museumsdirektor willigte ein. Er gab dem Architekten, der als Schweizer schwer zu belangen war und notfalls alles abstreiten konnte, eine versiegelte Vollmacht, die ihn ermächtigte, über den Schatz zu verfügen.
Es galt, unverzüglich zu handeln.
Mit seinem Wagen, der versiegelten Vollmacht und einer zusammengefalteten Schweizer Fahne fuhr der Eidgenosse am 23. April 1945 los. Gewitter und Schneefall – zweifellos auf Veranlassung des Märchenkönigs im Jenseits – begünstigten die erneute Verlagerung.
Auch diesmal behielten die königstreuen Bediensteten die Nerven. Der Genius loci des Wittelsbacher Schlosses gab ihnen Kraft. Unbemerkt vom Wachpersonal des Stabes Rosenberg packten sie im nächtlichen Schneegestöber die sieben Kisten in und auf den Opel Kadett, das fränkische Zeremonienschwert kam eingewickelt wieder an seinen Platz zwischen den Vordersitzen; über die hochgetürmte Dachlast spannten sie die Schweizer Flagge.

»Aha, gegen Tiefflieger«, meinte einer der Bediensteten. Da war sie auch schon zugeschneit.
Der Schweizer nickte. In Wirklichkeit sollte sie ihm bei Kontrollen durch Feldgendarmerie oder Polizei zusammen mit seinem Schweizer Paß behilflich sein. Motto: Je auffälliger, desto harmloser.
Kontrollen gab es überall. Doch Tino Walz hatte alles genau durchdacht. Fragen nach dem Ziel seiner Fahrt konnte er glaubhaft beantworten: Die Schweizer Gesandtschaft. Sie war nach Rottach-Egern am Tegernsee evakuiert.
Um vier Uhr früh startete er. Über Bad Tölz zum Tegernsee ging die Fahrt. Dort sollte der Schatz auf dem Ringberg, dem hochgelegenen Sitz des Wittelsbacher Herzogs, die Zeitenwende im Gewahrsam der Familie überdauern.
Doch wiederum kam es anders.
Vorsichtig lenkte Tino Walz seine geschichtsträchtige Fracht über winterliche Straßen. Der Tag brach an und Mars regierte die Stunde. Hinter einer Kurve stand eine schwere Limousine im Weg. Uniformierte winkten, damit er anhalte. SS-Offiziere, wie sich herausstellte, sehr hohe. Der eidgenössische Reservist kannte die Rangabzeichen.
»Steigen Sie aus! Laden Sie Ihren Mist ab. Wir brauchen Ihren Wagen«, forderten sie im Tonfall damaliger Herrenmenschen.
Ihr eigenes Fahrzeug habe Motorschaden, fügte der Fahrer hinzu. Nun hieß es Nerven bewahren.
»Auf ihre Verantwortung«, sagte Tino Walz ruhig und zog seinen Schweizer Paß aus der Tasche. »Ich transportiere Akten unserer Gesandtschaft, die sich in Egern befindet.«

Die Herrenmenschen verstummten. Nur ihre Blicke sprachen: Das könnte Ärger geben.
»Na, ja«, meinte der Ranghöchste schließlich, »fahren Sie weiter.«
»Wie denn?«
Sie verstanden seine Frage sofort, faßten in die schmutzigen Radkästen und hoben den Kronschatz über den aufgeweichten Straßenrand um ihre defekte Limousine herum. Nicht ohne zu stöhnen:
»Mann, Sie haben aber ganz schön geladen!«
»Heil Hitler!« rief einer.
Ohne den Gruß zu erwidern, fuhr Tino Walz davon. In solchen Situationen zeigt es sich, wie sinnvoll die menschliche Psyche geschaffen ist – der Schreck kam erst hinterher.
Die nächste Überraschung ließ indes nicht lange auf sich warten. Beim Herzog auf dem Ringberg – Durchlaucht nahmen gerade ein Fußbad gegen die Kälte – fand er in dem für sein Architektenauge nicht unbedingt geglückten Bau kein geeignetes Versteck. Der alte Herr war in Eile. Er mußte nach Gmund, hatte aber kein Auto und so nahm er ihn mit.
Wohin mit dem Schatz, für den jetzt er allein die Verantwortung trug?
Die Schweizer Gesandtschaft entfiel. Da es sich um Staatseigentum handelte, hätte sie bei den Machthabern rückfragen müssen, und die Beziehungen waren frostig.
Er lud den Herzog ab und besuchte Freunde in der Gegend. Ohne zu fragen, was er geladen habe – damals versteckte jeder irgend etwas – nannten sie ihm ein nachgerade ideales Versteck bei einem Bauern in der Ortschaft Ostin.
Normalerweise besitzt der bayerische Bauernhof nur

einen einzigen Kellerraum. Dieser Hof jedoch, das wußten die Freunde zufällig, hatte unter dem Keller einen zweiten.

Minuten später hielt Tino Walz vor dem Gehöft. Unter Berufung auf die Freunde, mit Schweizer Paß und dem Hinweis, es handle sich um Akten, die in der Gesandtschaft keinen Platz mehr hätten, gelang es ihm, dem Bauern ein Nicken abzutrotzen. Mitentscheidend war gewiß auch die Überlegung, es könne in diesen Zeiten vielleicht nützlich sein, einer ausländischen Mission einen Dienst erwiesen zu haben.

Gemeinsam schleppten sie die Kisten in das tatsächlich kaum zu findende Versteck. Das fränkische Zeremonienschwert, gut eingewickelt und zum faltbaren Kartenständer ernannt, krönte den Schatz wie ein überdimensionaler Briefbeschwerer.

Der Bauer schloß die Deckenklappe und schaufelte seine beträchtlichen Reserven an Kartoffeln darüber.

Jetzt konnte Tino Walz nur noch hoffen.

Mit allerletztem Kanonendonner kam die Befreiung. Wie ein neues Jahr. Während das geschundene Volk endlich alarmfrei durchschlafen konnte, fuhr sein neutraler Schatzbewahrer im Bett hoch und wußte: Ich muß schnellstens nach Ostin!

Da ergab es sich in diesen Tagen der unvorstellbaren Zufälligkeiten, daß ein amerikanischer Offizier – Major Baruch – nach Professor Klaus Bumke, dem Arzt des toten Diktators suchte und Tino Walz den Aufenthaltsort kannte. Wie beim Konvoj des Stabes Rosenberg bot er sich an, den Major hinzufahren. Bedingung: Fahrerlaubnis und Benzin.

Anderntags brachte der Schweizer den Amerikaner zum

deutschen Arzt des Österreichers. An der Unterredung nahm er nicht teil, sondern nutzte die Zeit, nach Ostin zu fahren.
Der Hof stand noch, die Bauern waren am Leben.
Und drinnen?
Zurückflutende deutsche Soldaten hatten den Kartoffelberg so weit eingeebnet, daß keine nachdrängenden Amerikaner flüchtige Parteigenossen darunter suchten.
»Ois no do!« versicherte der Bauer. Alles noch da.
Andächtig stand Tino Walz vor den Kartoffeln, die die Kronen krönten. Ein Gedanke kam ihm in den Kopf und gerann sofort zur Gewißheit: Jetzt werden die Sieger nach dem Kronschatz suchen! Wie nach allem Feindbesitz von Wert.
Es blieb nur Hoffnung.
Er mußte zurück zu Major Baruch. Und auch um das ausgelagerte Cuvilliés-Theater würde er sich kümmern. Er hatte, wie sich zeigen sollte, nicht ungestraft wichtige Ämter inne.
Und wieder kam alles anders.
Das große Aufräumen begann. In München gab es für die Bauleitung der Residenz so viel Arbeit, daß er mitunter in seinem neuerrichteten Notbüro übernachtete. Nicht ungern übrigens. Der Genius loci tat ihm wohl. Er schlief königlich, in Wittelsbacher Ruhe.
Eines Morgens wurde Tino Walz um fünf Uhr früh aus dem Schlaf gerissen. Amerikanische Soldaten standen vor seinem Bett und verlangten die Bergungspapiere von Schloß Herrenchiemsee.
Das erste Versteck des Kronschatzes! Nun waren sie auf der Spur.
Noch schlaftrunken, mußte er doch ein Lächeln unter-

drücken. Papiere seien nicht da. Sie könnten sich überzeugen.
Den Amerikanern genügte die Auskunft. Sie beschlossen, umgehend nach Herrenchiemsee zu fahren.
Verwundert über ihre Eile schlief er wieder ein. Vormittags gegen elf platzte ihm ein weiterer Trupp Amerikaner in die Arbeit. Mit demselben Begehren. Auch sie begnügten sich mit derselben Auskunft und zogen ab.
Zum Mittagessen fuhr Tino Walz nach Hause. Kaum hatte er sich zu Tisch gesetzt und seiner Frau von den Besuchen erzählt, sah er durchs Fenster Soldaten in seinem Garten, das Gewehr im Anschlag. Die Haustür dröhnte unter Kolbenstößen. Das Haus sei umstellt, erklärte ein aufgeregter Offizier und verlangte unverzüglich die Bergungspapiere von Schloß Herrenchiemsee.
Tino Walz, von Bewaffneten eingekreist, lachte. Sie seien heute bereits die dritte Gruppe mit diesem Ansinnen.
Fassungslos starrte der Offizier ihn an. Dann blies er die Umstellung ab und ließ seine Mannen aufsitzen. Zur Fahrt nach Herrenchiemsee.
Wie sich herausstellte, suchte nicht nur die zuständige Dienststelle – die *Art Protection* – nach dem Schatz. Kriminelle Elemente, die über befreite Ostarbeiter, verängstigte Nazis oder sonstwie von den Auslagerungen wußten, versuchten, ihr, als reguläre Soldaten verkleidet, zuvorzukommen.
Ein Wettlauf ums goldene Kalb begann. Mit großem Aufgebot wurde auch Herrenchiemsee umstellt. Pioniere durchkämmten mit Minensuchgeräten jeden Winkel im Schloß, jeden Quadratmeter im Park. Nichts war da. Nur an einer Stelle piepste es im Kopfhörer. Sie

gruben nach. Eine Kassette fand sich. Doch sie enthielt nicht den Schatz – nur die Münzsammlung des Verwalters. Der Mann wurde sofort verhaftet.
In dieser martialischen Geschäftigkeit fühlte sich Tino Walz selbst als Schweizer nicht mehr sicher. Man würde ihn und alle mit der Residenz befaßten Herren verhören, um den Weg der Auslagerungen zu rekonstruieren. Unangenehme, unwürdige Aussichten.
Und er verfaßte einen Brief an die Militärregierung – to whom it may concern:

> Sehr geehrte Herren,
> ihre Suche nach dem bayerischen Kronschatz ist zwecklos. Sie werden ihn nicht finden. Auch hat es keinen Sinn, irgend jemand zu verdächtigen. Ich selbst, der bauleitende Architekt der Residenz, habe ihn weggebracht. Nur ich allein weiß, wo er sich befindet. Leider bin ich gerade nicht zu erreichen. Ich bin in mein Heimatland, in die Schweiz gefahren, werde aber zurückkommen, sobald wieder Sicherheit besteht.
>
> Mit vorzüglicher Hochachtung
> Tino Walz

Mit dem Wagen fuhren Tino und Eva Walz bis in die Nähe der Grenze. Zu Fuß schlichen sie in die Heimat hinüber und verfolgten aus dem Engadin das weitere Vorgehen der Militärregierung.
Die Nachrichten klangen immer besser. Im sogenannten *Führerbau* an der Luisenstraße hatte sich die *Art Protection* etabliert und ihre Sammelstelle eingerichtet, den *Collecting Point*. Hier wurden alle gefundenen Kunstschätze eingelagert, gestohlenes Gut sichergestellt, um es den

rechtmäßigen Eigentümern zurückzugeben. Kunstgegenstände aus dem Ausland, die nicht mehr auffindbar seien, sollten ihrem Wert entsprechend in Geld ersetzt werden.
Das klang nach Ordnung. Der Bildersturm hatte sich offenbar gelegt. Ein amerikanischer Offizier, den der Schatzhüter in Zürich aufsuchte, sah keine Hindernisse mehr. In solidem Schweizer Schuhwerk überschritt das Ehepaar Walz nächtens erneut die Grenze und fuhr nach München zurück.
Einerseits erschien die Lage noch immer nicht ganz geheuer; andererseits was sollte passieren? Ein Neutraler gab unersetzliche Werte zurück. Fragte sich nur, an wen. Vorsichtige Informationen ergaben, daß sich in der Holbeinstraße, wo viele amerikanische Offiziere wohnten, eine neue Dienststelle eingerichtet hatte: *Monuments and Fine Arts*.
Dorthin begab sich Tino Walz, zeigte seinen Schweizer Paß, das Duplikat seines Briefes an die Militärregierung und sagte, er sei, wie versprochen, wieder da.
Und abermals kam alles anders.
Sein Gegenüber, ein Oberstleutnant, kannte den Brief offensichtlich. Daß einer, der einen Millionenschatz versteckt hält, zurückkommt und sich auch noch meldet – das wollte nicht in seinen Dienstmützenkopf.
Eine Tat wie im Märchen – wunderte er sich und füllte zwei Gläser mit Whisky, um mit dem seltsamen Kauz anzustoßen. Ganz traute er dessen Worten noch nicht.
»Sie sind also zurückgekommen?«
»Ja.«
»Und wissen, wo sich der bayerische Kronschatz befindet?«
»Ja.«

»Sonst weiß das niemand?«
»Nein.«
Nach dieser unglaublichen Auskunft brauchte er einen zweiten Whisky und füllte die Gläser. Jetzt tranken sie in kleinen Schlucken. Versonnen starrte der Oberstleutnant vor sich hin. Sein Besucher wollte endlich Gewißheit haben und brach das Schweigen.
»Was wird jetzt mit dem Kronschatz?«
»Take it!« rief der Offizier. »Take it!« Und es klang, als meine er's ernst, sei nicht zuständig, habe keine Verwendung dafür.
So aberwitzig es erscheint: Tino Walz hätte gehen können, selbst entscheiden, was er mit den Kronen, Zeptern, Kelchen, Insignien, Ketten, Prunkschalen und Juwelen machen sollte. Doch der Schweizer in ihm bestand auf sofortiger Rückgabe. Er wollte diese Millionenklette endlich und für immer loswerden. Vom Whisky unterstützt, saß er die Geschichte aus. Bis der Sieger nachgab.
Sie verabredeten einen Termin, der Oberstleutnant stellte einen Militärwagen zur Verfügung und zum dritten Mal in Sachen Schatzkammer wies der Architekt den Weg.
Noch immer deckten Kartoffeln die Klappe im Keller. Unberührt lagerte der Schatz. Er hatte schon viele Stürme überstanden. Dem Bauern war nicht ganz wohl dabei. Was wollte der Amerikaner, da es sich doch um Schweizer Gesandtschaftsakten handelte?
Als Tino Walz ihm in der Stube schließlich reinen Whisky einschenkte, rannte der mit dem Ruf »Mei G'wand! Mei G'wand!« hinaus. Minuten später erschien er grinsend an der Tür – im Sonntagsstaat. Wunschgemäß fotografierten sie ihn. Mit den Kisten und dem fränkischen Zeremonienschwert.

Das Bild besitzt Tino Walz noch. Auch andere vom hochbeladenen Opel Kadett mit Schweizer Flagge über allem. Nunmehr kehrte der bayerische Kronschatz unter bayerische Hoheit in die Schatzkammer der Residenz zurück. Man schrieb das Jahr 1946 – ein unsicheres Jahr. Immer wieder kam es zu Plünderungen durch *displaced persons,* Unterdrückte der ehemaligen Machthaber, die von den Amerikanern gewiß nicht zu diesem Zweck befreit worden waren. Da sie Deutschen gegenüber Sonderrechte genossen, schien der Schatz selbst in der Schatzkammer nicht sicher vor ihnen.
Zu Recht fühlte sich Tino Walz vom Kronschatz verfolgt. Er bestand auf einer zweiten Verlagerung. Begleitet von drei Panzerspähwagen rollte Bayerns höchster Hort aus der Residenz zum *Collecting Point* an der Luisenstraße. Dort lagerte er in vertrauter Nachbarschaft mit gestohlenen Kunstschätzen – wie auf Schloß Neuschwanstein.
1958, zur 800-Jahrfeier der Stadt München, strahlte der Wittelsbacher Hausschatz erstmals wieder für die Öffentlichkeit. Und da er nicht gestohlen wurde, gibt es ihn heute noch.

Die Belohnung für heldenhafte Taten, die zu jedem Märchen gehört, ließ indes auf sich warten. Doch das hatte einen besonderen Grund. Jahre später wurde Tino Walz der Bayerische Verdienstorden von Ministerpräsident Alfons Goppel persönlich verliehen. Ein Schweizer Staatsbürger darf ausländische Orden und Ehrenzeichen erst annehmen, wenn er das Militärdienstalter überschritten hat.
So schützt die Alpenrepublik ihre Bürger vor Konflikten des Gewissens. Wer auf eigene Faust handeln will, tut das besser im Ausland.

Schock an der Aisch

Wer 1948 schon eine Existenz hatte, trachtete danach, sie zu festigen. Diese verständliche Absicht löste eine zunehmende Leidenschaft für die noch junge D-Mark aus. Kein Berufszweig blieb davon uninfiziert.
So zogen in den Sommermonaten die Stars der erfolgreichsten Sendereihen des Rundfunks über Land. Einerseits um ihre Beliebtheit höchstpersönlich zu vertiefen, andererseits um von ihr zu profitieren. Der Kontakt mit dem Publikum gilt ja als unersetzlich.
Veranstalter schirrten die gewichtigen Namen vor ihre Thespiskarren – zum Teil noch holzgasbetrieben –, garnierten sie mit einigen unvermeidlichen Randfiguren und boten das eilige Arrangement als jene leichte Kost feil, die dem Zuschauer zwei unbeschwerte Stunden verspricht und sich, der zusammengewürfelten Programmteile wegen, *Bunter Abend* nennt.
Da die Konkurrenz nicht ruhte, ging es oft kreuz und quer durchs Land. Von Franken nach Schwaben, von der Oberpfalz in den Rupertiwinkel und was sonst noch zu Groß-Bayern gehört.
Eine jener unvermeidlichen Randfiguren war ich. Eine Randfigur voller Glück. Für gut hundert Tage ausgesorgt zu haben, wog die Nächte in zu kurzen Wirtshausbetten, das stundenlange Schaukeln auf schlechten Nebenstraßen, die Trennung vom Freundeskreis auf. Meine Tätigkeit bestand vor allem darin, die Zeit zwischen den Programmnummern zu überbrücken, dabei

weder sonderlich aufzufallen, noch sonderlich zu langweilen. Mittelmäßigkeit wurde verlangt und entsprechend bezahlt. Eine anspornende Ausgangsposition.
Immerhin reichte die Gage, um satt zu werden, die Abende wacker durchzustehen. Just im Geiz des Veranstalters witterte ich meine Chance. Da er auch an Personal sparte, gelang es mir, gelegentlich den Stars bei ihren Auftritten als Stichwortgeber zu assistieren und dabei zu lernen.
Unvergessen ist mir Michl Lang mit seiner exakten Präsenz. Jeden Abend die gleiche Strahlkraft, der gleiche Tonfall, die gleichen Tempi und Pausen, zentimetergenau in Gesten und Tätigkeiten, unangestrengt alles, ohne Übertreibung – ein großer Volksschauspieler.
Von ihm lernte ich, mir noch mehr Zeit zu lassen, nicht mit den Sätzen herauszuplatzen, bevor nicht die Figur dasteht, lernte Pointen unauffällig vorzubereiten und sie dann herauszukitzeln, Ökonomie der Mittel, durch Beobachten und Probieren, immer und immer wieder.
Das Ofte macht es! – sagt man beim Theater. Praxis holt man sich bekanntlich in der Provinz, und Schwimmen lernt man am schnellsten, wenn man ins Wasser geworfen wird.
An diesen Satz sollte ich noch denken!

Wer den Saal füllt, bekommt das meiste Geld. An seinen Zugpferden konnte der Veranstalter nicht sparen. Ihre mit Waschkörben voller Rundfunkhörerpost gefestigten Forderungen zwangen ihn, mit fast ausverkauften Vorstellungen zu kalkulieren. Die Konkurrenz hätte mit noch halsbrecherischeren Angeboten gelockt.
Woher aber das Geld nehmen, wenn nicht alle Vorstellungen ausverkauft sein würden? Auch das kam vor.

Wenn beispielsweise die Leute von der heranrollenden Beglückung nichts ahnten, weil jemand vergessen hatte, die lokale Presse zu unterrichten, oder weil der Plakatdrucker seine Erzeugnisse nicht wegschickte, so lang die Rechnung vom letzten Mal unbeglichen auf seinem Tisch lag.

Zum Schutz vor solchen Unwägbarkeiten machte der Veranstalter eine simple Rechnung auf: zwei halbleere Häuser ergeben auch ein volles. Probeweise, wie er betonte, teilte er das Programm in Blöcke, die voneinander unabhängig waren, und wir spielten fortan jeden Abend in zwei Orten. Im ersten begann die Vorstellung um halb acht, im zweiten um acht.

War ein Programmblock fertig, wurde er zum nächsten Einsatz gekarrt. Bei Entfernungen bis zu dreißig Kilometern mußte das klappen, vorausgesetzt, die nicht gerade neuwertigen Fahrzeuge spielten mit. Da die Zugpferde zuverlässige Privatwagen benutzten, konnten ihre Auftritte nach menschlichem Ermessen als gesichert gelten. Es klappte reibungslos. Auch kleinere Orte kamen jetzt in den Genuß unserer Kleinkunst – ein Versuch, den die Konkurrenz noch nicht gewagt hatte. Als der Veranstalter allzu behaglich aufatmete, stellten sich die Zugpferde quer. Sie erklärten ihm, das Versuchsstadium sei nun beendet und er müsse für zwei Vorstellungen auf jeden Fall anderthalbfache Gage bezahlen. Auch den unvermeidlichen Randfiguren. Er verstand sofort, und das Ensemble dankte mit erhöhter Spiellaune. Die wiederum verbreitete sich auf dem flachen Land und schlug zu Buche.

Vom Erfolg gepolstert, machte der Veranstalter alsbald eine weitere Rechnung auf: in drei Orten spielen, für doppelte Gage. Beginn in A um sieben, in B um halb acht, in C um acht. Da die Zugpferde nicht nur einmal auftraten und nicht zu lange auf sich warten lassen durften, mußte das Programm weiter unterteilt werden. Das Konzept war einfach, es kostete lediglich mehr Benzin. Das Ensemble zeigte sich freudig bereit.

So begann der Abend in A mit einem Publikumsliebling gleich zünftig. Fünf Minuten später fuhr der Star nach B, kehrte zur Schlußnummer noch einmal nach A zurück und fuhr dann direkt nach C.

Mir bescherte die neuerliche Umstellung den Aufstieg zum Hilfsconférencier, mit einem zusätzlichen Auftritt von satten anderthalb Minuten. Aus technischen Gründen. Eine Gagenerhöhung entfiel. Der Veranstalter machte mir seine Notlage als meine Chance klar und überließ es mir mit Gönnergeste, den Text selber zu gestalten. Einzige Bedingung: er müsse mit Ansage der nächsten Nummer enden.

Gestartet wurde der dreifache Tourneesalto an der Aisch. In Windsheim, Illertissen und Neustadt. In W lag der Saal unseres Auftritts im Obergeschoß eines Wirtshauses. Auf der fest eingebauten Bühne fanden sich zwei Dekorationen: Ritterburg und deutscher Wald. Wir entschieden uns für den ozonreicheren Prospekt. Auch ein Klavier stand da, von vertretbarer Tonqualität. Kopfzerbrechen bereitete uns dagegen der Zugang zur Bühne. Er führte über eine Treppe an der Seite, neben dem Vorhang und durch den Saal. Bei dem Kommen und Gehen der Programmblöcke zumindest störend.

Hinter der Bühne war es eng wie im Gang eines D-Zugwagens, doch mit Fenstern nach drei Seiten. Vielleicht ließe sich eine Leiter finden? Dieser Idee widersetzten sich die Damen, man solle besser nach einer spanischen Wand suchen, um ungesehen vom Treppenhaus hinter die Bühne zu gelangen und vor allem zurück. Es drückt die Stimmung, wenn Darsteller während der Vorstellung das Theater vor aller Augen verlassen. Zumal bei Zugpferden und mit denen sollte es ja beginnen.

Das tat es auch. Fee von Reichlin und der ungemein beliebte Plauderer Fred Rauch sangen den Ohrwurm der Zeit, das *Mariandl-andl-andl.* Der Beifall übertraf alle Erwartungen. Eine Zugabe wurde trotz knapper Zeit für die Fahrt nach I unvermeidlich.

»Benedikten . . .« flüsterte Fred Rauch dem Pianisten zu, ein Lied aus eigener Produktion, denn der Plauderer war auch ein vielgehörter Texter. Also sang das Paar das Lied mit dem alle Bergfreunde mahnenden Refrain *An der Benediktenwand hat man einen harten Stand . . .*

Der Beifall war noch nicht verebbt, das Publikum wollte eine weitere Zugabe ertrotzen, da erschienen die beiden, mangels Leiter, auf dem Treppchen an der Seite. Ohne spanische Wand, dafür mit Koffer.

»Wir kommen gleich wieder!« versprach der Plauderer. Obwohl das vorgesehen war, trauten die Nächstsitzenden seinen Worten nicht und murrten.

»Des habt's beim letzten Mal auch g'sagt!«

In diese getrübte Stimmung fiel mein erster Auftritt. Unbekannt wie ich war, gelang es mir nicht, auch nur einen Anflug von Heiterkeit auszulösen. Ohne weitere Pointen zu verstreuen, machte ich meine Ansage für die nächste Nummer und unterließ auch den in solchen Fällen beliebten Conférenciersatz: »Empfangen Sie unser Tanztrio bitte mit dem Applaus, mit dem Sie mich hoffentlich in die Garderobe entlassen.«

Das Piano perlte voraus, Tänzer und Tänzerinnen wurden gemäßigt beklatscht. Hinter den Kulissen auf und abgehend, memorierte ich meinen neuen Text, jene satten anderthalb Minuten, die in der Ansage des Pianisten als Parodisten gipfeln sollten. *Hänschen Klein* würde er spielen, beginnend à la Beethoven, weiter über Mozart, Schubert, Strauß, bis zu Duke Ellington. Dann würden auch wir nach I verfrachtet.

Draußen hüpften sie, daß die Bretter ächzten, da wurde beim zweiten Wiederkäuen meiner satten anderthalb Minuten an einem der Fenster eine Leiter angelegt. Es war noch hell.

Na endlich.

Der Fahrer unseres Lastwagens hatte sie aufgetrieben, gerade rechtzeitig für den Schichtwechsel. Die Künstler des nächsten Blocks warteten, der Enge wegen, drunten in der Gaststube.

Ich öffnete beide Fensterflügel und stutzte. Wer da heraufstieg, war der Fahrer. Wollte er etwa auftreten? Bei seinem Dialektmundwerk wäre dem ehemaligen Knecht tosender Beifall sicher gewesen. Kurz vor dem Einstieg blieb er jedoch stehen, winkte mir, ich solle mich hinausbeugen und begann im Flüsterton: »An schönen Gruß vom Chef. Uns is a Wagen verreckt. 's kommt niemand mehr. Sie müssen allein weitermachen. Irgendwas, Hauptsach, daß a guate Stund dauert. Sonst wollen d'Leit ihr Geld z'ruck. Hat er g'sagt.«

Auf der Bühne Schlußakkord. Mir blieb nicht einmal Zeit, daß mich der Schlag trifft. Ohne zu wissen, was ich sagen werde, stürze ich auf die Bühne, bringe den neuen Text und bekomme wohlwollendes Echo. Es hilft mir nicht, freut mich nicht. Nur weg hier! Abrupt leite ich in die Ansage über und gehe ab.

Hinter der Bühne schnappe ich nach Luft, es hämmert in den Schläfen. Die Tänzer sind schon weg über die Leiter. Noch vier Minuten – man kennt die Nummern ja – noch vier Minuten, dann eine Stunde, mit ungefähr drei Minuten gelerntem Text aus einem anderen Programm. Dieser Scheißkarren!

Da steht die Leiter ... Und was dann? Schwimmen lernt man am schnellsten, wenn man ins Wasser geworfen wird ...

Wieder Atembeschwerden.

Hänschen-Klein ist schon bei Strauß! Erst mal die drei Minuten ... *noch* langsamer, wie der Michl sagt. Vielleicht werden's vier ...? Wenn ich überhaupt einen Ton rausbringe. Da kommt *Little John Ellington* ... Ich hab doch auch eine Jazzparodie ... aber meine Finger, so eiskalt wie die sind ... Höchstens noch eine halbe Minute ... und wenn ich ihm entgegentrete, damit er nicht abgeht ... eine Zugabe erzwinge ...? Unmöglich bei dem matten Beifall ... Die wollen keine Jazzparodie ... Jetzt! Im Krieg hab ich doch mal conferiert ... auf der Krim ... jetzt! Wo bleibt die Stimme?

»Meine Damen und Herren. Oder ladies and gentlemen, wie man heute sagt ...«

Weg ist sie. Der Verstand hat sie abgeschaltet. Laß den Quatsch! Spring ins Wasser! Ans Klavier! Mach' Jazzparodie, daß der Saal wackelt! Wenn du tobst, kommst du nicht zum Denken ... und hast danach immer noch drei Minuten ... vielleicht vier ...

Keine zwei Jazzparodien hintereinander! widerspricht der Instinkt. Herrgottnochmal, ich muß aufhören, neben mir zu stehen und das gleich doppelt.

Schon läuft der Text, der gelernte, aber vier Minuten werden das nie! Die Leute bestimmten das Tempo ... oder die Nervosität.

Ich rede, schmücke aus, rutsche unvermittelt in sächsischen Dialekt – die Zuschauer brummen gutartig.

Aha! Da sind Minuten versteckt!
Der Mund formuliert Schwyzerdütsch, bringt einen Witz als Reiseerlebnis – gut eine Minute.
Wohlwollendes Raunen. Also noch einen. Auf pfälzisch, dann rheinisch, schwäbisch – hier war die Soldatenzeit einmal nützlich.
Aber was sind sieben Minuten? Mehr können es nicht gewesen sein, trotz freundlicher Aufnahme.
Die Jazzparodie!
Sprung ans Klavier, die Tasten geben Halt. Der Kopf ist weg, das Temperament berserkert. Beifall kommt auf. Offenbar für die physische Leistung.
Noch eine Minute ... zwei. Was dann? Das Klatschen trügt. Nur nicht weg vom Klavier! Es ist mein Bollwerk.
Mit lautem Gebrüll Hechtsprung auf den Kasten.
Wieso?
Schwimmbewegungen lösen Heiterkeit aus.
Wenn die wüßten, wie ich schwimme! Nur nicht denken jetzt! Machen! Machen! Machen! Aber was?
Schwimmunterricht! Wie man sich über Wasser hält – in der Politik – in der Liebe.
Die beiden überstrapazierten Conférenciersthemen erweisen sich als hilfreich. Mangels Pointen fange ich Sätze an und lasse sie vergurgeln, als ginge ich unter. Das Publikum sucht nach dem Sinn und lacht unsicher.
Ob's schon zehn Minuten sind? Jetzt weg vom Klavier!
Was mach' ich denn da? Eine Pantomime des Abtrocknens. Kommt an. Weiter! Allmählich müßte ich trocken sein, oder? Ich könnte noch Wasser im Ohr haben. In beiden ...
Plötzlich ist das Gehör weg. Der Kopf hat seine Kontrollfunktion aufgegeben.
Rede ich? Was rede ich?

Alles ist wie in Zeitlupe. Vielleicht spiele ich Zeitlupe, spiele mit der Zeit? Ein Lichtbildvortrag aus sämtlichen komischen Erinnerungen. Wieso fallen sie mir ein? Das Publikum wird undeutlich, bleibt aber da. Ich bin wie an einen Stromkreis angeschlossen, leuchte, spreche, zucke, esse, hüpfe, singe, steppe, turne, jodle, schnarche. Oder bilde ich's mir nur ein? Alles geschieht gleichsam ohne mich.
Ein Stromstoß.
Da bin ich wieder! Aber wo? Die Bühne ist leer. Ich sitze weich ... hinter mir brodelt es. Wohlmeinend. Wieso ziehe ich mir die Schuhe an?
Ganz nah ein schrilles Frauenlachen.
Ach so, ich sitze auf ihrem Schoß.
»Des is d' Frau Bürgermeister!« ruft jemand.
Ich fühle mich klatschnaß. Man hat mich ins Wasser geworfen. Leute kommen nach vorn und drücken mir die Hand, reden durcheinander.
Ein Blick auf die Uhr. Die Stunde ist um. Man hat mich geborgen.
»Na sehen Sie!« Diese Stimme kenne ich. Der Veranstalter. Er holt mich ab.
War das gestern?
Unfälle vergißt man nicht. Am wenigstens die mit gutem Ausgang. Einmal durchgestanden und von Stund an glaubte ich, jederzeit wieder einen Abend aus dem Stegreif bestreiten zu können. So einfältig reagiert man auf Glück. Hilfreicherweise.

Der Onkel aus Amerika

Damals wurde eine Weiche gestellt.
Vor der Währungsreform steuerte Hunger unsere Hoffnungen in ein trügerisches Paradies. Ausschlaggebend für die Täuschung waren das Nebeneinander von Not auf der einen und Überfluß auf der andern Seite. Die Amerikaner – und durch sie ihre Verbündeten – besaßen alles, was das Leben angenehm macht. Gut beschuht kamen sie mit gefüllten Tüten aus ihrem Supermarkt, dem PX, stiegen in komfortabelste Autos und fuhren in warme Wohnungen ohne Enge. Sie taten es arglos, gemäß ihrem Lebensstil drüben in den Vereinigten Staaten.
Die Selbstverständlichkeit ihres Auftretens, der saloppe Umgang mit zivilisatorischem Fortschritt irritierte, faszinierte und provozierte. Zigarettenpäckchen zu Stangen gepackt – wie verschwenderisch, dabei praktisch; Milch-, Ei-, Kaffeepulver in Dosen – wie haltbar und mühelos zuzubereiten; Nylon, das neue Gewebe, das nicht reißt, Gebrauchsgegenstände, vieles schon aus Plastik, mit dem uns noch unbekannten industriellen Designerchic.
Ohne es zu wollen, gaben sie Anschauungsunterricht in Wunschdenken: Das sollte man haben! So sollte man leben! Fortschritt macht glücklich! Die Welt besteht aus Siegern und Verlierern, nicht nur im Krieg.
Dem neuen Ideal vom selbstverständlichen Komfort am nächsten kamen erfolgreiche Schwarzhändler. Unvor-

sichtig deutlich demonstrierten sie den neuen Lebensstil; statt lässig wie die Amerikaner, waren sie aufdringlich, protzig. Allen, die mit ihnen zu tun hatten – und wer wollte nicht mit ihnen zu tun haben, auch wenn sie Typen waren, mit denen man ohne Not gewiß nichts zu tun haben will – allen zeigten sie's. Daß es ihnen in kürzester Zeit gelungen war, mit den Siegern gleichzuziehen.

Auch in den Nachbarländern, mittlerweile von uns befreit, verfiel man dem zwischen den beiden Kriegen legendären *Onkel aus Amerika,* der seine kontinentale Verwandtschaft das Staunen lehrte. Weil er mehr hatte, weil bei ihm alles größer, besser und schöner war.

Leute, die es mit undeutlichen Geschäften zu Wohlstand bringen, hat es immer gegeben. Sie sind nur leiser aufgetreten. Ohne das Vorbild fremder Sieger im Lande, denen nachzueifern Wert und Tüchtigkeit bestätigt, hat mancher seit den Gründerjahren eine Marktlücke ausgenutzt, samt den dazu erforderlichen Mitmenschen. Er tat es unauffällig, blieb strebsamer Bürger unter strebsamen Mitbürgern.

Erst die Erben zeigten Besitz wie etwas Selbstverständliches. Ein imposantes Verwaltungsgebäude, eine palastartige Villa als Ausdruck von Fleiß, Stolz auf Leistung, Sicherheit für die Beschäftigten. Gleichgültig, wie das Vermögen zustandegekommen war – nach ein paar Jährchen pochte man auf Tradition, gab sich solide wie solvent und auf das Allgemeinwohl bedacht.

Insofern wäre der Schieber mit seiner Sucht, schnell reich zu werden, ehrlicher und gleichzeitig lebender Beweis dafür, daß Ehrlichkeit im Geschäftsleben nicht notwendig zu Erfolg führen muß.

Dann brachte die Währungsreform alles durcheinander.

Statt zu viel Geld für zu wenig auszugeben, hatten wir plötzlich zu wenig Geld für zu viel, das es über Nacht zu kaufen gab. Da Lebensmittel rationiert blieben, mußten wir nicht völlig umlernen, der illegale Handel blühte weiter. Wir überstanden den staatlichen Eingriff, die Umstände normalisierten sich, dunkle Senkrechtstarter verschwanden mit dem Schwarzen Markt, der sie hervorgebracht hatte.

Manche von ihnen entwickelten Ideen parallel zum gemachten Geld, wurden geehrte Unternehmer, republikanische Kaufleute mit Wohltätigkeit und Stiftungen für die Allgemeinheit.

Zusammen mit allen andern, die schon kaufkräftiger geworden waren, es aber noch nicht geschafft hatten, wie man sagt, verfielen sie einem weiteren Onkel aus Amerika – der Werbung überseeischen Zuschnitts. Klotzig kam sie daher, verhieß schnelleren Erfolg als je zuvor und erhob gewissermaßen die Mentalität der Schieber zum Geschäftsprinzip.

Produkte wurden auf Blickfang verpackt, für den kontinentalen Geschmack angeberhaft gestylt und mit Sex als Köder an den Mann gebracht.

Habsucht bestimmte und brutalisierte fortan unser Leben.

Hast du was, bist du was.

Um es möglichst schnell zu haben, um sich den andern in Siegerpose als *Winner* zu zeigen, kaufte man bis an die Grenze der Belastbarkeit auf Raten, was frühere Generationen als unseriös abgelehnt hätten. Nachbarn fingen an, mit der Größe ihrer Schwimmbecken zu konkurrieren, mit Häusern, Autos, Büros, Antiquitäten und Schmuck.

Gotische Madonnen vor allem verrieten den Neureichen, der die teuren Damen zu altem Familienbesitz erklärte, den er glücklicherweise habe retten können. Der Sicherheit halber seien sie bis jetzt ausgelagert gewesen. Christliches Requisit für den Götzendienst – verständlich nach dem Krieg.

Jetzt, da es möglich wurde, wollte man alles was man verloren, beziehungsweise nie besessen hatte, ersetzen oder haben, größer, besser, schöner. Die Altreichen blieben vergleichsweise bescheiden. Mit den Neuen aber mauserten wir uns zu einem Volk von Angebern. Immer neuer Prestigekram diente dem Protzproporz. Massencocktails im Grünen, Motoryacht, Juwelen, Weltreisen, erlesenstes Sportgerät.

Erst Profiausrüstung, dann Dilettantenleistung.

Politiker jeder Couleur asphaltierten den Holzweg mit der Ideologie vom endlosen Wachstum. Bis wir ihn wollten, den totalen Krieg, um des Absatzes der Überproduktion willen. Aufschriften, immer größer, immer dicker wurden bemüht, um dem Käufer die Massenware anzudrehen. Mit einem Hauch von Elite. *Super, Exclusiv, Royal, Bermuda, Kingsize, Windsor* und der zum Symbol für Kraft und Überlegenheit stilisierte Buchstabe X sollen den andern zeigen, mit wem sie's zu tun haben, mit einem Winner. Was etwas Besonderes sein soll, trägt einen fremdsprachigen Namen. Hatten die Nazis alle Begriffe eingedeutscht, fröhnt man jetzt dem gegenteiligen Extrem.

Nicht unbedingt aus Freude an der Sache, mehr aus Mitläufergesinnung, weil man eben zu haben hat, was die andern haben, mitmacht, was sie tun, laufen Millionen mit Buchstaben, Nummern und Emblemen auf Kleidung und Gerätschaft als unbezahlte Werbemannequins herum. Wer die richtigen Marken vertritt, lebt offenbar

besser, gesünder, ist klüger, glücklicher, kann teurer essen, länger am Strand liegen, sich mehr kaufen, öfter lieben, weiter weg fliegen und braucht das alles für sein Image, oder, ausnahmsweise auf deutsch ausgedrückt: zu seiner Selbstverwirklichung.
Damals wurde die Weiche gestellt, damals, als wir Habenichtse nach greifbaren Segnungen des Fortschritts strebten und zwielichtige Existenzen sie schon besaßen. Zu verständlich waren die Anfänge, um ihnen zu wehren. Bis die Täuschung erkannt wurde, hatte sie Arbeitsplätze geschaffen, die nicht mehr rückgängig gemacht werden konnten. Zynische Werbemethoden haben unser Denken vergiftet, haben die freie Welt in eine Diktatur der Gier verwandelt. Vor unserem Erfindungsgeist droht uns das Lachen zu vergehen. Nicht umsonst denken Ältere an ihr Überleben, ihre Bescheidenheit, ihr einfallsreiches Durchwursteln als die glücklichste Zeit zurück.

Gewissensakrobatik

Bei Manfred Schmidt war das Nord-Südgefälle besonders groß. Die Feldherrenkunst des Österreichers hatte den gebürtigen Bremer ins südlichste Bayern, in ein Dorf unweit von Lindau, verschlagen. Dort verschaffte ihm hanseatische Kühle, diszipliniertes Auftreten sowie eine politisch blütenweiße Weste rasch Ansehen und Vertrauen.

Manfred Schmidt, dessen satirische Reportagen aus aller Welt für die Zeitschrift *Quick* ebenso unvergessen sind wie seine Karikaturfigur *Nick Knatterton*, wurde bald nach Wiedereröffnung der Gerichte als Schöffe bestellt. In Lindau gehörte er einem Rechtsterzett an, bestehend aus einem Richter, einem Rechtsunsicheren, der sich bei jeder Entscheidung der Ansicht des Juristen anschloß, und ihm.

Manfred Schmidt nahm die Pflege demokratischen Rechtsbewußtseins ernst. Nie schloß er sich eilfertig der Mehrheit an, vielmehr entschied er jeweils nach bestem Wissen und Gewissen.

Privat dagegen gehörte er zur schleichenden Mehrheit, die ihren Lebensunterhalt über den Schwarzmarkt bestritt. Statt legal zu verhungern, womöglich beim Rechtsprechen ohnmächtig zu werden, päppelte er seine Kräfte nach bestem Vermögen und Verdienst. Ohne Behinderung durch sein Amt prüfte er die neue Freiheit beim Fischen im Trüben.

Diese Arbeitsteilung kam ihm als Schöffe zugute. Wahrhaft humane Rechtsprechung setzt, neben Kenntnis der Gesetze, vor allem Kenntnis der Lebensumstände voraus. Verstand und Verständnis machten seine Urteile zeitnah. Durch Schwarzhandel bewahrte er sich Augenmaß und Mitgefühl. Daß er nie erwischt wurde, war Voraussetzung und verriet souveränen Überblick. Manfred Schmidt mehrte das Ansehen des Gerichts aus Mangel an Beweisen.

Trotz schwindelfreier Integrität sollte ihm eine schwere moralische Prüfung nicht erspart bleiben. Denn wer stand da eines Tages in der Gerechtigkeitsfabrik vor ihm? Der Anblick drohte selbst hanseatische Contenance ins Wanken zu bringen – sein Oberschwarzhändler, der Mann, der alles von ihm wußte, was nicht nur kein Gericht je erfahren durfte.

Wie würde der Mann sich verhalten? Würde er den Schöffen gleich begrüßen – womöglich per Du – ihn zum eigenen Schutzschild umfunktionieren? Den Biedermann spielen, der sich, bei solchem Vorbild, keiner Schuld bewußt sein kann?

Jeden Augenblick konnte allein der Blick des Auges alles verraten. Oder ein dreister Satz. »Wenn ich gewußt hätte, daß ich Sie hier treffe, hätte ich das Schweinefleisch und die Butter gleich mitgebracht!«

Was dann? Sich als befangen erklären und die Seite wechseln?

Sekunden wälzten sich dahin. Pokerstarr, nur die Blicke ineinander verhakt, hielten beide einen stummen Dialog.

Sag nichts! Vielleicht kann ich dich raushauen.

Hau mich bloß raus! Sonst gnad' dir Gott!

Bleib ganz ruhig! Ich tu', was ich kann.

Zunächst ging es gut. Niemand konnte bemerken, daß sie einander nicht zum ersten Mal gegenüberstanden.

Während der Richter die einzelnen Punkte der Anklage verlas, nickte der Schöffe ebenso verwundert wie bewundernd.
Donnerwetter!
Was da zur Sprache kam, hatte er seinem Lieferanten nicht zugetraut. Um daraus einen Freispruch zu zimmern, müßte er besonderes private Umstände anführen, eine zeitweilige Unzurechnungsfähigkeit als Kriegsfolge dazu erfinden – und das hieße, eingestehen, daß er ihn kannte. Gut kannte. Aber woher? Ohne die geschäftliche Verbindung zu verraten.
In seinen Bekanntenkreis paßte der Schwarzhändler nicht. Auch wohnte er in einem anderen Dorf. Gab es überhaupt einen Ausweg? Der Pulsschlag hatte angezogen, aller hanseatischen Kühle zum Trotz. Dies auch aus Zorn.
Manfred Schmidt kannte den Richter und fürchtete dessen Fangfragen. Sie stammten noch aus dem bisherigen Repertoire. Wenn beispielsweise zwei Hungrige ein Kaninchen organisiert hatten, wollte er unbedingt wissen, ob da nicht ein Dritter dabeigewesen sei. Sofort bejahten die Angeklagten, weil sie dachten; Wenn mehrere daran beteiligt gewesen wären, dann würde die Strafe für den Einzelnen geringer ausfallen.
Das Gesetz hat hier jedoch eine andere Logik: Bei zwei Tätern spricht es von Mundraub, bei drei von – Diebstahl.
War einer in ein Gebäude eingedrungen, etwa in einen Hühnerstall, fragte der in seinem Denken noch nicht Entnazifizierte, ob es beim Öffnen der Tür *gekracht* habe. Hier Ja zu sagen, hielt der Delinquent für strafmildernd, zeigte es doch nach seinem Dafürhalten, daß er nicht geräuschlos wie ein Verbrecher vorgegangen war. Aber

auch hier folgert das Gesetz anders: Wenn's *gekracht* hat, gilt das Schloß als gewaltsam aufgebrochen – die Zeit hinter einem stärkeren Schloß wird länger.
Sein Repertoire enthielt auch Fangfragen zu Gunsten des Angeklagten, wie beim Sohn eines Bürgermeisters, der ein Mädchen angefahren, aber nicht gehalten hatte – nach dem Gesetz Fahrerflucht. Ihm halfen die Fragen, ob er geblendet gewesen und später noch einmal an den Unfallort zurückgekehrt sei. Der junge Mann war tatsächlich zurückgekehrt, wenn auch, um mögliche Spuren zu verwischen. Er wurde freigesprochen.
Solche Praktiken erbosten Manfred Schmidt und er bemühte sich stets, sie innerhalb der Spielregeln zu unterbinden: der Richter führt die Verhandlung, die Schöffen dürfen lediglich Fragen stellen, um einen Eindruck zu gewinnen. Er kann bei der anschließenden Beratung ausschlaggebend sein.
Diesmal jedoch hatte Schöffe Manfred keine Fragen.
Nur nicht die Aufmerksamkeit auf sich lenken! Kein Mißverständnis provozieren!
Erst bei der Beratung in einem Hinterzimmer setzte er sich für den Angeklagten ein. Der Richter knabberte an einem trockenen Brötchen. Schöffe Manfred stimmte ihn milde, indem er eine Scheibe Schinken drauflegte und ihm anschließend eine amerikanische Zigarette anbot – Schätze aus einem Care Paket, wie er sagte. In Wirklichkeit stammte beides vom angeklagten Schwarzhändler.
Leider blieben die Genüsse ohne Einfluß auf das Urteil. Bei der Verkündung – zwei Monate Haft – senkte Manfred Schmidt den Blick. Der Mann wurde abgeführt. Er hat ihn nie mehr gesehen. Doch es blieb ein Stachel.
Der Reporter und Zeichner übersiedelte nach München,

die Währungsreform hatte das Land überrollt, da saß er eines Abends mit Walter Kiaulehn beim Wein. Sie sprachen über die verfilzte, gestrige Justiz im jungen, demokratischen Provisorium. Was müsse geschehen, um dem Bürger fürderhin Gerechtigkeit zu garantieren?
Walter Kiaulehn fand die Lösung: »Es gibt nur eine Gerechtigkeit – straßenweise einsperren. Alle. Jeder hat mal was getan, wofür er eigentlich sitzen sollte. Ergo muß jeder gesessen haben.«
Der Ex-Schöffe erinnerte sich an einen verschärften Arrest beim Militär. Seitdem ist die Bißwunde in seinem Gewissen verheilt.

Die Wende zum Wunder

Im Kalender hat die Wende zum Wunder ihr festes Datum. Es ist der 20. Juni 1948, der Tag der Währungsreform. Nicht nur das Geld wurde 10:1 umgetauscht, auch die Kultur gegen die Konjunktur. Über Nacht waren die Schaufenster der Geschäfte prallvoll, die Zuschauerräume der Theater leer.

Die Kapitulation des Ideellen vor dem Materiellen, der Schritt vom Sein zum Haben fiel paradoxerweise mit dem Zeitpunkt zusammen, da das gesamte Volk von pekuniären Möglichkeiten am weitesten entfernt war. Auf 40,– D-Mark in der Hand zusammengestutzt, standen wir praktisch wieder auf der Straße.

Von was die Miete bezahlen, die zehn Tage später in der neuen Währung fällig wurde? Wie alte Schulden berappen, die sich durch die Abwertung mehr als verdoppelt hatten? Und wovon den Unterhalt bestreiten?

Trotz Dauerkrise hatte man sich so schön durchgemogelt, gewissermaßen mit italienischem *know how.* Und nun dieser Sturz in teutonische Legalität, in die zweite Stunde Null, die Stunde Null-Null – ein Volkstrauertag, den man zeitlebens nicht vergessen würde.

Aber merkwürdig.

Dank der Gnade des Schöpfers speichert der menschliche Bordcomputer Schreckensdaten widerwillig und lückenhaft.

Nur so viel ist mir geblieben: Weil in der *Schaubude* die Gage stagnierte, zog ich, aus Existenznot wortwörtlich

im Zug-Zwang, auf einem Leiterwagen ein geerbtes Harmonium fünf Kilometer weit durch die Stadt, um es in einem Musikhaus anzubieten – ein Kulturgerät, ausgerechnet jetzt, wo das Schöne, Erbauliche allerkleinst geschrieben wurde.
Für 20,– D-Mark hätte ich es hergegeben, hergeben müssen, wenn der Inhaber bereit sein würde, mir die Hälfte seines Kopfgeldes dafür auf den Ladentisch zu blättern. Als er zu meinem Ansinnen nickte, erschrak ich, und nach Probe sämtlicher Tasten und Register gleich noch einmal über den Preis, den zu bezahlen er vorschlug: das Kopfgeld einer Familie mit Kindern.
Wie war das möglich? Durften außer den Kirchen auch Musikalienhändler eins zu eins umtauschen? Nun ist ein Harmonium für sakrale Zwecke ja besonders geeignet. Vielleicht hatte der gute Mann eine Pfarre in der Hinterhand, die das Instrument zum Dankgesang für das klerikale Umtauschwunder noch am selben Abend dringend benötigte? Zum Halleluja mit Kollekte – Musik macht Opfer leichter.
Ich nahm die wundersame Fügung als Zeichen. Neue, knitterfreie Scheine in der Tasche, machte ich mich mit dem Leiterwagen auf den Heimweg. Nicht selbstzufrieden wie ein Geschäftsmann nach erfolgreichem Abschluß, vielmehr demütig, pilgerselig, als zöge ich eine Marienstatue durch das Spalier einer Prozession: das Schicksal schien an meiner Vernichtung vorerst nicht interessiert.
Im Lauf der Jahrzehnte ist die Andacht verblaßt. Der schwarze Tag hellt sich auf in der Erinnerung. Auch Freunde werden nicht mehr kleinmütig, wenn ich sie auf das Datum anspreche. Ohne Harmonium haben sie's gar vergessen.

Axel von Ambesser überlegte lange, bei großem Mienenspiel: »Ach weißt du«, meinte er schließlich, »von der Währungsreform hab ich nicht viel mitgekriegt. Ich hatte ja mein festes Engagement an den Kammerspielen.«
Freund Boris versank zunächst in eine Pause, bevor er mit schwäbischem Hintersinn aus den grauen Zellen zurückkehrte: »Also daran kann ich mich überhaupt nicht mehr erinnern. Da war ich, glaub ich, verreist.«
Schusch Roemmich, der Architekt, griff auf Anhieb ins richtige Regal: »Ich hatte damals schon ziemlich viele Aufträge. Die Leute konnten nicht alle gleich zahlen. Da hab' ich bei ihnen reihum à conto gegessen.«
Wie sehr brennende Wünsche Erinnerung konservieren, beweist meine Kollegin von der *Schaubude*, die spätere Fernseh-Moderatorin Ruth Kappelsberger: »Ich weiß es noch genau. Mit den 40,– Mark bin ich ins nächste Feinkostgeschäft gestürzt – es gab ja plötzlich wieder so viel – und habe mir einen Traum erfüllt: Für sechs Mark Tomatenketchup!«
Dutzendfach war zu erfahren, wie großzügige Gläubiger offenbar mit dem alten Geld auch ihren bisherigen Charakter umgetauscht hatten. Unerwartet standen sie vor der Tür, um Schulden einzutreiben. Bei einfallsreichem Widerstand wenigstens ratenweise.
Manch einer mißtraute der neuen Währung und tauschte sein Kopfgeld in die bisher verläßlichste Währung um, in amerikanische Zigaretten. Das Päckchen zu 5 D-Mark. Vor nicht allzu langer Zeit hatte er für eine Zigarette 5 Reichsmark bezahlt. Die Abwertung zum Besseren blieb nicht auf überquellende Schaufenster beschränkt. Armin Eichholz, der Münchner Theaterkritiker, erinnert sich mit präziser Zeitangabe, nämlich vierundzwanzig Stunden nach dem Umtausch, an den

ersten, nicht schwarzen Genuß: Erdbeeren mit Schlagsahne offiziell in einem Restaurant am Englischen Garten.

Je größer die Familie, desto größer der Schreck, wie es nach dem Zwangsumtausch weitergehen solle. Doch bald folgte das Aufatmen. Fünf zu stopfende Mäuler brachten immerhin 200,– D-Mark. Damit konnte die Hausfrau fürs erste jonglieren.

Der 20. Juni 1948 markiert zweifellos die große Zäsur. Auch wenn sich zunächst weniger änderte als befürchtet. Weiterhin lebten wir uns selbst überlassen, die eingefädelten Verbindungen blieben unberührt. Der Schwarze Markt zeigte sich staatsresistent. Ja, er verfestigte sich durch den Eingriff von oben zu einem kleinen Fort Knox, zur Golddeckung der neuen Währung. Über den Schwarzmarkt schloß man, wie bisher, die Lücke zwischen Zuteilung und Bedarf. Auch die Billardtechnik blieb. Wer etwas brauchte, zielte in eine Richtung, wo es das bestimmt nicht gab, um es am Ende aus einer völlig anderen zu bekommen.

Wer Fensterglas suchte, sah sich nach Eiern um, die er für Schuhsohlen einem Fahrradreifenbesitzer, im Tausch gegen Geräuchertes, für eine Kiste Hosenträger von dessen Schwager seiner Cousine abschwatzte. Sie kannte den Glaser.

Die Kunst des lateralen Denkens feierte Hochblüte. Da verschob eine junge Dame aus streng gehüteter Quelle schachtelweise Camelia gegen Butter, ohne daß ihr Verlobter von den zyklischen Machenschaften erfuhr, die ihn bei Kräften hielten. Fiel eine Kundin wegen Nachwuchssorgen aus, trat eine Sorglose an ihre Stelle. Hier Butter, dort Mutter – auch das eine Spielart der Wende, eine Doppelwende zur Unzeit. Sie rückgängig zu

machen, soll ein verzweifeltes Paar das ganze Kopfgeld gekostet haben. Vielleicht haben sie's als Warnung verstanden.
Als gutes Omen nicht zu verkennen, bekam ein Freund am Stichtag gleich zwei Care-Pakete aus den USA. Er reagierte auch prompt und leistete sich den Luxus, für seine Kopfquote etwas Unnötiges zu kaufen, einfach so, weil es ihm gefiel. Der Leichtsinn vermittelte ein Gefühl von Freiheit, von Sorglosigkeit, das damals wohltat wie ein Ausflug in die satte Schweiz, ein Gefühl, das zu schätzen wir verlernt haben.

Bis in die unstofflichen Gefilde der Geistesarbeiter wirkte das Umtauschdatum als Wendemarke. Die Realität einer soliden Währung half nebenbei, schon länger bezogene Standpunkte zu verfestigen. Man rückte deutlicher auseinander. Unmittelbar nach dem Krieg hatten sich Dreißig- bis Vierzigjährige zur *Jungen Generation* ernannt, die jetzt ihre Stimme erheben müsse. Angesichts der verlorenen Jahre eine verständliche Verspätung. Zumal die tatsächlich junge Generation noch in Schweigen verharrte.
Hans Werner Richter, Vater der Gruppe 47, hat das so diagnostiziert: »... sie schweigt, weil sie nicht verstanden wird und weil sie nicht verstehen kann, geprägt vom totalen Erlebnis des Krieges, dem Verlust der bisher gültigen ethischen, moralischen und geistigen Werte.«
Ihr Schweigen sprach für die Jungen. Sie wollten sich zuerst orientieren. Es gab noch keine ideologischen Fertiggerichte, die man nur aufzuwärmen braucht, um mitzureden. Fest stand lediglich, daß man sich engagieren werde. Politisch die einen, als Gewissen der Zeit gewissermaßen – skeptisch die andern, weil sie sich nach dem

jüngsten Dilemma als Ideologiegeschädigte verstanden. Sie wollten abwarten. Noch lebten wir ja in einem Provisorium. Ihr Engagement bestand in kritischer Distanz. Sie mieden die schon damals zunehmend humorlosen Politikdiskussionen.

»Sie mißtrauten der Ideologie-Krankheit unseres Jahrhunderts, der einseitigen Verabsolutierung von Teilwahrheiten ...« wie der Publizist Gustav-René Hocke das formuliert hat. Insbesondere die Literatur sollte nicht schon wieder politisches Tendenzinstrument werden, für alle verbindlich, wie bei den Nazis.

Die Skeptiker engagierten sich für humorige Gelassenheit, für Werdenlassen statt programmierter Verbohrtheit. Sie bevorzugten die Satire, das kabarettistische Feuerwerk nach allen Seiten.

Ironie und Bierernst stießen zusammen. Die politisch Engagierten zichtigten die Skeptischen der Resignation und Oberflächlichkeit – ein logischer Schluß in unserem schwerblütigen Land.

So wurde mit der Reichsmark auch der Humor abgewertet, wieder einmal. Bis heute gilt er als zweitklassig. Die engagierte Humorlosigkeit missionierender Dilettanten behielt, wie gehabt, ihren alten Kurswert. Fröhlicher sind die Zeiten dadurch nicht geworden. Heute wissen wir's.

Doch es besteht Hoffnung. Wenn wir von der Verdrossenheit und vom Genughaben endlich genug haben, darf wieder gelacht werden. Aus Psychohygiene am besten über sich selbst. Es wäre ein Novum in der deutschen Geschichte.

Im rundherum stofflichen Bereich wirkte die Zäsur einschneidend wie ein Tranchiermesser. Selbst bei sogenannten *volkswirtschaftlich wichtigen* Betrieben zeigte es sich, daß der Einfallsreichtum, mit dem sie gegründet worden waren, plötzlich nicht mehr zählte. Wo Staat spürbar wird, haben es Individualisten mit ihren Ideen schwerer; Staat engt die Freiheit, die persönliche Entfaltung zwangsläufig ein.

Die Aktivitäten zweier Freunde mögen beweisen, was damals trotzdem möglich war. Vom Krieg her in listenreicher Abwehr von Bevormundungen trainiert, hatten der Musikverleger, Komponist und Sänger Ralph Maria Siegel und sein Bruder Bruno, seines Zeichens Diplomingenieur, den Untergang des Reiches wahrhaft ingeniös abgefedert. Das hieß: rechtzeitig am richtigen Platz untertauchen. Der richtige Platz war ein kleiner Ort bei Amerang im idyllischen, bayerischen Chiemgau.

Ralph Maria, bei der Wehrmacht ein gefragter Entertainer gewesen, hatte die Dreistigkeit und Geschicklichkeit besessen, mit seiner Schlagerprominenz den ländlichen Behörden 1944, mitten im nicht mehr aufzuhaltenden Zusammenbruch, die Genehmigung für den Bau eines Hauses am Dorfrand abzuluchsen – als Nichtnazi wohlbemerkt – und die erforderlichen Bauarbeiter für sich abkommandieren zu lassen.

Landesweit unerreichbares Baumaterial, Leitungsrohre, Kabel, Fenster, Türen, Ziegel, Installationsteile zweigte Bruder Bruno in der fernen Reichshauptstadt ab. Als Oberfeldwebel-Ingenieur kannte er die geheimen Quellen, schmierte Zerberusse und brachte die sperrigen Güter per Bahn an den Bestimmungsort – ein immer wieder von Tieffliegerangriffen auf freier Strecke gestörtes Husarenstück. Überhaupt gehört dieser verfrühteste Wiederaufbau ein Jahr vor dem bitteren Ende von Rechts wegen ins Guiness-Buch der Rekorde.

Hinzu kommt, daß sich die beiden Brüder vollster Gesundheit erfreuten, ein Zustand, der damals normalerweise durch Fronteinsatz geändert wurde. Vorsorglich hatte sich Freund Bruno über einen Kameraden das Gegenteil bescheinigen lassen: *D-U* – dienstunfähig, mit amtlichem Stempel. Bruder Ralph besaß einen Unterarmgipsverband, in den er bei Bedarf wie in einen langen Damenhandschuh hineinschlüpfte.
Angesichts solcher Umsicht und Kreativität überrascht es nicht, die Brüder nach Waffenstillstand nicht in Gefangenschaft abtransportiert, vielmehr wohlgenährt im neuen Eigenheim zu finden. Mit ungeschmälerter Kraft halfen sie beim Schwarzschlachten, beim Melken und mußten die unentrahmte Milch zusammen mit den Dorfbewohnern und einigen Flüchtlingen selber trinken. Einen Wagen, der die nahrhafte Flüssigkeit hätte in andere Versorgungsgebiete bringen können, gab es nicht mehr.
Satt zu sein, ein Dach überm Kopf und Holz im Herd zu haben, hätte andere wunschlos im Verborgenen schwelgen lassen, um ja nicht aufzufallen. Die Gebrüder Siegel dagegen drängte die neue Lage zu neuen Taten. Nach München wollten sie, ins phantasiebeflügelnde Durcheinander der Großstadt, wo Ralph noch eine Wohnung besaß. Ein Motorrad, mit vollem Tank gegen Naturalien eingetauscht, sollte sie ans Ziel bringen. Das Verbot für Deutsche, den Wohnort zu verlassen, gar motorisiert durch die Gegend zu fahren, umgingen sie mit einer selbstverfertigten Sondergenehmigung. Darauf stand, entgegenkommenderweise in englischer Sprache, daß die Brüder wegen eines Todesfalls in der Familie unverzüglich nach München fahren müßten – geringeres als Tod wäre aussichtslos gewesen – deshalb *Funeral on*

Friday. Amtlich beglaubigt mit Stempel und Unterschrift vom Dorfbürgermeister.

Während Ralph, der Ältere, sich sofort bei der amerikanischen Truppenbetreuung, dem *Special Service,* meldete und vor olivgrünen Uniformen dort weitersang, wo er vor dem Graugrün der Wehrmacht aufgehört hatte, gleichzeitig mit amerikanischer Lizenz das Theater in Göggingen übernahm und in seiner Münchner Wohnung den Musikverlag wieder aufleben ließ, verschaffte sich der jüngere Bruno durch Mitarbeit beim Suchdienst des Roten Kreuzes Zuzugs- und Aufenthaltsgenehmigung in der bayerischen Landeshauptstadt.

Friedensmäßig bei Kräften wie er war, genügte auch ihm nur eine Tätigkeit nicht. Im eigenen Auto das unentbehrliche Vehikel für Bewegungsfreiheit und die Abwicklung von Geschäften erblickend, machte er sich – es war noch im Jahr 1945 – unverzüglich daran, die nötigen Voraussetzungen für eine Fahrerlaubnis zu schaffen. Das hieß: Gründung eines *volkswirtschaftlich wichtigen* Betriebes.

Was war wichtig im Sinne dieser Verordnung? So ziemlich alles, was es nicht gab. Wie aber kam man an das Nichtvorhandene? Indem man Ersatz schaffte.

So nüchtern sich seine Überlegung liest, so viel Einfälle und Kombinationstalent waren erforderlich, um sie zu verwirklichen. Er begann, wie man damals anfing – bei Null.

Über einen ehemaligen Kollegen, den er zufällig wiedergetroffen hatte, kam Freund Bruno an den Stempel einer nicht mehr existierenden Firma, einer *Kompensations- und Warenverkehrs-Gesellschaft,* kurz KOWAG genannt. Das klang respektgebietend undeutlich. Die beiden ließen die Firma wieder aufleben, bezogen Geschäftsräume in einer zerstörten Molkerei an der Adalbertstraße nahe der

Universität und beantragten korrekt die Genehmigung zum Wiederaufbau des Gebäudes bei der Stadtverwaltung.
Die KOWAG war wieder da.
Was aber sollte sie volkswirtschaftlich Wichtiges tun? Aus der Zeit im Chiemgau wußte Bruno Siegel von einer Seifenfabrik in Halfing. Dort war ein alter Freund nach dem Nazi-Besitzer als Treuhänder eingesetzt worden. Die Produktion ruhte, weil es an Rohstoffen fehlte, an Fett vor allem. Wie dem abzuhelfen sei, besprach Bruno mit einem weiteren Bekannten, einem Chemiker. Der mußte es wissen und wußte es. Sowohl wie, als auch wo. Verseifung von Eiweiß aus Käseabfällen, Käserinden und verfaultem Käse aus Allgäuer Käsereien.
Der Einfall wurde auf einen amtlichen Namen getauft. MRV, *Milch-Rückstände-Verwertungs-Gesellschaft* und registriert. Zwei Firmen – das klang volkswirtschaftlich schon sehr wichtig. Auch die für ein seriöses Unternehmen unerläßliche Geschäftsadresse fand sich. In Räumen einer ehemaligen Munitionsanstalt vor der Stadt. Damit stand die Organisation.
Die KOWAG sollte vertreiben, was die MRV bei dem Treuhänder-Freund in Halfing herstellte: Ersatz-Seife. Mit Betonung auf Ersatz. Die Behörden gestatteten dem volkswirtschaftlich wichtigen Verbund, einen Lastwagen zuzulassen. Mit offizieller Benzinzuteilung.
Aus dem Allgäu rollten die Käserückstände ins Lager der MRV und von dort zur Weiterverarbeitung in den Chiemgau. Wie überall gab es Schwierigkeiten. So konnte das Lager der MRV ohne Gasmaske nicht betreten werden. Die Käserückstände stanken nicht nur, sie wimmelten obendrein von Maden. Die Geschäftsleitung wußte sich zu helfen. Ohne eine neue Firma zu gründen,

wurden die Käseabfälle in einer Hühnerfarm zwischengelagert, wo sich das Gackervieh mit dem weißen Gewimmel selber mästete. Volkswirtschaftlich ein weiterer Pluspunkt!

Erst nach Entmadung gelangte das Stinkgut zur Verseifung nach Halfing. Leider änderte der nützliche Umweg nichts daran, daß sich der Seife, auch mit chemischem Raffinement, ein gewisser Käseduft nicht abgewöhnen ließ. Scherzhaft nannten die Bosse ihr Produkt *Savon Romadur*. Es schäumte recht schwach, doch das war 1946 kein Hindernis für den Verkauf.

Um nicht nur auf einem Käsefuß zu stehen, drängte Bruno Siegel den Chemiker, ein weiteres Ersatzprodukt zu entwickeln. Rohstoffe und Anlagen ermöglichten die Herstellung eines Scheuerpulvers. Sie füllten es in Papiertüten und tauften es auf den Namen *Purit*.

Das Mittel wirkte. Reinigend wie gewinnbringend. Mit Purit säuberten sie die Geschäftsräume der KOWAG vom Dreck, den der Ausbau hinterlassen hatte. Das Haus war, dank aller Tatkraft, wieder voll bewohnbar. Ein Jahr nach Instandsetzung kam ein Brief von der Stadtverwaltung. Er enthielt die definitive Ablehnung des Antrags auf Wiederaufbau. Noch heute steht das Haus unverschandelt. Ohne die illegale Aktivität wäre die alte Fassade höchstwahrscheinlich Opfer fragwürdiger Modernisierung geworden.

Die legalen Aktivitäten der Brüder Siegel blühten. Der Ältere erfreute die Menschen in seinem Theater, der Jüngere sorgte für Ersatz-Sauberkeit. Als man 1948 von der bevorstehenden Geldumstellung munkelte, überlegten beide, wie die verdiente Mark am besten anzulegen sei.

Ein Geheimtip lautete: Gräber kaufen!

Von der Stadt aufgelassene Gräber für Reichsmark aufkaufen und sie nach der Währungsreform der Stadt gegen harte D-Mark wieder anbieten.
Das makabre Grundstücksgeschäft schien den beiden nicht sicher genug. Bei Behörden muß man immer mit Willkür und Sonderregelungen rechnen. In diesem Fall mit Grabenteignungen.
Statt also letzte Ruhestätten en gros zu erwerben, versuchte Bruder Ralph-Maria, sein Geld in damals sehr gesuchtem Hartmetall anzulegen. Kein leichtes Unterfangen in diesen letzten Tagen vor der Wende. Jeder halbwegs Geschäftstüchtige sah zu, bizarre Vorräte in Geld umzuwandeln, um damit später Brauchbares zu kaufen.
Das Geschäft scheiterte an einer heute absonderlich anmutenden Bedingung: Das Hartmetall sollte nur derjenige bekommen, der zusätzlich und gegen gesonderte Bezahlung zehntausend Stück Zelluloidkragen für Feldgeistliche übernahm. Die martialisch-klerikalen Accessoirs stammten aus einem aufgelassenen Heereszeugamt. In der für Notzeiten typischen Denkweise hatte der Erwerber wohl gehofft, mit dem Zelluloid irgend etwas anfangen zu können. Nun war es zu spät.
Ohne Hartmetall und ohne Schoner für Pfarrerhälse brachte Ralph-Maria in seiner Verzweiflung am 19. Juni 1948, dem letzten Tag vor dem Gelduntergang, 10000,– R-Mark bei seinem Bruder unter. In Tüten zu je einem Pfund verpackt, kaufte er dafür 2 Tonnen *Purit*.
Was tun mit dem Geld? fragte sich Bruno, der Jüngere. Doch noch in die Gräber einsteigen? Zu spät. Die Friedhofsverwaltung hatte den Aktensarg bereits geschlossen.
Dann geschah es. Vom Wetter her als ein Tag wie jeder

andere getarnt, kam die große Zäsur. Die Schaufenster der Geschäfte quollen, wie gesagt, von Waren über. Es gab wieder alles. Auch Seife und Scheuerpulver. Ersatzstoffe wie *Purit* und *Savon Romadur* mit dem Emmentaler Camembertduft waren nicht mehr gefragt. Im Theater von Göggingen gähnten hochgeklappte Sitze die Schauspieler an. Keine noch so ingeniöse Idee half am Konkurs vorbei. Ende des Jahres war das Ende perfekt.
Oh hätten sie doch Gräber gekauft!
Die Brüder Siegel machten sich Vorwürfe. Dann könnten sie wenigstens das *Purit* auf eigenem Grund und Boden lagern.
Um die Miete für das Depot loszuwerden, unternahm die *Kompensations- und Warenverkehrs-Gesellschaft* eine letzte Fahrt. Mit dem eigenen Lastwagen transportierte sie die *Purit*-Tonnen in den Gögginger Musentempel. Auch dort fand das Scheuerpulver keine letzte Ruhe. Die Idee, jedem Besucher auf die Eintrittskarte ein Päckchen *Purit* zu schenken, konnte nicht mehr verwirklicht werden. Die Zuschauer kamen, statt abends, jetzt bei Tag. Als Gläubiger.
Neue Unkosten wurden unvermeidlich. Um sie klein zu halten, dingten die Brüder einen Mann, der einen Leiterwagen besaß. Im Schutz der Dunkelheit karrte der die Tonnen von Pfundpäckchen aus dem Theater und warf sie in die Wertach, die bekanntlich in die Donau mündet. Umweltverschmutzung war in jener Trümmerepoche noch nicht strafbar. Schon gar nicht in dieser ambulanten Form. Die Fluten nahmen das *Purit* mit und brachten es, ohne daß der russische Geheimdienst die Unterspülung bemerkt hätte, in den Ostblock. Messungen zufolge haben sich beide Gewässer mittlerweile von dem Reinigungsmittel erholt.

Die Brüder Siegel konnten ihre Verluste ausgleichen. Um etliche Mark ärmer, waren sie doch um eine wesentliche Erfahrung reicher: In Krisenzeiten mag manch brillante Idee den Bach hinuntergehen. Aber auch, wenn sie allzu plötzlich enden.

Schwank im Freien

Nach überkommener Vorstellung muß einer, der Künstler werden will, hungern und sich plagen, ohne zu verzagen. Hat er die Leidensstrecke durchgehalten und es stellt sich kein Erfolg ein, muß er, um zu überleben, sterben. Als bildender Künstler jedenfalls.
Zu diesem Schluß ist das Autorengespann Just Scheu und Ernst Nebhut in einem Schwank gekommen. Er spielt im Malermilieu und trägt den konsequenten Titel Wer leben will, muss tot sein.
Ich war gerade »zufallsfrei«, wie man den Zustand der Arbeitslosigkeit beim Theater umschreibt. Um festzustellen, ob aus einem schlechten Regieassistenten, der ich gewesen, nicht vielleicht ein brauchbarer Regisseur werden könnte, hatte ich mich an eine private Bühne, an das *Dramatische Theater* gewandt, das im großzügigen Haus einer Studentenverbindung untergekommen war. Es lag zentral. Nicht allzu weit vom Odeonsplatz und nur fünf Minuten von meinem Zimmer entfernt. Möglicherweise der tiefere Grund für meine Wahl.
An einem kalten Wintertag ging ich hin. Bis ins Zimmer des Intendanten. Dort faßte ich meine bisherige künstlerische Laufbahn in einem Satz zusammen und fragte, ob ich nicht ein Stück inszenieren könnte.
Martin Hellberg, der Leiter, ein temperamentvoller Theatermann von genialischer Zerfahrenheit, kam von der Bayerischen Landesbühne und hatte sich nun verselbständigt. Im Jahr der Währungsreform eine toll-

kühne Tat. Hellberg spielte alles. Klassisch, modern, ernst, heiter und als kaufmännischer Leiter verrückt. Neben dem Ensemble betrieb er ein Studio für den Nachwuchs. Ohne lange zu zögern, bestätigte er sich seinen sicheren Instinkt für Menschen. Er traute meinen dunklen Augen, vertraute mir Schwank und Nachwuchs an.

»Inszenieren Sie das!«

Hilfreich war wohl, daß ich von der gerade verblichenen *Schaubude* kam. Über Gage redeten wir beide vorsichtshalber nicht. Durch Handschlag sah ich mich brotlos engagiert.

Im Studio stellte mir Hellberg den Nachwuchs vor. Dann verließ er uns. Außer Atemfahnen und verstockten Blikken schlugen mir dumpfe Was-will-denn-der-Wellen entgegen. Mit Kabarettspäßen stemmte ich mich dagegen, wie bei trägem Publikum. Das half. Wir fanden einen lockeren Ton miteinander und machten uns vergnügt an die Arbeit. Kritik verpackten wir in Scherze. In beiden Richtungen. Die gute Stimmung förderte Einfälle. Waren sie brauchbar, bauten wir sie ein. Manchmal vergaßen wir darüber das Mittagessen.

Es ließ sich gut an, wie man sagt. Natürlich sagte das niemand, abergläubisch wie man ist beim Theater. Obwohl wir nichts beschrien, machten gewisse Umstände aus unserem Schwank alsbald einen Krimi. Am 15. Februar 1949 lasen wir's in der Zeitung:

Martin Hellberg in die Ostzone geflüchtet!

Der Intendant war entkommen. Was nun? Da er in unserem Stück nicht mitspielte, berührte uns sein Verschwinden zunächst nicht. Wir machten weiter. Doch die Schulden, die er hinterlassen hatte, holten uns ein.

In Mänteln, mit Mützen und Shawls probierten wir auf der Bühne eine sommerliche Atelierszene. Die Einrichtung, Bett, Schrank, Tisch, Küchenherd, Staffelei war mit Biergartenstühlen angedeutet. Mitten in der Probe quietschte hinten die Saaltür; Männer kamen herein. Ohne Gruß, ohne Entschuldigung fingen sie an, die in Reihen aufgestellten Zuschauersitze hinauszutragen. Da sie ihre Arbeit stumm verrichteten, ließen wir uns nicht stören.

Vielleicht hatten wir eine neue Direktion und der Parkettboden sollte abgezogen werden. Nötig war's dringend. Niemand fiel aus seiner Rolle, niemand schaute zwischendurch privat hinunter. Langsam fraß sich der Abbau bühnenwärts. Ich saß auf meinem Regieplatz in der fünften Reihe.

»Entschuldigung«, sagte eine Stimme.

Ohne das Geschehen auf der Bühne aus dem Auge zu lassen, stand ich auf und setzte mich in die vierte Reihe.

»Entschuldigung«, sagte kurz darauf eine andere Stimme. Wieder stand ich auf, nahm einen Stuhl aus der dritten Reihe und ließ mich im schon geräumten Feld nieder. Nur fünf Sekunden beeinträchtigten die Atemfahnen der Stühleschlepper meinen Blick zur Bühne. Dann war der Saal entstuhlt. Äußerlich ruhig wartete ich schon auf lautstarke Reinigungsmaßnahmen, vernahm aber stattdessen nur ein leises »Entschuldigung«.

Aha! Mein Stuhl stand im Weg. Man wollte wohl flüssig vorgehen. Um so besser, weil leiser. In einer Pfütze stehend konnte ich mich immer noch konzentrieren. Der Stuhl war schon weg. Das Geschehen auf der Bühne fest im Blick, sah ich, wie ein Mann von der Seite hinaufkletterte. Wortlos trat er in die gerade sehr heftige Szene,

packte die vier Stühle, die das Bett darstellten und wollte sie wegtragen.
»Moment!« unterbrach ich. »Das geht zu weit. Sie können nicht einfach die Dekoration abbauen. Wir probieren hier ein Stück.«
»Das geht mich nix an«, antwortete der Mann sehr richtig, »wir holen nur die Stühl' ab.«
»Verschwinden die auch in die Ostzone?« alberte einer der Schauspieler.
Der Mann schüttelte den Kopf. »Nur zum Gerichtsvollzieher.«
Die Berufsbezeichnung beendete wie ein Stichwort die Probe.
»Mahlzeit«, sagte eine Schauspielerin.
Im *Wilhelm Tell,* der nächstgelegenen Wirtschaft, berieten wir bei Stammgericht auf Marken, was zu tun sei. Da es nur zwei Möglichkeiten gab, einigten wir uns schnell: Weitermachen.
Am nächsten Vormittag probten wir ohne Stühle. Zeitungen auf dem Boden deuteten die Konturen der Einrichtung an, damit Stellungen, Gänge und Bewegungen stimmten. Wer sich auf ein Stichwort zu setzen hatte, blieb mit gebeugtem Rücken stehen und kündigte an: »Ich sitze.«
Lang saßen wir nicht auf diese Weise. Bereits am folgenden Morgen standen wir vor verschlossener Tür. Das Theater hatte sich verflüchtigt. Wir nahmen die neue Schwierigkeit leicht. Sie kam nicht gerade wie gerufen, aber doch als nette Gelegenheit, einander unsere Zielstrebigkeit zu beweisen.
Über einen Mediziner-Freund fanden wir eine Probebühne von geeigneten Abmessungen: einen Hörsaal in der Universitätsklinik, mit steil ansteigenden Sitzreihen.

Sogar Dekorationsstücke waren vorhanden. Eine Tragbahre als Bett, ein Rollstuhl als Sessel, ein Medikamentenwagen als Tisch. Es roch keimfrei, aber nicht störend für künstlerische Entfaltung.
Am zweiten Tag plötzlich Türquietschen – die fettlosen Zeiten wirkten noch nach. Mit drohender Atemwolke vor Mund und Nase erschien eine Putzfrau, entschlossen, uns an die unwesentlich kühlere Außenluft zu setzen. Mein Versuch, ihr die Rolle des Mäzens aufzudrängen, der immer ein Plätzchen für die Kunst hat, scheiterte am hohen Berufsethos. Unsere Fußspuren auf dem Bodenbelag seien bei der knappen Zuteilung an Putzmitteln nicht mehr zu tilgen.
Ein flugs zusammengerafftes Trinkgeld verschaffte ihrem Blickwinkel Weite. Die Spuren, erkannte sie, konnten auch von Studenten stammen. Doch schon brauten sich neue Schwierigkeiten zusammen. Unser zweckentfremdendes Treiben blieb nicht geheim. Die jungen Schauspieler versäumten es, vor und nach der Probe junge Mediziner glaubhaft darzustellen. Albernd zogen sie durch die Korridore. Eine Hausmeisterseele fühlte sich gefordert und sperrte uns aus.
»Probieren wir halt im Englischen Garten«, sagte einer mit unbeschädigtem Optimismus.
Der Vorschlag gefiel. Die Zeit, da Deutsche nicht in Gruppen zusammenstehen durften, war vorbei, die nötige Dekoration ließ sich im Freien aus Schnee aufhäufen. Um Menschenansammlungen zu vermeiden, verlegten wir die letzte Probebühne dann doch in den Garten eines Privathauses. Hier quietschte keine Tür, und selbst dichtes Schneetreiben behinderte das Ringen um letzte Feinheiten in Ton, Ausdruck und Geste nicht. Bis die Inszenierung stand.

Nun fehlte wieder ein Innenraum, erträglich temperiert, um Zuschauer unabgelenkt zu unterhalten. Genauer ein Theater mit Bühne, Licht, Dekoration, mit Kostümen und einem Vorhang, mit allem, was zu einem spielfertigen Haus gehört.
Als ehemaliger Regieassistent an den Münchner Kammerspielen fand ich mit meiner Bitte, uns das alles für einen Abend zur Verfügung zu stellen, bei jedem, den es anging, Verständnis. Die Geschichte dieser Inszenierung, die Tatsache, daß Nachwuchsschauspieler über Nacht mit gelerntem Text auf der Straße standen, im Schnee, weil der Intendant sie im Stich gelassen hatte und jetzt eine Gelegenheit suchten, sich vorzustellen, um wieder Anschluß zu finden, entsprach so genau der überkommenen bürgerlichen Vorstellung vom obligatorischen Leidensweg junger Künstler, daß Rührung sich einstellte, selbst bei verhärteten Herzkranzgefäßen.
Aus dem Abend wurde ein Nachmittag im Theatersaal der Otto-Falckenberg-Schauspielschule. Kostümiert, unter Scheinwerferlicht, schwitzten die wetterharten Talente erstmals in ihren Rollen. Auch Lampenfieber trug dazu bei, denn drunten saßen nicht nur Freunde und Verwandte, auch Theaterleute hatten sich eingefunden, die Überlebenden des Dramatischen Theaters zu begutachten.
Fehlerlos lief das Stück ab und sogar unter Gelächter. Zwei oder drei der Mitwirkenden bekamen Engagements an auswärtige Bühnen, wenn ich mich recht erinnere, einige wurden in die Falckenberg-Schule übernommen. Der Rest wandte sich fortan neuen Rollen in bürgerlichen Berufen zu, darunter Hauptrollen, die ihnen auf der Bühne versagt geblieben wären. Unent-

deckt blieb auch der Regisseur. Keine Berufung zum Schauspieldirektor hemmte seinen Weg. Er begriff, wohin die Reise nicht geht. Und das ist für einen Suchenden sehr wichtig.

Welches Faschingsfest nach dem Krieg war das schönste?
Wen ich auch fragte, ob Freunde aus unserer alten Clique, Bekannte aus anderen, oder geistig Verwandte, die mir erst später über den Weg gelaufen sind – alle antworteten ohne Zögern:
»Die erste *Traumkulisse* in den Kammerspielen«.
Offensichtlich hat niemand die Trilogie vom 26. bis 28. Februar 1949 versäumt.
Mit ein Grund für diese Übereinstimmung ist sicher die Tatsache, daß es bis dahin nur private Feste gegeben hatte. Nur – in Anführungszeichen. Denn Räumlichkeiten, Anordnung und Dekorationen mancher dieser Feste hätten sogenannten Faschingshochburgen mehr Caché, mehr Glanz gegeben, als später mit erheblichem Aufwand erreicht wurde.
Ein weiter Grund liegt auf der Hand – die Theaterarchitektur mit Foyer, Rang, Buffet und so weiter. Hauptursache aber war ein Manko. Warum auch immer, vielleicht aus Kleinlichkeit seitens der Stadtverwaltung, der die Bühne untersteht – jedenfalls durften die Sitzreihen im Parkett nicht herausgenommen werden. Also mußte die Theaterschreinerei in Tag- und Nachtarbeit mit Balken und Brettern die gesamte Bestuhlung überbauen. Da der Boden des Zuschauerraums nach hinten ansteigt, entstanden drei Terrassen verschiedener Höhe. Von der letzten konnte man Besuchern auf dem Rang die Hand

reichen, auch führte eine Treppe hinauf; die vorderste überdeckte den Orchestergraben. Tanzfläche war die Bühne, in der Tiefe vor der Brandmauer überragt von einem Zwei-Meter-Podest für die Kapelle. Max Greger und seine Mannen saßen etwa gleich hoch, wie Ballbesucher in der ersten Reihe des Ranges. Dazwischen wogte, auf dem tiefsten Punkt wie im antiken Theater, mit heute nicht mehr vorstellbarer Intensität das Inferno der Lebensfreude.

Keine andere Raumaufteilung ergibt eine ähnlich aufheizende Konzentration. Wer aus den Proszeniumslogen, vom Rang oder von den Terrassen auf die Bühne hinuntersah, vergaß die rationierte Realität in dieser sprichwörtlichen Traum-Kulisse. Wolfgang Znamenacek, der geniale Bühnenbildner, hatte den Effekt noch mit riesigen, von innen beleuchteten Fischen gesteigert, die oben unter der Decke zu schwimmen schienen, weil die aufsteigende Wärme ihre durchsichtigen Flossen bewegte. Von diesen phantastischen Wächtern der Tiefsee gegen die Außenwelt abgeschirmt, feierten wir auf dem Meeresgrund die Auferstehung vom Untergang. Zynisch lächelnd wie das leibhaftige Laster, stand Friedrich Domin, Protagonist im Hause, an der Rampe, Kostüm und Gesicht geteilt in eine helle und eine dunkle Hälfte – ein geiler Gärtner aus Hieronymus Boschs GARTEN DER LÜSTE.

In einbezogenen Nebenräumen gab es Erfrischungs- und Schummerecken, draußen im Foyer flanierten die Paare, suchten stiere Blicke nach entschwundenen oder noch nicht gefundenen Nixen, alberten Albericne mit Rheintöchtern, trugen Radfahrer auf der Lenkstange ihre schöne Beute davon. Einer gar – Freund Boris – knatterte mit dem Motorrad auf den Velours und gab es an der Garderobe ab. Ein vielbelachter, aber auch teurer Auftritt. 20 oder 30 deutsche Mark, immerhin.

Außer Freund Boris wüßte ich niemanden, der den offiziellen Eintrittspreis bezahlt hätte. Wen ich auch fragte, ob Freunde, Bekannte oder geistig Verwandte, die mir erst später über den Weg gelaufen sind – alle antworteten ohne Zögern:

»Wir sind nicht vorne rein. Wir sind hinten eingestiegen. Durchs Klofenster.«

Sie meinten damit eine Toilette im Bühnenhaus auf der Damenseite, wo sich die Garderoben der Schauspielerinnen befinden.

Als ehemaliger Regieassistent mit den Örtlichkeiten genau vertraut, war auch ich auf diesem Weg hereingekommen. Wie aber hatten die andern davon erfahren? Es müssen an die hundert gewesen sein.

Einhelliger Kommentar zu Achselzucken: »Das wußte man eben.«

Man mußte es lange vorher schon gewußt haben. Auch Einzelheiten über Lage und Höhe des Fensters. Aussagen zufolge kamen Ballbesucherinnen nicht kostümiert wie sonst, sondern in passendem Aufzug für eine Fassadenklettertour. Das Faschingskostüm brachten sie in einer Tüte oder im Rucksack mit und zogen sich nach beherztem Sprung auf den Deckel, der Nachdrängenden nicht achtend, an Ort und Stelle um. Der Einstieg erforderte keine besonderen Kletterkünste. Auch Nicht-Schwindelfreie schwindelten sich ungefährdet hinein.

Bisweilen muß es draußen beträchtlichen Rückstau gegeben haben. Er wurde diszipliniert hingenommen. Die Wahl zwischen Geduld und D-Mark fiel leicht. Schlangestehen war man ja gewöhnt.

Eine Ballbesucherin hatte den Krieg nicht auf deutscher

Seite, sondern in der Emigration erlebt, die Schauspieler-Agentin Elli Silman. Die quirlige, reichlich mit Siegerspeck bepackte Miss Elli wurde nervös und scherte mit zweien ihrer Schützlinge aus der Schlange aus. Drüben auf der Herrenseite gab es eine Feuerleiter. Allen Warnungen zum Trotz ließ sie sich zur untersten Sprosse hinauflupfen. Einer der beiden Schauspieler kletterte an ihr vorbei, um die Seilschaft ohne Seil anzuführen, der andere wuchtete das mollige Paket von Stufe zu Stufe.
Im zweiten Stock sei ein Fenster offen, meldete der Vorkletterer. Miss Elli, noch nicht im ersten, wurde von Schwindel befallen. Angstvoll klammerte sie sich an die Leiter und verweigerte sowohl Auf- als auch Abstieg.
»Mach die Augen zu!« riet der Vorkletterer und zog an ihrer Hand. Sie schrie.
Der Nachkletterer hörte nichts. Er kam sich vor wie der Riese Atlas, nur wesentlich kleiner. Den Kopf ins beträchtliche Hinterteil Miss Ellis gebohrt, faßte er sie abwechselnd an den Knöcheln, um die zitternden Füße sicher auf die nächste Sprosse zu hieven, bevor er die Kopflast weiter himmelwärts bewegte.
Endlich oben angekommen, stieg der Vormann ein, drehte sich um, stemmte das Knie gegen die Mauer und zog die zähneklappernde Miss Elli an beiden Händen übers Fensterbrett wie einen Rochen an Bord. Als alle drei wieder festen Boden unter den Füßen hatten, keuchten sie und wischten sich die Stirnen ab. Dasselbe taten zwei Stockwerke tiefer die Tänzer auf der Bühne nach einer entfesselten Boogie-Woogie-Serie.
Irgendwie bekam die Theaterleitung Wind von den undichten Stellen im Bühnenhaus. Sie ließ Türen absperren, Fenster vernageln, doch ohne Erfolg. Direktor Harry Buckwitz drehte, als Logenschließer oder Feuer-

wehrmann getarnt, Kontrollrunden und prüfte auch den offiziellen Einlaß. Die Kosten für den Umbau mußten ja wieder hereinkommen.

Erst nach Mitternacht legte er das Dienstkostüm ab und schlüpfte in eine Verkleidung, um die Traumkulisse zu genießen, die Stimmung auf sich wirken lassen. Schließlich war er der Initiator. Ihm gebührt nachträglich unser aller Dank.

Er selbst sagt heute dazu: »Die *Traumkulisse* in den Kammerspielen, das war nie ein Ball, das war jedesmal ein Fest, das sich die Freunde des Hauses gaben. Jeder kannte beinah jeden oder lernte ihn hier kennen. Alles hatte Stil, war nie brutal oder primitiv. Eine elegante, anspruchsvolle Gesellschaft von ansteckender Unbeschwertheit ...«

Einer aus unserer Clique verweigerte auch ohne Motorrad den sanitären Pfad. Dabei wäre es gerade für ihn ratsam gewesen, den Weg des geringsten Widerstandes zu wählen, hatte er doch aus chevalereskem Leichtsinn gleich zwei Mädchen versprochen, sie hineinzuschleusen. Sei es als Snob, als Ästhet oder als Architekt – mein Freund Schusch zog offene Türen dem Klofenster oder gar der Feuerleiter vor.

So näherten sich etwa um die elfte Abendstunde drei biedere Zivilisten dem Haupteingang der Kammerspiele.

»Wir kommen vom Arbeitsamt und sollen in der Küche helfen«, sagte Freund Schusch zu dem Zerberus, der sich ihm in den Weg stellte.

Da die drei in normal-ärmlichen Mänteln steckten, nicht geschminkt waren, weder abenteuerliche Kopfbedekkung noch ausgefallene Beinkleider trugen, ahnte der Türhüter keine List. Schuschs Einfall, mit dumpf-devotem Blick vorgetragen, erschien ihm glaubwürdig. Er sagte den Dreien, wohin sie sich wenden müßten und ließ sie ein. Sie wandten sich zur nächsten Garderobe, vervollständigten ihre Kostüme und tauchten ein ins Meer der Sinnenfreude.

Wie der vermeintliche Küchenhelfer mir Jahre später sagte, haben wir beide in wenigstens einer dieser Nächte unentgeltlich zur Stimmung beigetragen. Wenn die Kapelle Pause machte, soll er zur Gitarre und ich zum Akkordeon gegriffen haben.

War das so gewesen? Ich konnte mich nicht erinnern, das sperrige Instrument durchs Klofenster gehievt zu haben. Hatte ich es schon vorher ins Theater gebracht? Plötzlich ein Erinnerungsschub. Ich sah ihn sitzen, auf der Bühne mit der Gitarre. Nicht aber mich bei ihm, nur die Fische über den Köpfen.

Auch andere haben Aussetzer. Fällt das Stichwort *Traumkulisse*, verklären sich noch heute die Blicke, kommen Freunde und Bekannte ins Schwärmen. Das erste Fest sei das tollste überhaupt gewesen. An Einzelheiten aber erinnert sich niemand mehr. Bei anderen Festen ja, da wissen sie noch, was sie angehabt, mit wem sie geflirtet haben.

Was war denn dann so einmalig?

Normalerweise spiegelt sich Glückseligkeit im Partner wieder, mit dem und durch den man sie erlebt. Schließlich werden Erinnerungen über Emotionen gespeichert. Offenbar befanden wir uns alle in Trance, von Rhythmus gepeitscht, von tausenderlei Eindrücken und Wonnen viel zu überwältigt, um noch Details unterscheiden zu können – ein wahrhaft heidnisches Fest.

Solcher Voodoo-Fasching kam nicht von ungefähr. Hier wurde im Kollektiv mehr Vergangenheit bewältigt als in politischen Schulungskursen, in Psychoanalysen und anderen Bewußtmachungsprozessen. Auf der *Traumkulisse* haben wir wohl den Krieg offiziell hinausgetanzt.

Einige Lichtstrahlen durchdringen die blockierte Erinnerung. Meinem Nachholbedarf an Jazz, dem lange verbotenen Ausdruck unseres Lebensgefühls zufolge, kletterte ich auf das Musikpodest, um mit der Kapelle zu singen, laut und schräg, in Bebop, der Jazzsprache, die mit Phantasiesilben und kindlichen Wortgebilden Elementares artikuliert.

Wo immer damals eine Kapelle spielte, ein Bartrio oder ein Pianist, war ich von Gesang nicht abzuhalten. Anscheinend brauchte ich das zu meiner Selbstverwirklichung – wie man heute sagen würde. Damals sagte man: Der spinnt.

Ein Chorus reihte sich an den andern. Im erbarmungslosen Rhythmus von Max Gregers Bigband wogten die Paare, reagierten auf alle Nuancen meines Gebrülls von entfesselt bis zärtlich. Sie gehorchten der Diktatur des Eros und honorierten meine Schwerstarbeit, indem sie beschleunigt zueinander fanden.

War das Macht über Menschen?

Ähnlich muß sich der Rattenfänger von Hameln gefühlt haben mit seinem umweltschädlichen Gefolge, ähnlich müssen sich die Eliteproleten der Herrenrasse vorgekommen sein, wenn das Volks skandierend *Sieg heil* brüllte. Mit Rhythmus wird dieses Machtgefühl zum Rausch. Zwischendurch nahm ich Freunde wahr, Bekannte, Mitglieder des Ensembles, dann schwand mein Bewußtsein wieder dahin. Wie die Nächte endeten, wie ich nach Hause kam, bleibt im Dunkel. Nicht nur bei mir. Die Traumkulisse hat alle entrückt, und keiner weiß genau wieso. Wozu Glückseligkeit analysieren?

Als Beitrag des Ensembles sollte ein Mitternachtskabarett mit Friedrich Domin, Adolf Gondrell, Axel von Ambesser, der auch die Texte schrieb, stattfinden. Doch die Prominenz des Hauses fürchtete richtigerweise die Stimmung zu stören, worauf jüngere Kollegen einsprangen, als KABARETT DER NICHTPROMINENTEN, was bei ihren Namen reichlich kokett klang: Elisabeth Goebel, Hans Reiser, Karl Lieffen und der König der Regieassistenten, Franz Josef Wild.
Wenn es tatsächlich stattgefunden hat, dann zu spät. Auch wußte keiner so recht, wo. Im Keller? Man war in Nächstenliebe tätig und hatte überhaupt genug Ablenkung.
Auf dem Rang zum Beispiel, wo sich ein pompöses Paar huldvoll winkend im eigenen Auftritt sonnte. Golddurchwirkt, mit wallendem Cape, schweren Ringen auf weißen Handschuhen, lächelte Münchens Salonlöwe Nummer eins, der spätere königliche Tai-Konsul Herbert G. Styler als Renaissancefürst auf das Faschingsvolk herab. An seiner Seite, in Prunkrobe mit reichlich Geschmeide, das Gesicht weiß gepudert, Idi, die Baronin, seine wesentlich ältere, ständige Begleiterin. Zwei Luxusgeschöpfe wie von der Riviera vor dem Ersten Weltkrieg, noble Spielernaturen, die sich nach Verlust ihres Vermögens beim Roulette in ihrer Hotelsuite erschießen. Mit silbernem, elfenbeinbeschlagenem Damenrevolver.
Getanzt haben die Nobilitäten auf der Traumkulisse nicht. Selbst ein Prinzenwalzer als Soloeinlage wäre ihnen anbiederisch erschienen. Sie schritten auch nicht

durch die Menge; die bombastischen Kostüme gestatteten keine Tuchfühlung. Sie nahmen lediglich Blicke entgegen, dazu etwas Champagner. Ihr Auftritt als Standesherrschaft war bestes Kabarett.
Das meinte auch der Hausherr, Hans Schweikart, in seiner clochardhaften Kostümierung nicht auf Anhieb als Intendant zu erkennen. Ganz im Gegensatz zur Ersten Dame des Ensembles, Maria Nicklisch. Sie tanzte gewissermaßen daheim, auf dem Schauplatz ungezählter Erfolge, mit ihrem Kollegen Hans Reiser, heute Patron des *Ristorante Roma*, auf der anderen Seite der Maximilianstraße.
Von dieser anderen Seite, aus dem Hotel Vier Jahreszeiten, war an einem der drei Abende ein prominentes Paar herübergekommen: Hildegard Knef in Begleitung von Hollywood-Regisseur Anatole Litvak, der osteuropäische Amerikaner, des Faschings unkundig, im Smoking.
Hans Reiser, bereits in gehobener Stimmung, sah das Paar und zeigte sich als Münchner sofort um die Reinhaltung des Festes besorgt. Mit Maria Nicklisch breitseits schwebend, belehrte er den Smokingmann in kollegialem, aber bestimmtem Ton: »Des G'wand is nix! Jetzt gehst schön heim und ziehst dir was anderes an. Dann kannst wiederkommen.«
Um ganz sicher zu gehen, daß seinem Rat auch entsprochen werde, zog er ihm die Smokingschleife auf, nahm vom nächsten Tisch eine Sektflasche und netzte das gefältelte Hemd. Lächelnd nahm's der Regisseur als Regieanweisung und befolgte sie prompt.
Dank lichter Momente erinnere ich mich, Paul Dahlke auf der Tanzfläche gesehen zu haben, Heidemarie Hatheyer, Wilfried Seyfert mit Tatjana Iwanow, Direk-

tor Harry Buckwitz als Feuerwehrmann, Maria Koppenhöfer und, umgeben von einem Rudel junger Schauspieler, Fita Benkhoff in enger Corsage mit Netzstrümpfen. Wie sich herausstellte, verdankte sie den Zulauf weniger ihrem Kostüm als ihrer Kollegialität. Die jungen Mimen waren von der wilden Tanzerei durstig und hungrig geworden. Unbesorgt hatten sie drauflos bestellt, weit über die Kapazität ihrer Gagen hinaus, und rätselten nun, wie sie die Zeche bezahlten sollten. Einer fand die Lösung.

»Fita, du mußt einen reichen Scheich anschleppen. Hier an unsern Tisch.«

Die Benkhoff zeigte sich der gewünschten Rolle gewachsen. Sie angelte ein versprengtes Nordlicht und ertrotzte im Sitzstreik auf seinem Schoß – gerade so, daß er noch in die Tasche nach seinem Portemonnaie greifen konnte – den Automateneffekt: Oben flößte sie ihm so lange Champagner ein, bis unten das nötige Geld für alle herauskam.

Sofort gab Fita Benkhoff ihre Besetzerrolle auf, dankte ihm mit einem Kuß und tanzte davon.

Im Verlauf des wogenden Festes flüchtete einer der jungen Mimen vorübergehend in den Keller. Verschnaufen wollte er, etwas kühle Luft schnappen, dem Gedränge entrinnen, vielleicht auch einer allzu anhänglichen Tanzpartnerin. Auf der Unterbühne, wo die Versenkungen münden, in die Verdammte zur Hölle fahren, aus denen Tischlein-deck-dich auftauchen, schien ein Erdbeben ausgebrochen. Das ganze Theater zitterte. Die Bohlen über ihm ächzten, sie federten in dumpfem Gepolter, als stürmten Kavallerie und Panzer gemeinsam das Haus. Unter der mittleren Versenkung, die jeden Augenblick durchzubrechen drohte, stand mit

verzweifeltem Ausdruck Hanns Zimmermann, der technische Direktor.
Dem Schauspieler stockte das Herz. »Um Gotteswillen!« stammelte er, »wenn die Bühne durchbricht...«
»Deswegen steh ich ja da. Damit ich gleich tot bin.«
Obwohl für das Fest nicht zuständig, fühlte sich der Vollbluttheatermann für seine Bühne verantwortlich. Sie hielt. Auch im nächsten Jahr. Dann stoppte Intendant Hans Schweikart den Fasching in den Kammerspielen. Das Einmalige durfte nicht zur Serie verkommen – sagte ihm seine Theaternase. Gewiß nicht, weil er auf der Traumkulisse seine Frau kennengelernt hatte, sondern aus künstlerischem Gespür. Der Seismograph Kunst ist jeder Wettervorhersage, jeder Meinungsumfrage, jeder politischen Hochrechnung weit überlegen. Eine andere Zeit war angebrochen, und beim Theater gilt Tradition bekanntlich als Schlamperei.

Einmalig schön seien die Frauen auf der Traumkulisse gewesen, ist immer wieder zu hören. Nicht durch Attribute der Jugend, wie frisch und sexy, nein, wahrhaft schön, im edlen, reifen, noblen Sinn des Wortes. Da fällt der Name einer Filmschauspielerin, die sich längst zurückgezogen hatte – Brigitte Helm. Oder die jüngere Irene von Meyendorff.
Viele gaben sich geheimnisvoll. Sie trugen Masken, die sie, wie früher üblich, erst nach Mitternacht lüfteten. Irgendwo im Hause entdeckte der Direktor bei seinem Rundgang eine gertenschlanke, wunderschön gewachsene Frau und wurde, wie er sagt, sofort nervös. Vom Hals bis zu den Knöcheln zeichnete ein schwarzes Seidentrikot ihre Konturen nach. Das Gesicht war hinter

einer glitzernden Maske versteckt und von einer Perücke umrahmt.
Gebannt folgte er dieser Augenweide, bis sie unvermittelt stehen blieb und ihn warnte:
»Lassen Sie sich nicht mit mir ein, Buckwitz! Sie werden tief enttäuscht sein.«
Sie kannte ihn, besser offenbar. Sonst hätte sie *Herr* Buckwitz gesagt. In seinen Schläfen tickte der Eros.
»Von Ihnen kann ich ein Leben lang nicht enttäuscht werden«, sprudelten seine Lippen. »Bei Ihrer Figur und Ihrem Charme. Ich werde Sie verfolgen. Um ein Uhr müssen Sie die Maske lüften.«
»Um ein Uhr werde ich mich verstecken«, antwortete sie und es gelang ihr, im Gedränge zu verschwinden.
Doch der Pfadfinder im Manne, auf dem Pfad der Wonne absolut schwindelfrei, obsiegte. Zur entscheidenden Stunde fand er sie in passender Dekoration – einem schummrigen Kellerraum. Sie mußte die Maske abnehmen und zierte sich nicht. Millimeterweise wich das Geglitzer dem Antlitz.
»Jetzt sehen Sie, wie alt ich bin.«
Er sah es. Und da er kein dümmliches Kompliment machen wollte, wurde ein um so größeres daraus.
»Sie können für mich gar nicht alt genug sein.«
Es war die damals schon nicht mehr junge Lil Dagover.

Einmalig stilvoll, allen unvergeßlich und weniger selbstbewußten Männern unheimlich tummelte sich, von mehreren Dompteuren betreut, eine einzige Großkatze im Freigehege. Ein Fabelwesen von atemberaubendem Wuchs. Der Zeichnung ihres hautengen Fells nach zwischen Leopard und Gepard, bewegte sie sich mit lasziver Geschmeidigkeit über die Tanzfläche. Den rassigen Kopf

zurückgelegt, lauerte hinter den schweren Lidern der mandelförmig ummalten Augen der nicht zu enträtselnde Blick einer ägyptischen Sphinx. Auch der Mund, ein Monument an Ausdruckskraft, lauerte. Verschlingungsbereit. Lässig ruhte die um den Nacken des Tänzers gelegte Rechte.
Jeder sah die Gefahr, falls sie die verwöhnten Krallen ausfahren würde. Doch sie dachte nicht daran, blieb sanftes Raubtier, das spielt, zärtlich-grausam, ihre Möglichkeiten nur andeutend, eine stolze Schlange vom Baume genauester Kenntnis und wie geschaffen für dieses Paradies: Inge von Österreich, Schauspielerin und Axel von Ambessers Frau.

Einmalig, unnachahmbar einmalig wollte Fabius von Gugel erscheinen. Als Maler fühlte er sich zu einem optisch ganz eigenen Auftritt verpflichtet. Sein Kostüm sollte alle überragen. Er kam als Hirsch. Nicht gehörnter Ehemann, nein, König des Waldes mit majestätischer Krone aus sechzehn spitzen Symbolen männlicher Kraft. Sein Aufwand war beträchtlich, die Verwandlung kostete viel Zeit, das unerbittliche Malerauge forderte letzte Perfektion. Nicht nur farblich, auch technisch.
Die Traumnacht hatte bereits begonnen und noch immer fielen die sechzehn Enden bei jeder Kopfbewegung um. Zog er den Kinnriemen fester, ließ sich der Mund nicht mehr öffnen, lockerte er ihn wieder, neigte sich der Potenzturm in Zeitlupe nach irgendeiner Seite. Wie im Fieber bastelte der säumige König des Waldes an einer umschnallbaren Versteifung. Bis sie endlich hielt und er sich anschicken konnte, seinen Auftritt mit gewaltigem Röhren anzukündigen, hatte der Hahn längst gekräht, gehörte das ferne Revier den Nebenbuh-

lern. Mit einem letzten verzweifelten Gebrüll streifte der gehörnte Platzhirsch seine Krone ab und setzte sich in der traumlosen Kulisse seiner vier Wände an den Frühstückstisch.

Vor dem Aufbruch der Jugend zu neuen Daseinsformen blieb es den Schauspielern vorbehalten, sich das ganze Jahr hindurch zu kostümieren. Jeweils der Rolle entsprechend. Das macht es verständlich, wenn im Fasching manchem der Spieltrieb durchging. Zum Gaudium seiner Kollegen.

»Morgen wirst du mich nicht erkennen!« versicherte Herta Saal, die erste Frau von Karl Schönböck, dem nicht minder verwandlungsfreudigen Axel von Ambesser.

Solchermaßen vorprogrammiert sah sich Freund Axel während eines langen Tanzes mit der hochbegabten Anfängerin Gertrud Kückelmann gründlich um. Hinter welcher Verkleidung mochte Herta Saal stecken?

Der Tanz dehnte sich. Nahtlos reihte die Kapelle ein Stück an das andere. Immer wieder tanzte ein Paar neben sie, die Frau in figurverhüllendem schwarzen Gewand, das Gesicht mit einer schwarzen Kordelperücke verhängt.

»Wer bin ich denn? Wer bin ich denn?« flüsterte die Dunkle ihm jedesmal zu.

»Herta!« antwortete Freund Axel geduldig. »Ich hab' dich doch längst erkannt.«

»Kücki«, wie Gertrud Kückelmann genannt wurde, gab keinen Kommentar. Vergnügt sah auch sie sich um, betrachtete die Masken sehr genau. Als die Schwarzgewandete mit der Kordelperücke wieder einmal in die Nähe kam, stand ihr Urteil fest. »Die tollste Maske ist doch der Hubsi von Meyerinck.«

Freund Axel korrigierte. »Du meinst Herta Saal.«
Kücki widersprach, Axel widersprach. Schließlich fragten sie direkt. Sofort unterbrach die Schwarze ihren Singsang »Wer bin ich denn? Wer bin ich denn?« Langsam nahm sie die Kordelperücke ab. Zum Vorschein kam eine glänzende Glatze. Es war Hubert von Meyerinck.
Bald fand sich auch Herta Saal. Obwohl ihr die Verwechslung mit Hubsi nicht unbedingt gefiel, machte sie den Triumph erst perfekt. »Ich hab' dir ja gesagt, du wirst mich nicht erkennen.«

Die Verkleidungslust übertraf alles bisher Dagewesene. Man trieb kindlichen Aufwand an Phantasie und Zeit. Nicht aus Ehrgeiz zu brillieren, das Unterbewußtsein spielte lang verhaltene Trümpfe aus, schmückte die wiedergewonnene Freiheit mit allen Lieblingsrollen auf einmal.
Eine Programmbeilage wies Wochen davor auf die Feste hin. Unter dem Titel *Die Traumkulisse im Lichte der Weltliteratur* hat sich Franz Josef Wild als Parodiertalent vorgestellt, Brecht, Morgenstern, Heine, Goethe. Hier seine Version der Paralipomena zu FAUST II

FAUST: Es schwingt der Geist sich auf der Welt zu trotzen
und baut sich eine höhere Wirklichkeit –
MEPHISTO: Sagt's doch heraus, der Plunder ist zum Kotzen,
aus Tünche, Leim und Dreck und Eitelkeit.
FAUST: Du, Spottgeburt, wirst nie von Höherem wissen,
begreifest nicht die heilige Phantasie –
MEPHISTO: Verliebter Narr, wie deine Traumkulissen
von hinten ausseh'n, das begreifst du nie!
FAUST: Die niedre Knechtschaft deiner tierischen Triebe,

das ist es, was bei dir die Wahrheit heißt.
In Traumkulissen blüht die wahre Liebe
und frei von Fesseln schwinget sich der Geist.

Sieben in ihrer Vitalität und Instinktsicherheit wahrhaft heidnische Nächte gab es in den Kammerspielen. Gegen Morgen loderte das musikalische Fegefeuer, die himmlische Hölle verschlang alle und alles. Engagierte vergaßen ihr Engagement, Skeptiker ihre Skepsis. Höchststimmung wäre ein zu blasses Wort, um unsere Besessenheit zu beschreiben, unser Traum war Wirklichkeit. Kollektives Daseinsglück von dieser Intensität sollten wir nicht mehr erleben.

Gespräche unter Freunden

1945 sprach alles dagegen, einander zu sehen. Entfernungen hatten sich vervielfacht, weil die gewohnten Transportmittel fehlten. Man ging, vor allem zu Fuß, und das entschieden zu weit. Viel weiter, als Schuhwerk und Kondition es an sich gestatteten. Der Alltag erforderte Körperkräfte, die man nie besessen hatte. Mit einem Rest davon machte man sich auf die reichlich gestopften Socken oder auf die geflickten Fahrradschläuche, zu den Freunden, um mit ihnen zu reden. Täglich traf man sich, freute sich aneinander, hatte Zeit füreinander und erfuhr, daß es allen gleich ging.

Gespräche fielen unter Seelsorge.

Im Zusammenhalt materialisierten sich bescheidene Wünsche. Die Zeiten besserten sich in Zeitlupe. Optimismus, Gespür für Marktlücken und versteckte Fähigkeiten trugen Früchte. Beim einen mehr, beim andern weniger. Das unterschied. Wichtigere Rädchen im allgemeinen Getriebe wurden ausgezeichnet: sie bekamen Telefon. Auch Unwichtige – mit Beziehungen.

Nun konnte man den oft beschwerlichen Weg zueinander umgehen. Doch Hören und Sehen sind zweierlei. Man brauchte die Nähe, den persönlichen Kontakt und traf sich weiterhin. Wenigstens einmal die Woche.

Gespräche fielen unter Meinungsaustausch.

Obwohl Transportmittel wieder zur Verfügung standen, kosteten Existenz- und Nestbau immer mehr Zeit. Die Freundschaften sollten darunter nicht leiden. Zwischen-

durch schaute man mal bei einem vorbei. Nicht immer im rechten Augenblick. Wer einfach kam, mußte damit rechnen, ungelegen zu kommen. Da war das Telefon ein Segen. Man stimmte sich ab, denn sehen wollte man sich auf jeden Fall.
Wenigstens einmal im Monat.
Man freute sich, endlich wieder zusammenzusitzen und beschloß regelmäßige Treffen zu unverwechselbaren Terminen wie jeden letzten Mittwoch im Monat zum Beispiel. Das konnte man sich merken, seine Planung darauf einstellen, Pflichten hatte jeder genug. Dafür ging's auch aufwärts.
Sicherheitshalber vergewisserte man sich kurz davor noch einmal. Die Erfolgsschwächeren riefen die Erfolgreicheren an: Ob's dabei bleibe. Mancher konnte ausgerechnet an dem Tag nicht oder war verreist oder hatte ihn vergessen. Man versprach einander wieder anzurufen, einen neuen Termin auszumachen. Doch keiner konnte, wenn die andern konnten.
Entscheidendes hatte sich in der Zwischenzeit getan, etwas, von dem man bisher nur geträumt hatte, die große Chance gewissermaßen. Die ging natürlich vor. Für Privates war jetzt kein Platz. Gerade die Freunde mußten das verstehen und wurden nach Schilderung deprimierend glückhafter Einzelheiten aufgefordert, kräftig die Daumen zu drücken.
Man rief nicht mehr an, machte nichts mehr aus, traf sich aber trotzdem. Rein zufällig. Auf großen Veranstaltungen oder sogenannten *wichtigen* Einladungen. Die Massencocktails waren in Mode. Man freute sich ehrlich, obwohl keiner recht froh wirkte. Die Pflichten, die ständige Überlastung, die Familie sehe man kaum noch. Selbst auf der Nordafrikareise sei man nicht zur Ruhe

gekommen – Darmgrippe. Und jetzt die neue Sache! Wenn die klappte, würde man in Zukunft fliegen, wie man früher Trambahn gefahren sei. Davor aber müsse man sich treffen, unbedingt. Alte Freundschaften dürften nicht in die Brüche gehen. Man lebe schließlich nur einmal und das nicht, um Tag und Nacht zu arbeiten. Auch werde man nicht jünger.
Gespräche fielen unter Selbstmitleid.
Das Treffen war fest abgemacht. Jeder glaubte, der andere verständige die andern. Einer rief einen an. Er kam aber nur bis zur Sekretärin durch und die kannte ihn nicht. Um was es denn gehe? Der Chef sei verreist. Dann mußte der Anrufer selbst wegfahren. Danach würde er's wieder probieren. Die nötige Zeit dazu fand er jedoch nicht. Immer kam etwas dazwischen. Und die andern riefen ja auch nicht an.
Zufällig begegneten sich zwei auf der Straße. »Sieh an!« sagten sie, »dich gibt's auch noch.«
Leider hatten beide keine Zeit für eine Tasse Kaffee. Worüber miteinander reden? Man verblieb halbherzig. Man könne sich gelegentlich mal anrufen. Über ein Treffen sagte keiner ein Wort.
Gespräche fielen unter Entfremdung.
Wenn man sich fortan begegnete, bei einer offiziellen Veranstaltung oder in repräsentativem Rahmen, vielleicht auf Festspielen, verhinderten Geschäftsfreunde, unbekannte Ehepartner oder Verwandte, daß man zusammenblieb. Dabei tat die Begegnung so gut, der Blick in zwei von der Erinnerung retouchierte Augen wirkte verjüngend – gerade jetzt, nach überstandenem Infarkt – und der Wunsch, sich endlich einmal in Ruhe zu sehen, den ganzen alten Kreis, kam aus tiefstem Herzen.

Herrgott, wie lang war das her? Alle würde man gar nicht mehr zusammenbringen. Während man noch überlegte, wo der oder die stecken könnten – man kam nicht gleich auf die Namen – verdichtete sich der Druck der eigenen Begleitung zu körperlichem Schmerz. In aller Eile tauschte man Visitenkarten, nickte den Fremden entschuldigend zu, während man die vertraute Hand drückte, herzlich und wehmütig zugleich. Vielleicht zum letzten Mal.
Das Gespräch fiel unter gescheiterte Seelsorge.
Gescheitert an der Umwelt. Dabei hätte man's dringend gebraucht. Aber man hatte ja die Telefonnummer.

Bei den Schwänen ist es anders. Die jagen ihre Jungen fort, sobald sie kräftig genug sind, mit dem Leben allein zurechtzukommen. Junge Menschen dagegen werden zunächst mehr oder weniger probeweise hinausgeschickt. Von fern beobachtet das Elternhaus ihre ersten selbständigen Schritte und hilft mit flankierenden Maßnahmen über Klippen hinweg. Scheine festigen den Schein.

Kommt ein Krieg dazwischen, ähnelt der Menschensohn mehr dem Jungschwan. Nicht daß die Eltern ihn aus dem Nest jagen würden; das gibt es vielleicht gar nicht mehr, und er muß sowieso sehen, wie er zurechtkommt. Sollte es, wenn auch nicht unbeschädigt, noch vorhanden sein, fühlt er sich aus Instinkt zu sehr als Schwan, um die Entwicklung zurückzudrehen und sich, nach allen bestandenen Gefahren, wieder versorgen zu lassen.

Mir jedenfalls schwante, trotz des Angebots elterlicher Hilfe, daß sich ein ehemaliger Soldat auch in Zivil allein freischwimmen müsse. In meinem merkwürdigen Beruf schien mir die Probe unerläßlich, ob ich mich würde über Wasser halten können. Kein monatlicher Scheck sollte mich darüber hinwegtäuschen.

Mit selbstverfaßten zeitkritischen Schwanengesängen bewarb ich mich beim Leiter der Kabarettabteilung des Bayerischen Rundfunks, Doktor Theo Riegler. Dessen Sendereihe Rieglers Nudelbrett kam bei den Rund-

funkhörern besonders gut an und garantierte auf Sommertournee ausverkaufte Vorstellungen.
Marco Bosnian Sanetič, wie sich Theo Riegler in Erinnerung an einen dalmatinischen Vorfahren gern nannte, war ein schwarzlockiger Mann mit Hornbrille, über dessen Steg eine senkrechte Stirnfalte den Choleriker verriet und überhaupt einer von undeutschem Temperament. Verbal brachial, dahinter sanft, von profundem Unernst, ein dynamischer Komödiant und Groteskänzer mit Text und Bein. Für Pointen aus dem Stegreif konnte er sich derart begeistern, daß er darüber die Umwelt vergaß. Mir gefiel dieser bunte Mensch, ich versuchte mitzuhalten. Unterwegs auf ratterndem Thespiskarren verfertigten wir Schüttelreime. Einmal schüttelte es unter Mithilfe der Straße in einer Stunde zweiundfünfzig aus uns heraus.

Nicht doch nach guter Speise reisen!
Dann lieber nach der Reise speisen.

Wie gut, wenn man die Rasse kennt,
die immer gleich zur Kasse rennt.

Ich seh' da einen Hund graben
Das muß doch einen Grund haben.

Ein sogenannter *Garderobenkomiker*, über den die Kollegen hinter der Bühne mehr lachen als das Publikum, wenn er drobensteht, war der Doktor nicht. Der Spaß am Spiel kam ihm auch unter widrigsten Bedingungen nicht abhanden.
Irgendwo im Bayerischen Wald mußten wir einmal wegen mangelhafter Organisation auf zusammenge-

schobenen Wirtshaustischen auftreten. In der Mitte dieser Bühne hing die Deckenbeleuchtung, eine riesige Milchglaskugel, genau in Kopfhöhe. Sie abzunehmen und durch einen mitgebrachten Scheinwerfer an anderer Stelle zu ersetzen, erlaubte uns der Wirt nicht.
Mancher hätte sich geweigert, unter diesen Umständen überhaupt aufzutreten. Nicht so Marco Bosnian. Klaglos, ja animiert nahm er die Herausforderung an. Der eine rechts, der andere links von der schießscheibengroßen Kugel, sangen wir unser Quodlibet, ein Potpourri aus bekannten Melodien mit veränderten Texten. Tanzend und das Versteckspiel um den Leuchtballon, den wir zum Vollmond ernannten, voll auskostend, genossen wir die komischen Effekte, die das Hindernis verursachte, und die Zuschauer freuten sich an unserem Stegreifgeblödel:

Nicht öffentlich beim Machen leiden!
Weil sonst die Leut' das Lachen meiden.

Eins war mir klar: Für immer würde ich bei diesem Metier nicht bleiben. Doch es eilte mir nicht, herauszukommen. Die Freude am Unernst überwog. Mein unseriöser Blickwinkel bot Abstand. Viele Freunde hatten keinen Spaß mehr bei dem, was sie taten. Und das merkte man. Als gelte es, Ernst nachzuholen, jagten sie hinter jenem sogenannten Erfolg her, den man abends nachzählen kann. Beinah um jeden Preis. Ich machte meine Verse darauf, und die Leute applaudierten. Die Verstricktesten am meisten. Zu beobachten erschien mir wichtiger, als selbst in den Sog zu geraten. Es gab wieder alles. Auch eine Million Arbeitslose.
Ein Studium der Psychologie an der Münchner Universität sollte meinen Blickwinkel festigen. Die Fakultät setzte

einen Beschnupperungstermin an, dem Vorsprechen beim Theater vergleichbar, wenngleich man nicht den Hamlet oder den Malvolio aus WAS IHR WOLLT in meiner Interpretation erleben wollte, sondern das private Ich. Insofern mehr ein Vorsprechen beim Kabarett.

Schreibtischgeschützt saß mir ein Professor gegenüber, ein zweiter links, gleichsam in der Proszeniumsloge. Es begann als Terzett. Fragte mich der eine etwas, worauf ich antworten sollte, redete der andere so dazwischen, daß ich nicht dazu kam. Vermutlich wollten sie mit dieser Taktik Unbeirrbarkeit beziehungsweise Wendigkeit feststellen.

Geübt, mit Publikum umzugehen, Zwischenrufe sofort zu kontern, war ich für diese Prüfung wohl doch zu verdorben. Ich witterte die Parodierbarkeit und so ging nicht der Ernst, sondern der Spaß mit mir durch. Es reizte mich, alles zu bemerken und darauf einzugehen. Keinen Blick, keine Neigung des Kopfes, keinen Wechsel der belasteten Sitzbacke ließ ich unerwähnt. Statt mich vorzustellen, gab ich eine Vorstellung. Es gelang mir einfach nicht, meine schlummernde Ernsthaftigkeit zu wecken.

Das konnte nicht gut gehen.

Wissend nickten die Professoren einander zu, dann lächelnd mir:

»Sie bleiben doch besser bei der Bühne!«

»Einverstanden«, sagte ich. Gegen mein besseres Wissen.

Den Satz: Psychologie ist die Krankheit, für deren Therapie sie sich hält – ließ ich weg. Als Dialogstudie war das Mißverständnis lehrreich. Ich schied bereichert und mit ungebrochenem Interesse für ihr Fach.

Psychologen, bei denen ich mich unorthodox weiterbildete, gelang es, meinen schlummernden Ernst zu wecken.

Ich begriff, wie leicht Parodieren zu oberflächlichen Pointen verführt. Man muß es sich schwer machen mit dem Leichten. Damit die Figuren stimmen. Bis ins Mark.
Mit zunehmend feineren Antennen trat ich abends vor das Publikum und übte in der Praxis, was ich begriffen hatte. Gewiß, nicht in erstklassigen Häusern. Aber das spielte dabei keine Rolle. Im Gegenteil. Der unbedarftere Zuschauer reagiert nicht so instinktverbildet wie der Kritikleser, der aus zweiter Hand geschmäcklert. Letzteren überlistet man – auch das lernte ich – mit Text. Mit Weglassen von Text. Wenn er an Geste oder Haltung die Gemütslage erkennt, ohne daß sie verbal ausgewalzt wird, lacht er, von seinem gesunden Empfinden überrumpelt, völlig unverbildet gradaus.

Eine Schule für sich ist Straßentheater. Zweimal nahm ich am Faschingszug teil. Zuerst mit dem gesamten Ensemble der *Schaubude* und ein Jahr später, in kleinerer Kleinkunstkathegorie, für das Etablissement *Barberina.* Beide Spalierfahrten endeten stockheiser, aber mit Erfahrungszuwachs. Unter freiem Himmel als Gaukler auf dem Wagen fühlt man die Wurzeln des Metiers, versteht die Behausten, die ihre Wäsche weghängten. Jeder Fetzen auf der Leine lockte, ihn für Kostümzwecke verschwinden zu lassen.
Das Spiel an der frischen Luft ohne begrenzenden Guckkasten ist ungleich anstrengender. Wort und Bewegung verlieren sich, man legt zu, schreit und tobt und entfernt sich damit von denen, um deren Gelächter man sich plagt. Der Sog, nichts unversucht zu lassen, dem Affen Zucker zu geben, wie es heißt, wird unwiderstehlich und hat wohl zur Erfindung des Regisseurs geführt.
Obwohl längst seßhaft, oft sogar beamtet, sind Reste

geblieben, sind die Gesichter des ehemals fahrenden Volks vom Wind gegerbt. Man sieht das an sehr alten Schauspielern. Die zahllosen Rollen haben sich eingegraben, ihre ins Athletische gesteigerte Ausdruckskraft läßt sich nicht mehr auf Alltagsmaß zurückdämmen.
Wer nicht unerschütterlich in sich ruht, wirkt überanstrengt, strahlt gleichsam mit Dauerfernlicht über die Rampe, auch wo gar keine ist. Muß sich das Ich bestätigen, das immer hinter Rollen zu kurz kommt? Andererseits bilden die Kabarettisten, deren Rollen mit den Jahren hinter dem bühnenfüllenden Ich zur Andeutung verblassen, da keine Ausnahme.
Leichtigkeit ist immer gefährdet. Wenn das Talent, die Stimmung anderer zu verändern, von komödiantischer Naivität in professionellen Zwang umschlägt, hat der Spaß aufgehört. Das Heitere muß frei bleiben. Sonst wirkt es tatsächlich zweitklassig. Nicht von einem Tag auf den andern. Mit Jugend und Temperament läßt sich einige Zeit mogeln.

Karl Peukert hieß der alte, erfahrene Conférencier und ehemalige Faschingsprinz, der da meinte, er werde mich als Kandidaten für die Rolle der Närrischen Durchlaucht vorschlagen. Ich befand mich noch im Stande der Unschuld des Reinen Ama-tors und zeigte keinerlei Begeisterung. Vielleicht deshalb. Humor als eingetragener Verein, mit feststehendem Lustigkeitsstart am 11. 11. elf Uhr elf unter seitenverkehrtem militärischem Gruß durch Handaufnahme an die uniforme Kopfbedekkung, stimmten mich nachdenklich. Vergleiche drängten sich auf. Ich sah unsere entfesselten Privatfeste, wo der Eros knisterte, daneben die Auftritte der Prinzengarde, wo er marschierte, nach jenem Rhythmus, von dem wir uns noch nicht erholt hatten. Ich sah unser balzendes Umschleichen von Ballschönen neben dem Stimmungsinterrutptus prunkvoller Prinzeneinzüge in Ballsäle; das Gurren aus innerstem Antrieb neben den lähmend-launigen Reden an Untertanen. Die zahlten für die Störung noch Eintritt.

Vollends vergrämten mich die schleppenden Ordensverleihungen, bei denen die Nichtdekorierten jenen Humor beweisen mußten, für den die andern ausgezeichnet wurden.

Nein.

Militärisches Brimborium als Lustbarkeitskulisse – diese perverse Kleinbürgerorgie mit Zucht und Ordnung auf närrisch frisiert – verdiente unser Fasching nicht. Diesen Verrat an der Fröhlichkeit durfte ich nicht begehen.

Also nein. Das heißt, wenn ja, dann anders. Dann Lustbarkeit für alle, spürbarer Ausnahmezustand in der Stadt, Monarchie zum Ausruhen. Ohne Militäroperette.

Zunächst einmal schlug ich vor, alle alten Tore mit gerafften Vorhängen zu versehen, auf daß die Stadt wohnlicher werde. Damit sich die fünfte Jahreszeit von den anderen vier besser unterscheide, sollten Geschäftsinhaber, die das ganze Jahr über an den Einwohnern verdienen, freiwillig spendieren dürfen. Täglich würde der Faschingsprinz in einem anderen Lokal zu Mittag essen. Wo, würde er spontan entscheiden. Alle bei seinem Eintreffen zu Tisch sitzenden Gäste wären automatisch vom Chef eingeladen.

Nachmittags könnte der Faschingsprinz, in vollem Ornat, versteht sich, einen Trambahnzug lenken, der mit Blaskapelle und vielen Anhängern, auf denen es Freibier gibt, kreuz und quer durch die Stadt fährt. Auch

die Mitfahrt wäre frei, und der Kurs selbstverständlich mit dem Fahrplan abgestimmt.
Nachts würde der Faschingsprinz in frei gewählter Verkleidung Bälle besuchen und tanzen. Danach aber nicht nach Hause gehen, vielmehr zum Beispiel auf dem Odeonsplatz übernachten, in einem Zelt, das eine Firma werbewirksam zur Verfügung stellt. Oder im Schaufenster eines Möbelhauses, hervorragend gebettet, erwachen. Anschließend Großes Lever – wieder bei Freibier und gespendeten Gaumenscherzen – mit öffentlicher Rasur durch einen namhaften Friseur.
Gestärkt und geglättet könnten Durchlaucht an einer Stadtratssitzung teilnehmen, um mitzuentscheiden, welcher Blödsinn heute beschlossen werde. Selbstverständlich würde er bei einem Stadtbummel Gespräche mit Passanten führen, Bittgesuche entgegennehmen, Firmen besuchen, um den geordneten Geschäftsgang in entspannender Weise zu stören. Vielleicht würde er auch die Qualität eines Taucheranzugs in der Isar ausprobieren.
In den täglichen Hofberichten der Zeitungen würden alle spendablen Firmen und Geschäftsleute gebührenfrei gelobt, Bittgesuche und Wünsche aus der Bevölkerung veröffentlicht. Gerechterweise würde der Faschingsprinz auch mit der Blechbüchse sammeln, um den Herstellern von Faschingsorden ein Ausfallhonorar überweisen zu können.
Diesen ersten Entwurf hat der Humorverein bereits schlechtgeheißen. Mich inbegriffen. Und damit gezeigt, wie ernst er seine selbstgestellte Aufgabe nahm.

Weitertingelnd ernährte ich mich möglichst reichlich. Noch war die Rationierung von Lebensmitteln nicht aufgehoben. Der Siegeszug des Bikini an den Badeständen, die Aufhebung der Todesstrafe, Wunderheilungen mit Staniolkugeln durch einen gewissen Bruno Gröning, die Gründung der Bundesrepublik und Samba, der neueste Modetanz, lieferten Stoff für aktuelle Texte. Manche verkaufte ich, andere erweiterten mein eigenes Repertoire. Als kleine Filmrollen dazukamen, lag der Gedanke nahe, hier müsse es weitergehen. Doch das ist ein Kapitel für sich.

DENKMALPFLEGE

Die Zweitwagen kamen gerade in Mode und die Zweit-Wohnsitze, im Tessin vor allem. Heute möchte ich einem Münchner, der wie nur wenige andere zu dieser Stadt gehört, selbst ein unverwechselbares Stück München ist, ein Zweit-Denkmal setzen – dem Sommer Sigi.

Von Anfang an bei der *Abendzeitung*, hat er das Leben der Landeshauptstadt auf allen Schauplätzen handschriftlich festgehalten. Vom Mutterl, das mit seinem Zamperl den Vater auf dem Friedhof besucht und mit ihm spricht, über die Schickeria in teuerster Halbseide, Stenze, Nordlichter im Trachtenanzug bis zur Selbstdarstellung der Großkopferten.

Mit seinem Zweit-Ich als *Blasius der Spaziergänger* durchstreifte er seit 1948 mit Röntgenblick die Stadt. Der Architekt und Karikaturist Ernst Hürlimann hat diesen literarischen Stuntman protraitiert, seinem Wesen, seinem Blickwinkel Gestalt verpaßt: Humor, Distanz, Grant, Unbestechlichkeit und Herz.

Wenn ich's mir recht überlege, ist das bereits ein Dritt-Denkmal. 1950 habe ich Blasius den Spaziergänger in einer Kabarettnummer auf die Bühne der *Kleinen Freiheit* gestellt.

Ulrich Beiger, Schauspieler und selbstverständlich Münchner, hat die kauzige Figur mit der Melone, dem Schnauzbart und dem an Chaplin erinnernden Spazierstöckchen auf so liebenswerte Weise lebendig gemacht, daß sein geistiger Vater Sigi den leiblichen Uli als Kuckucksei annahm.

Längst ist der Sigi Sommer bei der Stadt unter unverlierbarem Inventar aufgeführt. Trotzdem möchte ich ein Verdienst hervorheben, das noch zur Ehrung aussteht: Der Titel eines Doktor phil, Honoris causa. Für erfolgreiche Verteidigung der Landessprache gegen drohende Überfremdung im Tschüß-Stil.

Wie kein anderer hat Siegfried Sommer das Weltstadt-Bayerisch gepflegt, es um bildhafte Neuschöpfungen bereichert und weiterentwickelt. In seinen Kolumnen, in seinen Büchern, auf dem Theater.

Wer erinnert sich nicht an den *Beatle mit Schiebedach* – eine Sommer-Bezeichnung für Stirnglatze zur Zeit der Liverpooler Sängerknaben? Oder an seine zahllosen Erotica Bavarica? Zum Beispiel die Füllung eines Dirndls hinterm Behördenschalter, die er griffsicher als »die beiden rosigen Schalterbeamten« vorstellte.

Ein Original hat originell zu sein. Je müheloser ihm das gelingt, desto originaler ist es. Hier gibt's für den Sigi keine Schwierigkeiten. Als Tennisspieler leichte Fußbekleidung zu schätzen wissend, hat er, lang vor Aussteigern und Joggern, den Turnschuh boulevard- und salonfähig gemacht. Für seine Person. Gummilatschen zum Smoking kann er sich leisten, wie Karajan Wildlederschuhe zum Frack. Seine persönliche Freiheit ist gummigeerdet. Im wachsenden Stadtverkehr hat er sie vom Cabriolet auf die Trambahn verlagert.

Wer an seinem Stammtisch im Klösterl oder im Augustinergarten sitzen darf, braucht sich nicht mehr ins Goldene Buch der Stadt einzutragen. Die lebenslängliche Schonzeit eines Ehrenbürgers ist ihm sicher.

Der Sigi sieht und registriert. Seine Momentaufnahmen

aus dem Leben in München gehen in die Tausende. Was der Schreibmaschinenmuffel nicht mit der Hand festhält, speichern seine grauen Zellen. Nach dreißig Jahren hat er mir den Kästner-Song von der KLEINEN FREIHEIT vorgesungen. Erst bei der dritten Strophe kam seine Trambahn. Wie sich die *Humorlage der Nation* mit den Jahren veränderte, mußte auch Blasius erfahren. Fühlten sich bisher von einer Glosse gelegentlich *natürliche Personen*, also Menschen, betroffen, traten mehr und mehr *juristische Personen*, sprich Interessengruppen und Verbände, an ihre Stelle.

Da meldete sich 1952 in einer Leserzuschrift, die den beanstandeten Artikel an Länge weit übertraf, ein Berufsvertretungsverband e. V. aus dem Bereich der Dentalmedizin. Der Text wäre als Zeitkritik, sprachlich wie inhaltlich, kabarettreif gewesen.

> ... wenn wir feststellen, daß Glossen dieser Art unsere überaus schwierige Aufklärungsarbeit noch schwieriger zu gestalten geeignet sind, möchten wir hinzufügen, daß wir durchaus Sinn für eine kernige Dosis Humor besitzen, ja, daß darüber hinaus der Schreiber dieser Zeilen (er unterschrieb nicht) selbst nicht nur ein echter Bajuware, sondern sogar ein völlig unverfälschter Münchner ist. Mit dieser Feststellung soll dem Verdacht vorgebeugt sein, daß etwa »bayerischer Humor nicht verstanden« werde ...

Nachdem sich der Verband damit Humor bescheinigt hatte, sprach er ihn dem Sigi ab.

> ... Es wird Ihnen, sehr geehrter Herr Chefredakteur, sicher klar sein, daß niemand sich unterfangen

> würde, etwa über eine Hals-, Nasen-, Ohren- oder eine Frauenklinik ähnliche Witze zu machen. Den merkwürdigen Bezeichnungen *Fistel-Hochburg, Plomben-Tobbogan, Alpursa-Hauer* analoge »Begriffe« würden in bezug auf andere Gebiete der Medizin niemandem einfallen . . .

Hier wird Blasius der Spaziergänger grob unterschätzt. Nach einer längeren Ausführung, welche die Arbeit des Verbandes werbewirksam schilderte, schlug sich der anonyme Verfasser auf die andere Seite:

> . . . Wir sind davon überzeugt, daß Sie mit uns darin übereinstimmen, daß man *auf diese Art* der breiten Öffentlichkeit nicht klarmachen kann, daß die Zahn-, Mund- und Kieferheilkunde ein vollwertiges Fach der Gesamtmedizin ist und welche Bedeutung ihr im Hinblick darauf zukommt, daß Hunderttausende an schweren allgemeinen Erkrankungen leiden, die ausschließlich durch vernachlässigte Zahn- und Mundkrankheiten verursacht sind. Wir können uns wirklich nicht vorstellen, daß Sie nicht mit uns eine *andere Art* für glücklicher halten, der Öffentlichkeit die große Bedeutung der Volksgesundheit . . .

Volksgesundheit – dieses von den Nazis strapazierte Wort ragte als Mahnmal von gestern noch herüber und blieb trotz des großen sittlichen Enrstes der einzige Ausrutscher in die noch nicht bewältigte Vergangenheit.
Aber nicht nur die Kritik – und sei sie noch so unfreiwillig komisch – soll hier zu Wort kommen, sondern vor allem Sigi Sommer selbst. Eine seiner ersten Momentaufnahmen von Freitag, dem 17. Mai 1946, vermittelt dama-

lige Zustände und ihre Umsetzung durch den Vielgelobten.

Ein Kuckucksei

Vor einem Fischgeschäft in der Nymphenburger Straße in München stand eine »Schlange«. Eine Frau in Schwarz, das Gesicht tief verschleiert, ging vorüber, blieb stehen und musterte die Wartenden. Plötzlich ging sie auf eine gutmütig aussehende, ältere Frau zu und ersuchte sie mit leiser Stimme, ihre Einkaufstasche für ein paar Minuten zu halten. Sie habe nebenan noch eine kleine Besorgung zu machen und werde gleich wieder da sein. Die Angesprochene erklärte sich gern bereit, worauf sich die Dame in Richtung Neuhausen entfernte.

Nach einiger Zeit jedoch wurde die Hilfsbereite von einer Frau darauf aufmerksam gemacht, daß aus ihrer Tasche etwas heraustropfe. Die Frau öffnete den Verschluß und wurde beinahe vom Schlag gerührt, denn der Inhalt der Tasche war – ein neugeborenes Negerlein.

Nach äußerst erregtem Meinungsaustausch der Umstehenden über die sonderbare Fundsache wurde das »Kuckucksei« in die nächste Polizeiwache gebracht und dort in vorläufigen Gewahrsam genommen.

1950 wurde die Rationierung der Lebensmittel aufgehoben. Es gab wieder Speck, und wir setzten ihn an. Wellen schlugen über uns zusammen: die Kaufwelle, die Freßwelle, die Bekleidungswelle, die Einrichtungswelle, die Reisewelle – der Aufschwung war nicht zu übersehen.
Bei der Münchner Gastronomie hatte das Wirtschafts-

wunder einen Mädchennamen – *Gisela*. Die Gastwirtschaft *Gisela* mit ihrer singenden Wirtin *Gisela* in der Occamstraße 8 wurde weltbekannt und blühte wie kein anderes Schwabinger Lokal.
Sprach man irgendwo auf dem Globus über München, fiel mit ziemlicher Sicherheit entweder der Name *Gisela*, oder man sang den Refrain ihres berühmten Couplets: Aber der Novak läßt mich nicht verkommen . . .
Wie es sich für ein Couplet gehört, verwob Gisela ständig aktuelle Begebenheiten hinein. So läpperten sich mit der Zeit dreiundachtzig Strophen zusammen. Neunundvierzig davon gab's auf Schallplatten. Zur Erinnerung sei eine erwähnt, die Ur-Strophe, mit der die Novak-Welle begann, komponiert und getextet von dem Wiener Schriftsteller und Kabarettisten Hugo Wiener.

Ich habe einen Mann, den viele möchten,
der immer mich bewahrt vor allem Schlechten,
ein jeder kennt ihn, Novak ist sein Name –
ihm danke ich, daß heut' ich eine Dame.
Ob angezogen oder als ein Nackter,
der Novak hat am ganzen Leib Charakter –
ich hätt' schon längst ein böses End' genommen,
aber der Novak läßt mich nicht verkommen.

Mit dieser Zeile enden sämtliche dreiundachtzig Strophen. Die Verse zu Tagesereignissen hat Gisela selbst gereimt.
Das Lokal *Gisela* wurde am 1. Dezember 1952 eröffnet und am 6. Juni 1974 geschlossen – ein Schwabinger Rekord. Die Wirtin *Gisela* besaß den unbekümmerten Schwung der Nachkriegsjugend, die wenig gelernt hatte, aber viel wußte – nämlich aus allem etwas zu machen.

Da hatte es um die Ecke in der Haimhauser Straße ein anderes Lokal gegeben. Es trug den für Bayern kolonialistischen Namen *Pfälzer Hof* und wurde betrieben von einer legendären Wirtin mit Spitznamen *Mutti Bräu*. Später nistete sich dort Kabarett ein: die Münchner Lach- & Schiess-Gesellschaft. Der Pfälzer Hof war das gewesen, was Bürger ein Künstlerlokal nennen. Eng, verraucht, einfach möbliert, Kerzen auf den Tischen – ein Platz zum Bleiben, zum Verhocken.
In diesem Pfälzer Hof gab es ein für den kleinen Raum üppiges Podium, darauf eine Kapelle aus echten, lebenden Musikern. Gelegentlich trat jemand auf und ließ sich begleiten, wie Marietta di Monaco, auch sie ein legendäres Schwabinger G'wachs, eine Isar-Piaf, ebenso klein, mit wesentlich weniger Stimme, aber ungemein frech im Vortrag. Oder Walter Hillbring, ein kahler Sonortöner mit baltischem Akzent, stets in grauem Flanelldoppelreiher und Krawatte, dabei Bohemien von Format – ein an Schwabing zerschellter Seigneur.
Auftritte waren Stimmungssache. Man bekam nichts dafür, wurde aber auch nicht gehindert, nur schlimmstenfalls ausgepfiffen. Für manche gab's vielleicht doch so etwas wie Gage, eine Flasche Wein, ein warmes Essen. Ich habe meinen Be bop immer gratis gesungen, aus Spaß an der Freud'. Aber zurück zu ihr:
Im Pfälzer Hof stand die Wiege der *Sängerin* Gisela. Ohne Sonderhonorar, denn im Puppenstadium war Gisela noch Fräulein Jonas und bei Mutti Bräu engagiert. Nicht auf dem Podium – hinter den Kulissen als Mädchen für alles. Vom Kartoffelschälen bis zur behutsamen Entfernung Volltrunkener.
Im Dienst von der Pieke – ich komme um Erfolgsmenschenlebenslaufklischées nicht herum – im Dienst von der

Pieke auf, erwarb sie sich – jetzt kommen sie: Umsicht und Vielseitigkeit, die nötig sind, um einen Laden zu schmeißen. Stimme und Bühnensicherheit gehörten dazu, die Nase für Publikum. Von Haus aus nämlich war Gisela, wie viele einfühlsame Menschen, erheblich schüchtern. Vor jedem Auftritt zog ihr Pulsschlag beängstigend an. Bis heute heißt ihr ständiger Begleiter Lampenfieber. Man merkte es nie. Selbstmitleidige Koketterie lag ihr nicht. Sie kultivierte die besten Tugenden ihrer Generation. Gisela war ein bescheidenes, diszipliniertes, geduldiges Mädchen für alles. Erst als sie kochen, singen, rechnen, einkaufen, putzen, aufmuntern, spülen, beruhigen, engagieren, einschreiten, entlassen, verhandeln, hinauswerfen und selbst im Fortissimo der Kapelle das Gras wachsen hören konnte, stieg sie in die Selbständigkeit um.

Ohne Schwierigkeiten bei den Behörden. Die Freiheit wurde noch nicht als Zwang verwaltet. Mit kleiner und großer Bar hatte das Lokal einhundertdreiundzwanzig Plätze, die aus mindestens vier, höchstens sechs lebendigen Musikern bestehende Kapelle nicht mitgerechnet. Von Anfang an herrschte Gedränge und bei der erfolgreichen Enge blieb es. Edward Kennedy, damals noch schlanker als heute, zwängte sich auf einen Stuhl, Maria Callas atmete willig die stimmtötende Rauchluft, Orson Welles verdichtete den Qualm mit teurer Zigarre, Sowjetmensch Juri Gagarin, erster Nichtaffe im Vorgarten zum Weltraum, durfte im kapitalistisch-frivolen Schwabing zwischenlanden und Giselas defätistischbourgeoisem Gesang lauschen:

> . . . er hätte gern den Weltraum übernommen,
> aber der Sputnik ließ ihn niederkommen.

Den Atem raubend klopfte Giselas Herz, wenn sie vor prominenten Musikern singen sollte. Noch heute fühlt sie in Erinnerung an den Abend mit Leonard Bernstein ein Nachbeben.

Er habe in Amerika von Gisela gehört – ließen Begleiter des Maestro wissen. Da er in Europa hauptsächlich französisch spreche, wäre ein Lied in dieser Sprache angebracht. Die Wahl fiel Gisela leicht. Sie hatte nur eines im Repertoire.

Bernstein, kein Meister im Stillsitzen, zeigte sich während des Vortrags angetan. Das half ihr sehr. Anschließend beim Händedruck am Tisch raffte sie alles Französisch zusammen, um deutlich zu machen, wie *enchantée* sie über den Besuch sei.

Väterlich faßte der Dirigent sie bei den Schultern und – das war doch deutsch, was er da sagte: »Dankescheen Gisela. Machen Sie so weiter!«

Gisela versprach's und hielt's. Weder den Novak ließ sie verkommen, noch ihre hochgerühmte Spezialität: Gulaschsuppe.

So manchen Studenten oder jungen Künstler hat sie damit durchgefuttert, wenn der Magen ebenso leer war wie die Taschen. Jahre später kamen sie dann wieder, voller geworden. Auch in der Brieftasche und revanchierten sich mit Champagner. Einer von ihnen könnte Udo Jürgens gewesen sein. Die Bezeichnung, die der Barde für Gisela fand, klingt nach dankbar vollem Herzen. Er nennt sie

Engel von Schwabing.

Selbst der *Spiegel*, im Umgang mit Lob nicht eben leichtfertig, hat ihr einen Ehrentitel wider den eigenen politischen Standort verliehen:

Königin von Schwabing.

Im Freistaat fiel die Anerkennung sparsamer aus. Zunächst. Überschwengliches Lob gilt auch unter Zugereisten als unbayerisch. Scheinbar ungerührt löffelte man die köstliche Gulaschsuppe. Genüßliches Schmatzen ging in Musik und Stimmengewirr unter.
Peter Paul Althaus, Lordsiegel- und Traditionsbewahrer Schwabings sowie Bürgermeister der Traumstadt, empfand das neue Lokal als Fremdköper in *seinem* Schwabing; Gisela – das war, wenn überhaupt ein Schwabing, dann ein anderes – stellte er sehr richtig fest. Der Zusatz zum Wandel der Zeiten als natürliche Entwicklung fiel ihm erst später ein. Dann allerdings kapitulierte er ehrenhaft und gründlich. Gisela bekam die erzschwabingerische *Silberne Seerose* und den *Schwabinger Kunstpreis*.
Jetzt wußte man's: Sie verkörperte eine Ära. Die Ära Gisela. Auch die konnte nicht ewig dauern.
»Unbeschwert war's bis 1966!« hat ihr präzises Gedächtnis festgehalten.
Immer schneller wandelten sich die Zeiten und Gisela zeigte, was sie durch Peter Paul Althaus gelernt hatte: sich nicht zu entrüsten, nicht zu lamentieren, nicht am eigenen Nimbus zu stricken, nur festzustellen:
»Jetzt haben wir ein anderes Schwabing. Das ist völlig richtig so.«
Und frei von nostalgischen Beschwerden hat sie wieder ein Lokal – ein anderes. *Kaiser Friedrich*. Ein vorgestriger Name, ohne ihr Dazutun. Die Wirtschaft heißt so.
Mein Denkmal aus Buchstaben gilt der Königin von Schwabing, der Queen des unbeschwerten giselanischen Zeitalters.
Was hatten wir's fröhlich! Welchen Lärm ertrugen die Anwohner, als sei Lebensfreude für Nichtbeteiligte

schlaffördernd. Gulaschsuppe gab's offiziell bis drei Uhr früh. Pünktlich zur Polizeistunde sperrte Gisela ab. Die Gäste blieben. Sie wurden nur umbenannt – in *Geschlossene Gesellschaft.* Und haben weitergefeiert, gelacht. Oder, frei nach Hugo Wiener, gereimt:

> ... und hat sich wer beim Tanzen übernommen,
> ließ ihm der Novak noch 'ne Suppe kommen.

Beamte der Funkstreife klopften an die Tür – die Geräuschkulisse war zu orgastisch-orgiastisch. Giselas Augen funkten Freude. Sie bat sie herein ins geschlossene Bacchanal.

Man sei sehr laut! rügten die Ordnungshüter regelmäßig, und die Polizeistunde gelte auch für die Küche. Zur Antwort ließ Gisela ihnen Gulaschsuppe servieren, deren Duft allein Ausreden wie *Man sei im Dienst* in mechanische Schluckbewegungen umwandelte. Während die Mannen aßen, entpuppte sie sich als Avantgarde des Umweltschutzes.

»Wer löffelt, ist leise!« verkündete sie. »Ihr seid der beste Beweis. Sonst wär' hier der Teufel los. Drum muß die Küche offenbleiben.«

Gisela hatte eben das – und hat es noch –, was die perfekte Schwabinger Wirtin ausmacht: Gespür für die Menschen um sich herum, eine Antenne für Harmonie, die Störsender rechtzeitig ausmacht und ihre bösen Wellen mit behutsamem Zureden glättet; den siebten Sinn hat sie, zu dem Menschenliebe gehört.

Sagen wir's feierlich: Gisela hat sich um Schwabing verdient gemacht. Sie ist ein Stück München geworden, das noch immer leuchtet. Bis nach Übersee.

Mit langen weiten Röcken kam 1947 der *New Look* für die Damenwelt – und für einen einzelnen Herrn in München. Heiter und wohlriechend trotzte er dem Trümmerdasein mit gepflegtestem Äußeren, Nelke im Knopfloch und tadellosen Manieren. Am 15. August zur Welt gekommen – wie Napoleon – in Leipzig übrigens, entwischte er der Stadt wie der Franzosenkaiser nach der Völkerschlacht. Vor allem aber dem sächsischen Dialekt. Er sprach mit französischem Akzent, gebrauchte französische Redewendungen. Sein ständiger Ausruf: »Oh, mon Dieu!«

Der Sohn eines Kunsthistorikers, im Sternzeichen des Salon-Löwen geboren, liebte er Luxus und spektakuläre Auftritte. Herbert mit Vornamen gefiel sich in souveräner Ironie. Er stilisierte die Welt, wo sie ihm zu grau erschien, stilisierte sich selbst. Bis in die Orthographie, in dem er seinen Nachnamen *Stieler* statt mit IE mit Ypsilon schrieb.

Sein fröhliches Gepränge paßte nicht in die Zeit, tat ihr aber gut. Er sah sich barock, was seiner Statur entsprach, und hätte am liebsten zur Zeit Ludwigs XIV. gelebt – als Edelmann bei Hof, versteht sich. Vom Schicksal im 20. Jahrhundert inkarniert, blieb er seinem absolutistischen Wesen treu.

»Die einzig mögliche Gesellschaft ist man selbst«, könnte er gesagt haben, wäre ihm nicht Oscar Wilde zuvorgekommen, mit dem ihn manche Anlage verband – oh mon Dieu! – von der Literatur einmal abgesehen.

Erscheinungen wie Herbert Styler gibt es nicht mehr. Bei allen gesellschaftlichen Ereignissen zeigte er sich gepflegt, overdressed, weder das Leben noch sich selber ernstnehmend, ein letzter Dandy, Daseinsgourmet aus

Leidenschaft, ein lockig-mediterraner Dorian Gray, de profundis die königliche Kirsche auf der Crème de la crème, eine Majestät der Fröhlichkeit, Seine Grazie, Herbert, Sonnenkönig von München.
Daß er einmal im Fasching als *Roi Soleil* erschien, ist weder Zufall noch Wunschtraum. Er lebte im größtmöglichen Stil und parodierte ihn gleichzeitig – in unserem prestigesüchtigen Land eine bemerkenswerte Spielart von Souveränität.
Sein Aufstieg begann an der Isar. Nicht einflußreiche Männer ebneten ihm den Weg. Zwei Frauen waren es, Idi und Ysabel, beide keineswegs jung, die ihm den Rahmen gaben. Beide genossen die Gegenwart des charmanten Kavaliers, und er dankte es ihnen mit großer Anhänglichkeit.
Eine Freundin jener Idi hat mir die Geschichte anvertraut. Sie ist zu schön, um nicht wahr zu sein:
Diese Freundin, als Witwe eines sehr viel älteren Reeders, das, was man eine nicht mehr taufrische, gleichwohl glänzende Partie nennt, hatte den zweiten Mann ihrer Träume schon gefunden. Nicht ganz so nahtlos fügte es sich bei Idi. Sie hatte einen alten Baron auf dem Friedhof, das Vermögen auf der Bank und suchte noch, von der schon wieder Glücklichen unterstützt.
»Ich hab ihn!« verkündete Idi eines Tages und holte die Hilfewillige zur Besichtigung. Das war in den Dreißigerjahren.
»Er arbeitet in der Textilbranche«, ließ die Baronin ihre Freundin wissen. Dabei steuerte sie auf ein renommiertes Konfektionshaus zu – ein jüdisches Geschäft, das muß gesagt werden. Am repräsentativen Eingang öffnete ein junger Mann in Livrée die Tür. Mit ungewöhnlich heller Stimme begrüßte er die Damen, erkundigte

sich, welche Abteilung sie suchten, um ihnen den Weg dorthin zu beschreiben.
Die Baronin dankte. Man wisse Bescheid. Sie traten ein. Neugierig musterte die Freundin alle anwesenden Männer.
»Wer ist es?«
»Das war er«, antwortete die Baronin.
»Wer?«
»Der an der Tür.«
»Idi!« Die Freundin blieb stehen. »Der ist ja noch nicht einmal im Stimmbruch.«
»Das täuscht.« Sibyllinisch lächelte die Baronin. »Na, nun sag schon, wie findest du ihn?«
Die Freundin zögerte und wurde beschwichtigt. »Er ist Volontär. Ja und? Irgendwo muß er ja anfangen.«
Sie gingen zurück.
»Auf Wiedersehn die Damen. Beehren sie uns wieder«, wisperte der junge Mann.
Die Freundin musterte ihn mit Pferdekennerblick.
»Gut aussehen tut er ja«, sagte sie draußen.
»Und nächste Woche spricht er tief«, versicherte die Baronin. »Wir waren schon beim Arzt. Nur eine kleine Verwachsung am Stimmband.«
Sie sollte recht behalten.
»Enchanté!« sagte der junge Mann bei der nächsten Vorführung im Salon der Baronin, sagte es, seiner um zwei Oktaven tieferen Stimme genüßlich nachhorchend und küßte, von keiner Türklinke behindert, der Reederswitwe galant die Hand.
Seine Konversation war witzig, mit lässiger Eleganz bewegte er sich im neuen Maßanzug, mixte ausgezeichnete Drinks, als sei ihm die gehobene Lebensart von der Wiege an geläufig. Selbstironisch sprach er über seine

gegenwärtige Tätigkeit, bekannte freimütig, was er der Baronin zu verdanken habe, sie sei die gute Fee in seinem Leben. Damit hatte die Beziehung zu der älteren Frau ein schickliches Gewand. Jedermann mußte ihm Taktgefühl bescheinigen, niemand wäre auf den Gedanken gekommen, er fühle sich ausgehalten.

In diesem jungen Mann steckte Charakter. Das wurde klar, als die jüdischen Geschäftsinhaber sich anschickten, das Land zu verlassen. Überall lauerten damals nationale Geier, entschlossen, den Besitz der Emigrierenden weit unter Preis zu erwerben.

Der Volontär sah seinen Posten gefährdet. Er wollte aber unter allen Umständen in der Textilbranche bleiben. Über die geliebte Mutter bestand ein Affekt. Verwandte von ihr hatten in ihren Tuchfabriken Uniformstoffe für die zaristische Armee gewoben. Idi, die gute Fee, nahm seinen Wunsch mit Rührung auf. Sie erklärte sich bereit, ihm den Laden zu kaufen.

Seine Reaktion war bemerkenswert. Er willigte ein – unter einer Bedingung: Sie möge ihr nobles Angebot mit einer guten Tat verbinden und den jüdischen Besitzern den tatsächlichen Wert ausbezahlen. Man dürfe ihre Notlage nicht ausnützen.

Über Konten der Baronin im Ausland kam der reellle Verkauf, von den neuen Machthabern unbemerkt, zustande. Nun war er Chef und hat seine gute Fee geheiratet. Nicht auf die alltägliche Weise mit Standesamt, vielmehr ganz privat. *Réligieusement* – wie er es nannte.

Das Geschäft florierte nicht. Ein zu spät geborener Sonnenkönig ist eben kein Kaufmann. Was diese Talente angeht, ähnelte er mehr einem anderen Geburtstagsvetter: Lorenzo dei Medici, il Magnifico. Der hatte aus Flo-

renz eine blühende Stadt gemacht, bis seine Kassen leer waren.
Der Laden ging in merkantilere Hände über, Herbert Styler konnte sich wieder ganz dem Schönen und Angenehmen widmen. Mit 27 Jahren war er als Konsul von Albanien der Jüngste im Corps. Zwei Jahre später wurde er Konsul von Paraguay. Die Südamerikaner legten ihm nahe, das Deutschland des Österreichers zu verlassen. Alles wäre glatt gegangen, doch er fühlte zu europäisch, blieb und wurde Konsul von Siam, das später Thailand hieß – Land der Freien, wie er sagte.
Auch zu Hause blieb er frei – im Widerstand. Ein kleiner, stiller Kreis, dem Idi und ihre Freundin angehörten, ferner die Frau des Polizeipräsidenten, sowie eine Dame, die sie *Fleur Bleue* nannten, unterhielt Kontakte zu nicht Linientreuen auf einflußreichen Posten. Über diese Beziehungen – ein Konsul kann da einiges tun – halfen sie Bedrängten ins Ausland, versteckten Gesuchte und bogen Strafversetzungen an die Front ab.
Nach der Befreiung kaufte der Konsul des Landes der Freien wieder einen Laden, in bester Lage, stattete ihn mit Empiremöbeln aus – Reverenz an Geburtstagsvetter Napoleon – und verkaufte die erlesensten, teuersten Stoffe, die der Weltmarkt anbot.
Privat sorgte der Konsul in aufopfernder Weise für die mittlerweile betagte Baronin. Er liebte ältere Frauen, weil sie mehr zu sagen haben, erfahrener, witziger und überlegener sind. Aber auch manchem jungen Mann stand er, nun selber gute Fee, hilfreich zur Seite. Ja sogar die Öffentlichkeit, das Münchner Kulturleben sollte von seiner sprichwörtlichen Großzügigkeit profitieren.
Da setzte 1949 an den Münchner Kammerspielen der Direktor Harry Buckwitz ein Stück der amerikanischen

Botschafterin Claire Booth-Luce in Szene: FRAUEN IN NEW YORK, eine extravagante Schlangengrube, ein parfümierter Großstadtprospekt, gut–böse und mit über vierzig weiblichen Rollen. Da es im Sehr-reiche-Leute-Milieu spielte, bereitete die Ausstattung Kopfzerbrechen. Für jede der Schauspielerinnen mußten zwei bis drei ausgefallene Kleider entworfen und gefertigt werden. Der Regisseur mobilisierte die Münchner Haute couture. Mit Erfolg. Heinz Schulze-Varell und andere erklärten sich zu schöpferischer Mitwirkung bereit – gegen Nennung ihrer Namen im Programmheft.
Auch Styler fehlte nicht. Zum Einkaufspreis lieferte er die Stoffe und übernahm aus freien Stücken das Amt des *Arbiter elegantiarum.* Seine Stoffe durfte man nicht einfach für Schauspielerinnen zurechtschneiden, sie sollten zu ihren Trägerinnen passen, die Zusammensetzung der Farben in den verschiedenen Szenen mußte komponiert werden – von ihm.
Der Regisseur gab dem Kompositeur recht und versprach, an einem Abend nach Ladenschluß alle Damen zur Stoffauswahl mitzubringen.
»Mais non, cher ami!« Abwehrend hob Styler beide Hände, der kleine Brillant funkelte wie ein Rebellenauge, »vierzig Frauen auf einmal – oh mon Dieu! Das gibt unerträgliche Rivalitäten. Bringen Sie sie einzeln.«
Damit war für Harry Buckwitz die Hundert-Stunden-Woche gesichert. Jeden Abend geleitete er eine seiner Damen, Maria Wimmer, Susanne von Almassy, Maria Nicklisch, Liesl Karlstadt und wie sie alle hießen, in den Luxustempel aus Farbe und Feingewebe. Dort schwelgten sie bei spendiertem Schaumwein in der Pracht. Schon das hält auf, und da Compositeur Styler als Ästhet

nur schwer zu ermüden war, fiel die Entscheidung selten vor Mitternacht.
Immerhin, die Zusammenarbeit von Compositeur und Couturier wurde belohnt. Schickeria aufwärts sprach man von Münchens elegantestem Theaterereignis. Bald nach der Premiere landete die Verursacherin Claire Booth-Luce in Riem. Harry Buckwitz, der sie abholte, glaubte nicht recht zu sehen. In Begleitung von zwei hollywoodreif aussehenden Jesuitenpatres in weißen Soutanen entstieg sie dem Flugzeug.
Abends saß das Trio in der Vorstellung, erste Reihe Mitte. Ohne es zu wollen, sorgten die Patres für zusätzliche Stimmung. Ungeniert amüsierten sie sich über jede der zahlreichen Frivolitäten. Und das Publikum lachte doppelt. Einmal über den Text und noch einmal über die Reaktionen der Patres.
Trotz bester Lage ließ sich das Geschäft mit den teuren Stoffen nicht halten, oh mon Dieu! Die Zeiten wurden immer konfektioneller; der noble Kaufmann ohne fortune – auch Geburtstagsvetter Ludwigs des Heiligen von Frankreich – nahm's leicht. Der überzeugte Monarchist schloß die Tür, vergaß die Verluste und widmete sich dem Angenehmen. Dazu gehörten für ihn auch die Repräsentationspflichten als Honorarkonsul der Märchenmonarchie Thailand. Überall sah man *Hercules I.*, seinen gelb-schwarzen Rolls Royce, Baujahr 1928 mit CC-Schild.
Um die Mitte der Fünfzigerjahre zeigte sich der Generalkonsul öfter allein. Die Baronin kränkelte. Doch gelegentlich sah man das Paar in Begleitung einer älteren Dame von wahrhaft internationalem Zuschnitt. Im Hotel Vier Jahreszeiten vor allem, wo die Fremde ein Jahresappartement bezogen hatte. Ihr Auftreten war beherr-

schend wie ihre großrandigen Hüte. Ihr Schmuck aber übertraf alles, was an Münchner Hälsen, Handgelenken, an Händen und Ohren glitzerte.
Sie sei die Witwe oder Tochter eines südafrikanischen Diamantenhändlers oder Minenbesitzers und millionenschwer – munkelte man in der Schickeria und in anderen Kreisen.
Wieso kam diese *Grande Dame*, die aus einer anderen Epoche herüberragte, ausgerechnet nach München zu den Stylers? fragte man sich. Und schließlich den Portier.
Sie kam aus den USA, hieß Ysabel Tass, aus Holland gebürtig, Jüdin, beherrschte sechs Sprachen und war – was der Portier nicht wußte – eigens an die Isar gereist, um den Generalkonsul kennenzulernen. Nach drei Ehen auf der Suche, ihr Leben neu zu zentrieren, hatte sie von einer Freundin aus der Berliner Haute Couture folgenden Rat bekommen:
»Fahr nach München, geh zu den Stylers. Lerne ihn kennen und du hast etwas zum Freuen.«
Es wurde in der Tat viel gelacht am Tisch im Restaurant *Walterspiel*. Mitunter sah man die beiden Damen auch allein, doch immer häufiger den Generalkonsul mit Madame Tass. Die Baronin kränkelte.
Klatschmäuler und Klatschspalten nahmen das Paar als willkommenes Wiederkäufutter, stets mit mokantem Unterton und damit ganz im Sinne von Stylers profiliertem Unernst. Ihr nimmermüder Eifer machte das distinguierte Gespann zu einer Münchner Institution.
Nun konnte auch der Chronist seine journalistische Sorgfaltspflicht erfüllen. *Blasius der Spaziergänger* gab Madame Tass einen stark volkstümlichen Namen, der ihr bleiben sollte: *Diamanten-Wally*.

Den Sonnenkönig ließ der Rummel ungerührt. Er gab sich weder getroffen, noch mißverstanden. Sprach ihn jemand darauf an, lächelte er in seiner liebenswürdigen Art und gab die entwaffnende Antwort: »Mon Dieu! Damit kann ich mich nicht aufhalten.«

Zwei Jahre residierte die fröhliche Witwe im Hotel Vier Jahreszeiten. Dann ging es mit der Baronin zu Ende. Aufopfernd umsorgt von ihrem Weggefährten, schied die gute Fee beruhigt wie im Roman. Ihr Gatte – réligieusement – würde versorgt sein. Noch im selben Jahr wurde das Appartement im Hotel aufgegeben.

»Wenn man etwas haben will, muß man dafür bezahlen.«

Mit diesen Worten hatte Madame ihr Warten auf den Generalkonsul umschrieben. Jetzt sollten Freunde wie Klatschmäuler erfahren, daß es kein Scherz gewesen war.

»Ich bin Holländerin und brauche Ordnung. Ich will ein Haus führen, Gäste empfangen . . .« ließ sie verlauten.

Im April 1957 wurde sie im Zürcher Stadthus Madame Styler. Amtlich, nicht nur réligieusement.

In Harlaching bezogen die Stylers eine Villa mit Diener und bis zu zwölf Möpsen; der Kardinal segnete das Haus; das Gästebuch verzeichnet bekannteste Namen aus aller Welt, Politiker, Industrielle, Adelsschickeria. Bazillen waren nicht zugelassen. Um ihnen vorzubeugen, mußte das Hausmädchen zum Bettenmachen weiße Handschuhe tragen.

Schlich sich dennoch einer ein und verursachte beispielsweise Schnupfen, sagte der Generalkonsul alle Einladungen ab und verließ das Zimmer nicht, bis die Störung abgeklungen war. Bazillen aus Dabeiseinwollen an andere weiterzugeben, hätte er als rücksichtslos emp-

funden. Einen der vielen Möpse ja – den konnte man weitergeben, wie es einmal geschehen ist. An den Schah von Persien, ganz entre nous.
Gelegentlich sah ich sie, die Möpse, von Madame mit großem Hut, zierlichem Stöckchen und kleinen Schrittchen Gassi geführt. Oder ihn im taillierten Mantel mit Seidenschal, Homburg, Spazierstock und Diplomatentasche, das gepflegte Bärtchen unter der Nase von einem Lächeln in die Breite gezogen, an einer Haltestelle der Straßenbahn.
»Konsul, Sie hier?« wollte ich sagen, doch da hatte er mein Erstaunen bereits unterlaufen.
»Mon cher ami, es gibt nur zwei Arten, sich fortzubewegen: Trambahn oder Rolls Royce.«
Vierzehn Jahre dauerte das ausgereifte Glück aus Rücksicht, Toleranz und gemeinsamem Gelächter. Galant ließ er Madame auch an der letzten Tür den Vortritt, gab das Haus auf, zog in die Maximilianstraße schräg gegenüber dem Hotel, wo sie auf ihn gewartet hatte. Nun wartete er.
Es wurde stiller um Styler. Wie es um ihn stand, zeigte sich bei einer Bootspartie auf dem Gardasee. Wohlgelaunt und leichtherzig brillierte der Salonlöwe wie gewohnt. Ein Sturm kam auf, die Wellen spielten mit dem Schiff. Schreiend und zu Tode geängstigt klammerten sich die Gäste an feste Gegenstände. Nicht so der Generalkonsul. Im Trenchcoat, den Mantelkragen hochgeschlagen, ein Hermès-Tuch unterm Kinn geknotet, saß er in korrekter Haltung auf dem Achterdeck. Selbst als das Schiff zu kentern drohte, blieb er unbewegt.
Todesangst? Mon Dieu! Damit konnte er sich nicht aufhalten und sagte nur, ganz für sich: »Ysabel, ich komme.«

Seine Zeit war vorbei, doch er mußte noch warten. Elf Jahre nach Madames Abschied fiel er auf der Maximilianstraße um und kam nicht mehr zu Bewußtsein.

Paradiesvögel wie er sind ein Maßstab. Sie gedeihen in fröhlichen Zeiten. Mit Freunden den Freuden zugetan, für sich selbst bescheiden, immer dezent, ein gütiger Pfau, eine Zelle Heiterkeit in der Welt, hatte Münchens Sonnenkönig das, was man Lebensart nennt. Homburg ab vor Herbert Styler.

Geduld und Hoffnung

Bei dem Wort *Jahrgang* denkt man in Friedenszeiten an Wein. Trägt er das Siegel höchster Reife, bester Qualität, spricht man von einem *großen Jahrgang*.
In *großen Zeiten* denkt man bei dem Wort Jahrgang an Soldaten. Hier gelten die Jungen, noch Unausgegorenen, voll unverbrauchter Kraft und Begeisterungsfähigkeit als bestes *Menschenmaterial*, wie es so human heißt. In den *herrlichen Zeiten* Kaiser Wilhelms II. gehörten die 1894 bis 1896 Geborenen zu den *großen Jahrgängen*. Sie hatten gerade die Schule hinter sich, da durften sie, ohne sich mit Gedanken an eine bürgerliche Existenz aufzuhalten, 1914 in den Ersten Weltkrieg ziehen.
Wer durchkam, konnte sich, schon Mitte zwanzig, daran machen, eine zweite Rekrutenzeit zu durchlaufen. Diesmal für sich, im erwählten Beruf, der es ihm gestatten sollte, fast zwanzig Jahre lang ein ziviles Leben zu führen.
1939, in den allerbesten Jahren um die Mitte der Vierzig, mußte er wieder einrücken, nur kurz vermutlich, man sprach von Blitzkrieg, später dann vom Zweiten Weltkrieg. Wer durchkam, konnte als Fünfziger wieder von vorn beginnen.
Von der Schule weg dem Ruf des Vaterlandes gleich zu Anfang folgen zu müssen, blieb auch den Jahrgängen 1919–1921 nicht erspart. Wer durchkam, darf mittlerweile hoffen, daß es bei diesem einen Ruf bleibt. Sollte urplötzlich wieder eine *große Zeit* ausbrechen, sind die

Herren für unmittelbare Arbeit an der Größe bereits zu alt.

Der ganz große Jahrgang aber, der beide Daseinsvarianten, den Ruf des Vaterlandes wie den der bürgerlichen Existenz, bis zur Endlosigkeit miteinander verschmolz, der Jahrhundertjahrgang ist jener mit der – wie könnte es anders sein – geschichtsträchtigen Zahl 1914.

Vom Konkurs des Staates – dem einzigen, der Arbeitsplätze in Fülle schafft – merkten die Neugeborenen noch nichts. Gewiß, ihre Kindheit fiel ernster und magerer aus – aber sie wußten es nicht. Sie lernten das Wort *Not* früher als andere Kinder und übten sich in Bescheidenheit. Zwei weitere Tugenden gesellten sich dazu: Geduld und Hoffnung.

Was für ein Jahrgang! möchte man ausrufen.

Wie die Vierzehner zu derart prächtigen Menschen wurden, mag der Werdegang eines alten Freundes veranschaulichen, der hier als Modell für den überstrapazierten Jahrgang steht:

Gert Hornung heißt er und wollte nach bestandenem Abitur Schauspieler werden. Man schrieb das Jahr 1933. Kein Krieg, keine Allgemeine Wehrpflicht hinderten ihn daran, von der Schulbank weg auf die Bühne zu springen. Auch nicht der überall propagierte Ausbruch einer großen Zeit. Das Veto kam von der Familie. Die war eine sogenannte *Gute* und empfahl dem jungen Mann, vorab einen *ordentlichen* Beruf zu erlernen. Zur Sicherheit, falls die Kunst, das Talent oder die Zeitläufe selbständigen Broterwerb nicht sollten garantieren können.

Freund Gert erblickte in ihrem Ansinnen eine möglicherweise berechtigte Übung in Geduld. Jugendliche folgten damals noch dem Wunsch derer, die ihre Ausbildung finanzieren wollten.

Was geht am schnellsten und bietet die vielseitigsten Möglichkeiten? fragte er sich und wählte, mit dem Hintergedanken, morgens zu studieren, abends als Statist zu agieren, das Studium der Jurisprudenz.
Es ließ sich günstig an. Die Münchner Universität wie auch die Münchner Kammerspiele kannten keinen Numerus clausus. Fünf Semester lang bewältigte der Schlauberger das Doppelrollenspiel zur Zufriedenheit von Eltern, Professoren, Regisseuren und Publikum. Was ihn besonders freute: der Beifall abends war stärker als der am Vormittag.
Im Jahr 1935 wurde Gert für seine erste Hauptrolle verpflichtet. Das Stück war neu und hatte in der Welt Aufsehen erregt. Es hieß ALLGEMEINE WEHRPFLICHT. Ein ungemein ausschließliches Stück. Nebentätigkeiten auf der Universität, an den Kammerspielen, das fröhliche Studentenleben entfielen. In der Rolle eines Infanteristen diente er beim großen Staatstheater lange zwölf Monate.
Drei Wochen vor Schluß – er freute sich schon auf die Rückkehr – wurde sein Vertrag beim Staat aus heiterem Himmel verlängert, für ein neues Stück, ein starkes Stück. Es hieß ZWEIJÄHRIGE DIENSTZEIT.
Die Enttäuschung war groß. Es gab zahlreiche Selbstmorde unter den Kameraden. Freund Gert zeigte Geduld. Aus Intelligenz fügte er sich in das Unvermeidbare und entwickelte das Prinzip Hoffnung. Seine Disziplin wurde belohnt. Im Herbst 1937 durfte er die Truppe verlassen. Mit neuem Kostüm – als Feldwebel der Reserve.
Nun nach zweijähriger Pause das Studium wieder aufzunehmen, entsprach Repriseproben für ein längst vergessenes Stück. Er mußte praktisch wieder von vorn

anfangen. Ein halbes Jahr blieb ihm, um seine Erinnerungen aufzufrischen, dann holte ihn der Staat ohne Vorwarnung zurück. Die Zeit hatte sich »vergrößert«, es galt in Österreich einzumarschieren.
Das Gastspiel dauerte nicht lang. Noch im selben Jahr, Ende 1938, wurde der Feldwebel wieder entlassen. Er durfte sich jetzt Referendar nennen und kurze Zeit später *Herr Doktor*. Das mit den neuen Würden verbundene zweijährige Dasein als Referendar ungestört hinter sich zu bringen, gelang ihm jedoch nicht.
Am 1. August 1939 holte ihn der Staat abermals zurück. *Mobilmachung* hieß das Stück. Die neue Rolle eines Leutnants war da kein Trost, kein Ersatz für nachhaltig gestörtes Zivilleben, nur die normale Folge langjährigen Engagements.
Diesmal sollte Gerts Geduld übermäßig strapaziert werden. In den folgenden sechs Jahren bis zum Mai 1945 fielen im Fronteinsatz weitere Beförderungen an. 1941 die zum Oberleutnant, 1942 die zum Hauptmann. Auch zivil stieg er auf. Zum Assessor, genauer zum Assessor K – für Krieg – eine Regelung der damit verbundenen Bezüge wegen. Hinzu kam schließlich die für das Überleben nachgerade unerläßliche Verwundung, der sogenannte Heimatschuß. In einem Münchner Lazarett bei den Barmherzigen Brüdern hoffte der Blessierte auf langsame Heilung. Kurz vor Schluß gesund zu werden, kam einem Todesurteil gleich.
Gert Hornung beschäftigte sich damals eingehend mit dem Gevatter. Bekannte, die von seiner Liebe zum Theater wußten, planten dem Grauen zum Trotz Hofmannsthals DER TOR UND DER TOD aufzuführen. Wenigstens stundenweise wollten sie die Wirklichkeit vergessen. Gesund genug, um den Tod darzustellen, gleichzeitig

noch ausreichend verwundet, um ihm zu entgehen, willigte er ein. Seine damalige Gemütsverfassung beschrieb er später so:

> Der Gedanke, gerade in diesen Tagen gerade diese Verse sprechen zu dürfen, war so verlockend, war gerade das, wonach man sich sehnte. Wir probten und vergaßen dabei und waren glücklich. Das Kostüm des Todes, den ich spielte, mußte so beschaffen sein, daß ich die Uniform darunter anbehalten konnte, denn noch gab es draußen die Pflicht und man wußte nicht, ob nicht plötzlich die Verzauberung einer sehr harten Wirklichkeit zu weichen hatte. Wir spielten schließlich vor ein paar Zuschauern, einige Stunden vor dem Einmarsch der Amerikaner, als schon Artilleriegeschosse in den Nymphenburger Schloßpark zischten ...

Das war am 24. März 1945, Ort der Handlung: ein Privathaus.
Endlich ging das *Staatstheater* im Endsieg unter. Auf kleinste Aussichten gründeten sich größte Hoffnungen. Man war frei. Das war aber auch alles. Wenn Gert glaubte, nun in dem gründlich vergessenen Beruf Karriere machen zu können – hier hatte er immerhin seinen Doktor – sollte er sich irren. Im Land herrschte ein Zustand, der gar keiner war. Auf Kanzleideutsch hieß er: *Stillstand der Rechtspflege*. Ein weiteres Jahr der Übung in Geduld, mit Studien in Unrecht. Nicht nur auf dem Schwarzen Markt.
Erst 1948 konnte der Jurist ohne Praxis das Unvollendete nachholen. Neun Jahre nach dem ersten Startversuch begann er seine zweite Referendarzeit. Diesmal, wie vorgesehen, für zwei Jahre.

Aber jetzt ...
Nein, noch nicht. Da fehlte noch das Assessorexamen. Es warf den gestandenen Mann und mittlerweile Vater von zwei Kindern auf die Schulbank zurück. Umgeben von Kollegen, die bei gar nicht übermäßiger Frühreife seine Söhne sein konnten, mußte er sich von jungen, mit Lernstoff vollgetankten Professoren schikanieren lassen, über deren Lebenserfahrung und psychologische Urteilskraft er hätte lächeln mögen, wären sie nicht seine Richter gewesen. Von ihrem Unverstand hing seine Zukunft ab – ein bekanntes Motiv. Sie hatten Macht über ihn, waren weiter als er, nur weil sie anderen Jahrgängen angehörten.
Gleich Odysseus raffte Gert Hornung einmal mehr alle erlernten Tugenden zusammen. Er blieb gelassen und wurde Rechtsanwalt – mit gelegentlichen Ausflügen auf die Bühne. Im Freundeskreis. Nach zwei Ausbildungen in größtmöglicher Überlänge ist er gegen Schicksalsvolten immun. Und seien sie noch so aberwitzig.
Gewiß, andere kamen in Kriegsgefangenschaft, wo Geduld und Hoffnung erheblich strapaziert wurden. Das Hin und Her aber, die entmutigende Sisyphos-Arbeit, immer wieder von vorn anfangen zu müssen, ohne weiterzukommen, traf vor allem die Vierzehner.
Ihnen gebührt das Qualitätssiegel *größter Jahrgang des Jahrhunderts*. Überreif, gewissermaßen vom Musketier zum Muskateller, sind diese armen Tröpfe als Tropfen die *Beinah-zu-spät-Lese*.

Aus bester Familie

Nach der Währungsreform tauchten in Geschäften, deren Warenangebot dem wiedererwachenden Bedürfnis nach Komfort entgegenkam – Antiquitäten, Mode, Leder, Glas, Porzellan, Schmuck, modernes Mobiliar – bisher hinter Ladentischen nicht gesichtete Wesen auf. Zu dem aus besseren Tagen herübergeretteten Ausdruck von Stolz und Gehorsam trugen sie das leicht gewellte Haar auf der Seite gescheitelt, dazu vorzugsweise Twin set mit Perlenkette oder lose geschlungenem Seidentuch, Schottenrock und an den gepflegten Händen Bandringe. Sie bewegten sich vorsichtig, aber nicht unnatürlich und mit jenem Lächeln, das überspielen soll, wie ungewohnt die neue Tätigkeit ist, stattdessen aber alles verrät. Ihre sorgfältige Ausbildung war in der veränderten Welt etwa so nützlich wie das Große Latinum beim Schwarzhandel. Manche hatten es.

Wir nannten sie *Generalstöchter*, obwohl es sich auch um junge Offizierswitwen handelte, die hier ohne weitere Vorkenntnisse eine Existenz zu begründen trachteten, um sich und die Ihren durchzubringen. Ahnungslose hinter Ladentischen sind auch heute weit verbreitet. Nur weniger gepflegt und höflich.

In der bayerischen Hauptstadt wimmelte es förmlich von Generalstöchtern. Viele stammten von ostpreußischen, sächsischen, schlesischen Gütern oder sahen jedenfalls so aus. Sie waren als Flüchtlinge und Evakuierte an die

Isar gekommen und dageblieben. Den Grund spiegelt ein Satz, der in ihren Kreisen damals die Runde machte. Lapidar, dabei bundesweit, schildert er die Aussichten, einen Beruf, eine Anstellung zu finden.

In Hamburg mußt du mit jemand verwandt sein;
in Düsseldorf wird gefragt: Hat sie was?
in München heißt's nur: Ist sie nett?

Freundlich-distanziert, wie sie sich gaben, mitunter zum Gähnen konventionell, wie sie waren, fielen sie doch besonders angenehm auf. Man witterte Schicksal hinter der geordneten Fassade und jene Disziplin, die bestach, obwohl sie im Zuge der Demokratisierung als martialisches Relikt ausgemustert wurde.

Bei den Generalstöchtern schien die Zeit stehen geblieben. Noch immer umwehte sie jene vor dem Krieg in gehobenen Kreisen vorherrschende deutschnationale Naivität, jener unreflektierte Gehorsam, die törichte Anständigkeit, die es Hitler so leicht gemacht hatten. Männliche Tugenden aus militärischem Blickwinkel und auch für höhere Töchter verbindlich.

Der junge Mann aus gutem Hause war seinerzeit selbstverständlich Offizier geworden und ohne Murren in den Krieg gezogen. Für sein Vaterland. Zu fragen, wie das aussah, wer die waren, die ihn schickten, verbot ihm der Fahneneid. Man war nicht dafür, aber man tat seine Pflicht, lenkte sich mit dem Gegner ab.

Im Urlaub hatte man sich unter den Töchtern des Landes nach einer Frau umgesehen. Es war zu rasch geheiratet worden, unter dem Druck der Umstände, andererseits wohltuend früh defloriert. Der junge Mann aus gutem Hause war gehalten, »etabliert« zu fallen, eine Witwe

aus bester Familie zu hinterlassen und einen Erben, der den Namen weitertrage.
Da standen sie nun hinterm Ladentisch, mit oder ohne Nachwuchs, ohne Murren, ohne Klagen über die veränderte Welt. Zu fragen, wie es dazu hatte kommen können, kommen müssen, verbot ihnen der Stolz als Besiegte. Damit lenkten sie sich ab. Gab es Engpässe, wurde ein Schmuckstück aus der Familie verkauft.
Mit den Jahren verblich das eingetrichterte Weltbild. Vor dem Foto des als Parzifal in Uniform aus dem Silberrahmen lächelnden Geliebten überlegte manche, ob er wohl in Friedenszeiten oder gar unter heutigen Bedingungen zu ihr gepaßt hätte. Ein Gefühl der Erleichterung kam auf. Es war förderlich gewesen, sich allein behaupten, sein eigenes Geld verdienen zu müssen, statt zeitlebens gnädige Frau zu bleiben, in Tradition gefangen, ohne die Männer kennengelernt zu haben, die jetzt eine Rolle spielten. Ihre Erziehung, für eine andere Zeit gedacht, nahm sich im Geschäft wohltuend aus. Distanziert-höflich, unangestrengt-kultiviert, unaufdringlich gebildet.
Ein Mädchen zum Heiraten! dachte so mancher, der gern sicher geht, und lud es zum Essen ein.
Kühl sagte die Kühle zu, war pünktlich und passend angezogen. Ihr Auftreten bestätigte alle Erwartungen. Schon weil sie zuhörte. Mit der Stimmung kam dann die Wandlung. Beim Nachtisch rückte die Generalstochter zur Gegenwart auf, beim Wein überschritten ihre Ansichten ihre Erziehung. Sie lachte, wo er dachte, sie werde die Augen niederschlagen.
Das ließ auf größere Nähe hoffen. Er versprach ihr, sie auf Händen zu tragen, und sie sagte ihm wohin bitte. Endlich sah er seine Unwiderstehlichkeit bestätigt und kam doch aus dem Staunen nicht mehr heraus.

Ihr Auftreten übertraf alle Erwartungen. Sie konnte die Konvention ablegen wie Kleidung. Unter vier Augen schlüpfte sie aus beidem heraus. Überrascht zögerte der Partner. Aber nicht lange. Mit einer Zielstrebigkeit, die sich keineswegs auf damenhafte Andeutungen beschränkte, eröffnete sie ihm neue Perspektiven.
Nichts Hilfreiches blieb ungeflüstert, nichts Anregendes im Dunkel. Bis alle Wünsche übereinstimmten. Während er ihnen entsprach, ließ sie ihn wohlerzogen glauben, er führe. Und fuhr dann wieder fort.
Ihre Ausdauer reichte bis zum Frühstück. Übergangslos schlüpfte sie in ihre Schalen, in Halter und Haltung, schüttelte das Haar und war wieder ganz das, was sich, wie gesagt, im Geschäft so wohltuend ausnahm.

Die kleine Freiheit

Schuld an allem war Axel von Ambesser. Wir kannten uns seit meinem Engagement an den Münchener Kammerspielen, waren uns in der *Schaubude* begegnet und immer wieder privat.
Axel, der Ältere, stand hoch oben auf der Erfolgsleiter, ich hatte noch festen, das heißt unsicheren Boden unter den Füßen. Gleichwohl gab es Gemeinsamkeiten. Uns verband eine im besten Sinne starke Schwäche für das Leichte, den kabarettistischen Jux bis zur Klamotte. Nur einmal hatten wir zusammen auf der Bühne gestanden: in Max Frischs Requiem Nun singen sie wieder an den Kammerspielen. Zur Freundschaft kam es erst Jahre nach dem Freundschaftsdienst, den Axel mir erwies.
»Da soll ein neues Kabarett aufgemacht werden«, sagte mir jemand, den Namen habe ich schändlicherweise vergessen, »mit Erich Kästner und einer Engländerin, die früher in Berlin gelebt hat, Trude Kolman heißt sie und wohnt im Hotel Bayerischer Hof; sie stellt das Ensemble zusammen. Geh mal hin! Axel hat dich schon empfohlen.«
Gerade *zufallsfrei*, fuhr ich vor, lehnte mein Fahrrad neben die Drehtür und ging dem Fingerzeig des Portiers nach auf eine Dame in der Halle zu. Der Empfang war von mantelpflichtiger Kühle. Sie rauchte, sah sich mit ihren dunklen Mandelaugen ständig nach anderen Menschen um und ließ mich meine Referenzen aufzählen wie eine Hausangestellte, die sich bewirbt.

Ihr Desinteresse bewies Format. Diese Frau mit dem dunkelroten Haar und den schlecht durchbluteten Händen hatte internationales Flair – eine gewisse Garantie gegen Provinzialität. Zumal mit Erich Kästner. Kabarett ist seiner Natur nach Großstadtpflanze.

Ein zuckriges Lächeln brachte Glanz in die dunklen Augen. »Es hat mich gefreut. Sie hören von mir.«

Dessen gar nicht sicher gab ich ihr meine Adresse.

Wir waren zu dritt gewesen. Ihr Mann, als Doktor Egon Goliat vorgestellt, ein hamsterbackiger, vergnügter Posaunenengel, hatte überhaupt nichts gesagt, nur mit faunischem Blick zugehört. Seine Stimme vernahm ich erst Tage später am Telefon. Er bat mich, zu einer Probe in die Elisabethstraße nach Schwabing zu kommen, zu Herbert Weicker, einem Schauspieler von indisch-edlem Gesichtsschnitt, der in einer Wohnung unterm Dach eines herrschaftlichen Hauses das sogenannte *Ateliertheater* mit betrieb: ein Zimmer zu ungefähr sechzig Sitzplätzen, die Bühne niveaugleich mit der ersten Reihe.

Anspruchsvolles wurde hier gespielt, John Steinbeck, Jean-Paul Sartre und meist von Beate von Molo, einer weiteren Ex-Berlinerin, inszeniert. Es handelte sich wohl um ein Vorsprechen. Mit verkleinerter Ausstrahlung trat ich ein. Der erste Blick entspannte mich.

Familientag! Die alte Schaubude schien auferstanden. Erich Kästner, Ursula Herking, Hellmuth und Bum Krüger, Karl Schönböck, der Komponist Edmund Nick. Ich konnte sagen: »Wißt ihr noch . . .?«

Mit der Selbstsicherheit des Sohnes im Hause begrüßte ich die andern: Frau Kolman, Doktor Goliat, zwei junge Schauspielerinnen, Christiane Maybach, ein blondes Monroechen, und Hannelore Schützler, die kesse Dunkle, Jochen Breuer, den Pianisten, Herbert Weicker und

einen drahtigen, älteren Herrn, den Texter Per Schwenzen. Ein zweiter älterer Herr zeigte sich so herzlich, daß er von vornherein zur Familie gehörte, Robert Gilber, Ex-Berliner, Ex-Emigrant, aus den USA zurückgekehrt, Komponist und genialer Reimer. Er sollte später die deutsche Fassung von MY FAIR LADY und andern amerikanischen Musicals schreiben.
Es grünt so grün, wenn Spaniens Blüten blüh'n ...
Frau Kolman verteilte Textblätter, den Eröffnungssong von Erich Kästner mit der Musik Robert Gilberts. Ums Klavier versammelt sangen wir uns ein.

Das Haus ist klein und heißt die Kleine Freiheit
Und unsre Stühle sind ein bißchen hart
Das Haus ist klein und klein ist unsre Freiheit
So ist nun mal die deutsche Gegenwart ...

Mit diesem Song gab Kästner dem Kabarett den Namen *Die Kleine Freiheit*.
Wir sangen uns zusammen. Es wurde viel gealbert und gelacht. Als Ursula Herking – längst ohne Jeep und häkelnden Captain – ein Kästner-Chanson probierte, dabei auf Anhieb den richtigen Ausdruck fand, nahm mich Doktor Goliat beiseite.
»Wir müssen noch Vertrag machen.«
Es war der beste Augenblick. Bei meiner Hochstimmung hätte ich glatt etwas dazugezahlt, um dabei zu sein. Axel von Ambessers Empfehlung befriedigte meinen Drang nach Spielraum über alle Maßen. Ich durfte parodieren, singen, tanzen, Saxophon spielen und eigene Texte beisteuern, sogar ein Chanson für Ursula Herking.
Am 25. Januar 1951 war Premiere.
Der Ex-Berliner Hellmuth Krüger konferierte das von

Trude Kolman straff inszenierte Programm. Unsere Spiellaune und die frechen Texte spannten einen atmosphärischen Bogen von der alten Reichshauptstadt zur neuen, heimlichen Hauptstadt, sie erweckten das ironische Kurfürstendamm-Klima, den provokanten Leichtsinn aus dem Berlin der späten Zwanzigerjahre im Föhngebiet an der Isar zu neuem Leben.
Deswegen von Preußenimport zu sprechen, wäre verfehlt. Das internationale Flair der Remigranten, die Gelassenheit der nach Berufsverbot Rehabilitierten wurden als Laune machende Mischung geschmeckt, spritzig-behaglich, wie Bier mit Champagner.
Übrigens Kästners Lieblingsgetränk.
Von der Kritik sanft gestreichelt, sprach sich das Gebilde aus Pointen, Melodien und nicht vorhandenen Rücklagen beim Publikum herum. Gespielt wurde im Kollektiv. Ursula Herking, Trude Kolman, Karl Schönböck und Bum Krüger zeichneten als Luftschloßbesitzer verantwortlich für die Gagen der Engagierten. Aber leider – trotz ausverkaufter Vorstellungen wurde die Kleine Freiheit immer kleiner. Sie fristete im Ateliertheater ein Untermieterdasein. Beate von Molo hatte uns freundlicherweise Unterschlupf gewährt. Nun inszenierte sie selbst wieder. Die Verträge waren längst geschlossen, der Premierentermin stand bereits fest.
Von Herzen gern hätten wir gesungen: Das Haus ist *mein* und heißt die Kleine Freiheit ...

Da gab es nahe beim Lenbachbrunnen ein Café, wo sich allabendlich mietbare Damen aufwärmten. Eine Treppe führte nach oben. Nicht zu Zimmern, in denen sie Freiern zu Gleichmut hätten verhelfen können, vielmehr zu einer Bar mit Trio, runden Tischen, von

unten beleuchteter Tanzfläche und einer Bühne samt Vorhang.
In diesem Etablissement hatte ich mir das kabarettistische Rüstzeug geholt, das mir jetzt zugute kam. Ein Anruf genügte. Der Pächter, Akademiker unbekannter Fakultät, frohlockte. Die Bühne war gerade zufallsfrei.
Schon träumte ich von längerem Engagement, doch das Kollektiv zog bei meinem Bericht lange Gesichter. Vor Publikum aufzutreten, das konsumierend an Tischen sitzt, passe nicht zum Stil. Gesteigerte Tätigkeit des Verdauungstrakts mindere zudem die Aufmerksamkeit und damit den Erfolg. Man müsse die Tische entfernen, Stuhlreihen bilden, ansteigend, wegen der Sicht, oder verzichten.
An Verzicht dachte man auch in der Küche. Denn sie war warm, bis Mitternacht. Neue Bedenken kamen hinzu. Der Umbau würde nach Auskunft des technischen Direktors der Kammerspiele 2000,– DM kosten. Die wollte niemand riskieren.
Schließlich fanden die beiden Akademiker eine Lösung. Der Pächter machte seinem Koch das abendlich ausverkaufte Haus mit bis dahin unerreichbar gutem Publikum schmackhaft und versprach, die Tanzfläche mit gedeckten Tischen einladend zu umstellen. Doktor Goliat empfahl dem Kollektiv, das benötigte Geld gegen Wechsel zu leihen und die Rückzahlung aus den Abendeinnahmen zu bestreiten – eine reine Rechenaufgabe, wie er sagte. Das leuchtete ein. Wo aber das Geld hernehmen? Im eigenen Bekanntenkreis zu suchen, lehnten die Mitglieder des Kollektivs ab.
Mir ging ob solcher Verzagtheit der Pegasus durch. Wenn ich zum Haus auch das Geld brachte, würde meine Existenz auf lange Zeit gesichert sein. Ich fand

einen gutmütigen Schulfreund und schleppte ihn in den Bayerischen Hof. Frau Kolman lächelte, bis die beiden Scheinebündel in ihrer Handtasche verschwunden waren. Dann sah sie sich wieder nach anderen Leuten um. Ihr Mann übergab den Wechsel dezent im Kuvert. Auch mein Name stand drauf. Als Zeichen der Dankbarkeit hatte man mich ins Kollektiv aufgenommen.
Ich schwebte im Kabaretthimmel. Bis ich meinen Schulfreund wiedertraf, um ihm zu danken. Düster sah er mich an. Unser Dialog war sketchreif.
»Du Vollidiot!«
»Direktor! Wenn ich bitten darf . . .«
»Du bist dran, falls der Wechsel platzt.«
»Wieso ich? Wir haben alle unterschrieben. Das ganze Kollektiv.«
»Ja. Aber du hast ihn quergeschrieben.«
»Ob längs oder quer . . . Sei nicht kleinlich!«
»Sag mal, bist du so dumm?«
»Reg' dich nicht auf. Doktor Goliat kennt sich da besser aus. Er hat gesagt, wenn vorne schon zu viele Namen stehen, darf man auch hinten unterschreiben.«
»Aber doch nicht quer!«
»Fängst du wieder an? Er hat ihn mir so hingelegt.«
»Reingelegt hat er dich. Menschenskind, begreif' endlich! Wer querschreibt, haftet. Mit allem, was er besitzt.«
»Ach – das wird schon klappen.«
»Wollen wir's hoffen. Aber sag dem Kerl: Herr Doktor Goliat, sie haben mich da . . .«
»Du meinst Egon. Wir duzen uns jetzt.«
Als ich Egon sagte, was ich dazugelernt hatte, lachte er schallend. »Probieren wird man's doch dürfen?«

Der finanzielle Drahtseilakt glückte. Erfolg hielt die

Balance zwischen Wollen und Können. Der ansteigende Zuschauerraum wurde verwirklicht, rechtzeitig bekam mein Schulfreund sein Geld zurück. Im Kollektiv aber kriselte es. Wegen Geld.
Bum Krüger war im neuen Programm nicht mehr dabei. Für ihn wechselte Publikumsliebling Ulrich Beiger von der *Kleinen Komödie* zur *Kleinen Freiheit*. Gisela Fackeldey von der alten Schaubude und Rainer Penkert, Eva Andres und Karl Schönböcks erste Frau, Herta Saal, machten das Ensemble bunter, vielseitiger. Auch ein neuer Autor stieß zur Truppe, Martin Morlock. Unter seinem bürgerlichen Namen Günther Goerke und mit seinem Gardemaß zum Nachwuchs-Filmbeau ausersehen, hatte er den Schreibtisch vorgezogen und wurde neben der literarischen Vaterfigur Erich Kästner zum stilprägenden Texter.
Während ein Programm lief, trafen sich die Autoren jede Woche einmal, um das nächste vorzubereiten. Wie bei der jungen Gruppe 47 lasen wir einander Texte vor, die umgehend kritisiert wurden. Die Konferenzen fanden jeweils um 15 Uhr in Kästners Wohnung in der Fuchsstraße statt. Der Meister, gerade dem Bett entstiegen, saß im Bademantel, von seinen Angorakatzen umspielt, noch unrasiert am Tisch und frühstückte uns vor. Dem Kaffee folgten Bier und Zigaretten.
Wir, das waren Robert Gilbert, Per Schwenzen, Martin Morlock, Trude Kolman und ich bildeten auf der Eckbank sein Vis-à-vis und tasteten uns, mit Getränken nach freier Wahl versorgt, in lockerer Laune, mit ironischen Anmerkungen nicht geizend, an die Themen für neue Szenen heran. Mitunter gingen wir hochgestimmt ohne greifbare Ergebnisse auseinander. Dann klagte die Regisseurin über verlorene, weil veralberte Zeit. Verständlich aus ihrer Sicht. Wir aber nahmen die Stimmung

mit nach Hause. Dort fiel uns dann doch etwas ein.
Trude Kolmans Traum, einmal mit fertigem Programm in die Proben zu gehen, wurde nie erfüllt. Manche Autoren brauchen Zeitdruck, um fruchtbar zu werden.
Prominentester Nachhinker war Erich Kästner selbst. Die Kleine Freiheit bildete nicht den Mittelpunkt seines Schaffens. Einmal erschien er auf der letzten Probe in der Nacht vor der Premiere mit sieben conférenceartigen Texten, die einen Block von Szenen gliederten.
»Lernen kann ich das nicht mehr«, sagte ich ihm. Das werden bestenfalls Kästner-Gedanken mit eigenen Beilagen.«
Nach dem Schlußvorhang kam er in die Garderobe und meinte: »Ich fand unser Duett sehr vergnüglich.«
Oft mußte ich in meiner Eigenschaft als radelnder Direktor morgens vor der Probe bei ihm klingeln, um einen Chansontext endlich abzuholen. Obwohl es um neun für ihn erst vier Uhr war, stand er auf, las das säuberlich getippte Manuskript noch einmal durch, fügte ein Satzzeichen ein, ehe er's mir gab, oder rief mich aus dem Treppenhaus noch einmal zurück, um mit kurzem Bleistift in langer Rohrhülse ein letztes Wort zu ändern. Er war sehr genau, denn er war ein Dichter.
Unsere Autorensitzungen endeten stets gegen fünf. Danach beendete Kästner sein Lever. Mit Homburg und eingerolltem Schirm fuhr er im Taxi zum Café Leopold. Dort, in seinem Büro, wie er sagte, diktierte er seiner Sekretärin und erledigte die Post. Am frühen Abend schrieb er zu Hause, aß eine Kleinigkeit, bevor er wieder ins Taxi stieg, seine Runde durch die Lokale begann. Alle Chauffeure kannten ihn. Er hat nie einen eigenen Wagen besessen.
Nach der Vorstellung traf ich ihn wieder. Im Konzentrat von Stimmen, Rauch und Musik, allein bei Bier mit

Champagner und einem Zettel voller Notizen vor sich auf dem Tisch. Er nickte mir zu, ich ließ ihn bei seinen Gedanken. Plötzlich war er dann verschwunden, ins nächste Lokal gefahren. Seine Phantasie brauchte die Nacht und die Öffentlichkeit. Unter Menschen fiel ihm am meisten ein. Für Erwachsene und für Kinder.

Bei anhaltendem Erfolg entwuchs die Kleine Freiheit dem Etagendasein. Um alle Wünsche nach Karten erfüllen zu können, bevor das Publikum resignierte, brauchten wir schleunigst ein größeres Haus. Es fand sich in bester Lage: Maximilianstraße gegenüber der Staatsoper. Diesmal nicht über, sondern unter einem Café.
Weil der Umbau mit erheblichen Kosten verbunden sein würde und ich als Querschreiber nicht mehr zur Verfügung stand, beschlossen wir, doppelt zu verdienen. Da kam die Einladung zu den Berliner Theaterfestspielen gerade recht. Während wir auf Tournée gingen, sollte ein zweites Ensemble das alte Haus bespielen.
Ein Filmname fand sich – Ursula Grabley. Dazu kamen Renate Mannhard, auch in späteren Programmen dabei, Selma Urfer, Peter W. Staub, ein umwerfender Schweizer Komiker, der lange bei uns bleiben sollte, Jaspar von Oertzen, Klaus Poppitz und Dieter von der Recke.
Wieder kriselte es im Kollektiv. Diesmal bei Ursula Herking. Ein neuer Mann an ihrer Seite forderte plötzlich doppelte Gage. Andernfalls lasse er Ursula nicht auftreten. Sie wartete vor dem Theater im Wagen. Die Relation zwischen Etat und Anzahl der Sitzplätze wollte der Mann, obwohl Rechtsanwalt, nicht einsehen. Hundertprozentig in allem, was sie tat, vertraute ihm Ursula und schied auf seinen Wunsch aus.
Für die Tournée engagierten wir Herta Worell, ersetzten

die auf München zugeschnittenen Nummern durch andere. Ein Gastspielunternehmer vermittelte Auftritte in Stuttgart, Frankfurt, Darmstadt, Köln, Bonn und Marburg. Das Haus in Berlin stand bereits fest: die Schaubühne am Lehniner Platz.

Noch ein Neuer von der alten Schaubude kam zur Kleinen Freiheit: Fritz Walter. Er besaß alle Talente, die ein Theater braucht und wurde in kürzester Zeit als Darsteller, Abendregisseur, Organisator, Improvisator und Problemüberwinder zum unersetzlichen Faktotum, zur Seele des Unternehmens. Später hatten wir – ach – zwei Seelen. Werner Preuss hieß die zweite und bewies ihr Theaterblut vor allem um die Mittagszeit. Wer so gut weiß, was getan werden muß, daß er darüber das Essen vergißt, gehört dazu.

Mit einem Privatwagen und einem gemieteten Kleinbus rollten wir aus Bayern ins Abenteuer. In München an ausverkaufte Vorstellungen gewöhnt, wunderten wir uns schon im Frankfurter *Theater Am Zoo* über mangelhaften Besuch. Man kannte die junge Kleine Freiheit noch nicht überall. Auch sahen wir nur wenige Plakate. Und noch weniger Gage. Sie kam erst später.

Was bleibt im Gedächtnis bei diesem Spiel als Beruf?

Erfolge vergilben wie Kritiken, die sie festhalten wollen. Unverlierbar aber, dem tausendmal gesprochenen Text vergleichbar, sind die Pannen, die Beinah-Katastrophen, an denen man gescheitert wäre, hätte man sie vorausgeahnt. Hinzu kommt die pubertäre Freude an Heimlichkeiten, die sich in diesem Metier als Jungbrunnen erweist. Man altert, ohne erwachsen zu werden, man siegt mit heimlichem Gekicher. Die wahrhaft beglückenden Pannen geschehen während der Vorstel-

lung. Der Zuschauer ist immer der Lehrer, der nicht ahnt, was sich da vor seinen Augen abspielt.
Nach Jahren, nach Jahrzehnten genügt, wenn sich ehemalige Kollegen treffen, ein Stücktitel, ein Ortsname und alles ist wieder greifbar.
Bei uns zum Beispiel: *Köln!*
Wir traten dort in einem Kino auf. Das bedeutete: breite Bühne, ohne Tiefe. Zwei Meter hinter dem Vorhang war die Leinwand gespannt, dahinter, unverrückbar vor der Betonmauer, die Batterie der Lautsprecher. Keine Tür, kein Durchlaß an der Seite, um ungesehen auf die Bühne zu gelangen. Auch kein Schaltpult für das Licht. Die gesamte Scheinwerferanlage befand sich hinter schwerem Beton am anderen Ende, im Raum des Operateurs. Durch dicke, feuerfeste Glafenster getrennt, konnte der Vorführer zwar sehen, was im Saal vor sich geht, hören aber konnte er nichts. Ein kleiner Kontrollautsprecher für den Filmton, mehr gab's da nicht. Zwar ließ sich ein Mikrophon auf der Bühne dazuschalten, doch dann hätten wir dahinter stehenbleiben müssen, statt uns frei zu bewegen, wie's die Szenen erforderten. Auch Vorhang und Beleuchtung konnten nur aus dem Vorführraum betätigt werden.
Wie sollten wir diese technische Festung erobern? Wie dem Filmvorführer klarmachen, wann er das Licht der jeweiligen Stimmung anzupassen, ein- oder auszuschalten habe? Wie und von wo die Bühne erklettern? Wohin mit Stühlen, Tischen, Requisiten? In welcher Ecke sekundenschnelle Kostümwechsel vornehmen?
Problemüberwinder Fritz Walter, kurz *Pinkus* genannt, gab sich gelassen. Bei den Städtischen Bühnen besorgte er eine spanische Wand, zwei Garderobenständer, eine kleine Treppe, eine Handlampe und gut zweihundert

Meter Stromkabel. Nach längerer Unterredung mit dem Vorführer bat er uns zu einer technischen Probe. Seltsamerweise auf den Parkplatz neben dem Kino. Aus dem vordersten Notausgang lief das Kabel an der Hauswand entlang über die Feuerleiter hinauf zum Vorführraum. Noch ohne klare Vorstellung, was es damit auf sich haben könnte, betraten wir durch den ersten Notausgang das Kino. Die spanische Wand verdeckte den Blick auf die Zuschauerreihen. An den Garderobeständern hingen die Kostüme, nach Geschlechtern getrennt, Dekorationsstücke und Requisiten standen bereit, der Stecker am Kabelende steckte in einer Steckdose.

»Ihr müßt von vorn auftreten!« verkündete Pinkus. »Probiert's erst mal bei Licht.«

Wir traten hinter der spanischen Wand vor und gingen zwischen Vorhang und erster Sitzreihe über die kleine Treppe auf die Bühne. Nach einigen Gängen hin und her faßte Pinkus den Stecker in der Dose.

»So und jetzt im Dunkeln.«

Er zog, das Licht ging aus. Anfangs zaghaft, dann sicherer wiederholten wir Auftritte und Abgänge.

»Striese hätte seine Freude!« alberte Schampi, des Königs der Schmiere gedenkend.

Scheinwerfer flammten wieder auf und erhellten die Bühne, das Licht wurde gedämpft, dann wieder heller, der Vorhang schloß und öffnete sich.

»Klappt ja prima«, meinte Pinkus. »Und alles mit dem einen Stecker.«

Wie sich herausstellte, hatte er mit dem Vorführer Lichtzeichen für sämtliche vorkommenden Beleuchtungssituationen abgesprochen.

»Und wo ist das Klavier?« fragte Kompo- und Pianist Jochen Breuer. Schon wurde es gebracht. Von den

Städtischen Bühnen. Nur der Tournéeveranstalter ward nicht gesehen.
Zuerst füllte sich der Parkplatz, dann der Zuschauerraum. Bis auf den letzten Klappsitz. Die Pinkus-Lichtspiele an der Steckdose begannen. Langsam zog der Vorführer droben das Saallicht ein, im Dunkel schlichen wir auf die Bühne hinter den noch geschlossenen Vorhang, der sich alsbald öffnete.
Längst an stets wechselnde Bedingungen gewöhnt, strahlten wir unbekümmert ins gleißende Scheinwerferlicht, ließen dem Spieltrieb die Zügel, improvisierten aus dem Augenblick. Mitten im Text verständigten wir uns durch heimliches Zuraunen nach Art von Bauchrednern. Szene folgte auf Szene ohne Verzögerung, alle Umzüge klappten, ob mit oder ohne Licht, wie auch der Wechsel von Kopfbedeckungen, Perücken, das Ankleben von Bärten. Niemand stolperte im Dunkeln oder verirrte sich bei raschem Abgang in die erste Reihe.
Der Beifall zur Pause wärmte.
Doch dann geschah es. Erich Kästners Ensemblenummer DIE ACHARNER, eine Zeitkritik in altgriechischem Kleid, brachte kaum Spielspaß. Mythologisch statt kabarettistisch verpackt, blieb sie für uns, auch von Kostüm und Regie her, ein Bildungsungeheuer. In hemdartigen, schwarz-weiß gewürfelten Gewändern mußten wir uns wie mechanische Puppen bewegen, dabei ausdruckslos letzte Dinge verkünden. Zudem war das sperrige Spiel mit aufwendigen Umbauten verbunden. Eine Seherin beispielsweise thronte auf einer Schiedsrichterleiter, wie man sie von Tennisplätzen her kennt.
Um die genau festgelegten Standplätze zu treffen, bewegten Schampi und ich uns im Dunkeln auf den Knien. Kollegen brachten die Stücke und huschten wie-

der davon, um die nächsten zu holen. Wir hatten uns alle Abstände bei Licht eingeprägt und maßen sie mit dem Unterarm nach.

Als sich hinter der Spanischen Wand niemand mehr in Flüsternähe befand, wähnte Pinkus alle auf ihren Plätzen.

Es konnte losgehen.

Wie ein plötzliches Orchestertutti in fortissimo brandete das volle Licht gegen die Bühne, auf der zwei Männer in gewürfelten Hemden kniend Möbel rückten, während andere, ähnlich gewandet, teils mit, teils ohne Last, wie geblendetes Wild auf ihrem Weg innehielten, ehe sie hinter die Spanische Wand flohen.

Zuschauer lachten – eine begreifliche Reaktion. Doch was sollten wir tun? Auf der Leiter fehlte die Seherin. Noch immer kniend, sahen Schampi und ich uns an. Würden die andern kommen, wenn wir einfach anfingen? Wie fing es überhaupt an? Mit uns beiden jedenfalls nicht.

Da etwas geschehen mußte, erklärten wir dem Publikum, es handle sich hier um die Uraufführung einer Panne.

Das freute die Leute und wir gaben ihnen recht. Ihr Beifall verrate Geschmack. Er richte sich gegen jene leidige Kunstmode, die da versuche, mit Kostümwechsel und Verwandlung der Darsteller vor den Augen des Publikums Illusionen zu zerstören und aus den Trümmern so etwas wie eine unterkühlte Gemeinschaftsatmosphäre zu basteln.

Auch das freute die Leute. Wir baten die Kollegen hinter der Spanischen Wand, auf die Bühne zu kommen und schlossen, nachdem sie ihre Puppenposen eingenommen hatten, mit dem Hinweis: »Jetzt fangen wir an.«

Die Musik setzte ein, und wie seinerzeit beim alten Striese, wo sie nach mißglücktem ersten Akt vom RAUB DER SABINERINNEN einfach mit HASEMANNS TÖCHTER fortfuhren, wurden DIE ACHARNER an diesem Abend ein ausgesprochener Lacherfolg.

Die *Kleine Freiheit* war ein politisches Kabarett. Nicht nur. Sie verstand sich als Lachventil für Zeiterscheinungen aller Art, verrutschte nicht zum weltanschaulichen Tribunal. Keines der Mitglieder war durch Partei- oder Gesangbuch in seiner freien Meinung behindert. Niemand disqualifizierte mit ungefilterten Anliegen oder Fanatismus sich selbst. Abgesehen von einigen eratischen Böcken, die frontal ohne Komik erlegt wurden, zielten wir aus dem Blickwinkel ironischer, beziehungsweise erotischer Distanz, begnügten uns damit, festzustellen, ohne den Wahnanspruch, das Land mit unserem Spielzeugschäufelchen umzugraben. Wir blieben Snobs, auf Spaß mit Grazie bedacht.
Die Themen lagen, wo sie immer liegen – auf der Straße. In diesen Jahren der Wende zum Wunder gab nicht nur der wirtschaftliche Aufschwung Anlaß, sich zu wundern. Vor allem die Restauration überwunden geglaubter Vorstellungen erwies sich neben Schildbürgerstreichen und schon wieder verpaßten Chancen als zuverlässiger Zündstofflieferant.
Wir beschmutzten das Nest, damit es sauber bleibe.
Wiederbewaffnung, Ruhe und Ordnung, schlagende Studentenverbindungen, weiße Westen mit braunen Flecken, Korruption, Rüstungsaufträge, prügelnde Lehrer und verwandte Ertüchtigungsmaßnahmen, NS-Richterkumpanei und andere alte Kameraden nahmen wir uns vor. Aber auch das Kulturleben, der deutsche Film,

Fürstenhochzeiten, Föhn, Kohle und Stahl, Schickeria, olympischer Chauvinismus, die Schlafzimmerlage der Nation, Werbungsschwachsinn, Zugereiste und andere Gastarbeiter, Humorbeamte im Fasching, die deutsche Kolonie Tessin, Modeschauen, Festspiele, Antiquitätenmessen, der Siegeszug der Mittelmäßigkeit und nicht zuletzt Soraya, die Kaiserin der Regenbogenpresse, boten reichlich Reibungsflächen, um Gelächter zu erzeugen.

Nicht immer zur Freude aller. Da verließen zwei nordische Blondschöpfe in schwarzen Ledermänteln – noch immer Erkennungszeichen für gar nicht so ehemalige Angehörige der Waffen-SS – das Theater während der Pause und drohten: »Wir kommen wieder. Dann schlagen wir den Laden zusammen!«

Für uns ein Höhepunkt an Wirkung. Auch wenn sie ihr Versprechen nicht hielten. Sachschäden waren nach dem vorangegangenen Totalschaden für diese Generation kein einleuchtendes Mittel mehr.

Kabarettisten sind ihrer Natur nach Vorbilder für gewaltlosen Widerstand. Darauf beruhte zu einem guten Teil unser andauernder Erfolg. Die Regie verfolgte zumeist ernstere Absichten. Bei allem Qualitätsgefühl hatte Trude Kolman – wohl aus dem Berlin der Zwanzigerjahre herrührend – eine Vorliebe für allerlei seltsame Schrittchen, die bei uns weniger tänzerisch als gekünstelt wirkten. Trotz oder gerade wegen der Musikuntermalung.

Auf den Proben wehrten wir uns mit Albernheiten gegen solch pedale Vergewaltigung. Sofort pfiff Trude ab. Mit ihrer Trillerpfeife, nach der wir tanzen sollten. Ein unwürdiges Requisit, von dem sie behauptete, es schone ihre Stimme. Unabgesprochen zum Widerstand entschlossen, alberten wir weiter, entschuldigten uns nach dem nächsten Pfiff und bedauerten. Unsere Beine seien noch nicht textsicher; ob sie die Schrittchen nicht vereinfachen könne.

Doch die naturalisierte Lady blieb eisern. Wir ebenso. Wir stolperten, hielten uns aneinander fest und lachten laut. Nicht ohne uns wieder zu entschuldigen. Es sei nun einmal sehr komisch. Neue Versuche ließen wir scheitern. Bis sie schließlich die ungeheuerliche Drohung aussprach: »Wenn ihr nicht brav seid, nehme ich euch die Synkopen weg!«

Vor diesem fundamentalen Musikverständnis kapitulierten wir und hüpften fortan wunschgemäß. Entzückt lobte sie unseren guten Willen, nicht ahnend, was sich dahinter verbarg. Denn während unsere Beine ihrer Regie folgten, überlegten unsere Köpfe: Was machen wir stattdessen in der Premiere?

Wir fanden eine Lösung. Jedesmal. Eine bessere, lustigere. Trude blinzelte während der Premiere durch den hinteren Vorhang, der Zugluft aus dem Foyer abhielt. Vom Beifall des Publikums abgelenkt, übersah sie unser karges Beinspiel und freute sich ihrer gelungenen Inszenierung.

»Ihr wart sehr präzis!« lobte sie am Schluß in der Garderobe. »Und jetzt bitte jeden Abend genau so wie die Premiere.«

Wir nickten gemessen. Während der Laufzeit eines Programms kam sie regelmäßig, um zu kontrollieren. Bewegte sich der rote Plüschverschluß im Hintergrund, warnten wir einander auf offener Szene.

»Trude ist am Vorhang – Sparfassung!«

Mit gebremstem Spaß am Spiel machten wir weiter. Bis sich hinten nichts mehr bewegte. Auf das Programm

wirkte sich der tägliche Kleinkrieg vorteilhaft aus. Ohne unsere Spielfreude wären die Inszenierungen blasser ausgefallen – ohne Trudes Strenge hätten wir hemmungslos übertrieben.
Publikum ist ja zunächst eine ungeordnete Ansammlung von Stimmungen, Ansichten, Absichten und Sorgen bei unterschiedlichem Befinden. Diese Masse muß im Kabarett, wo nicht *vierte Wand*, sondern *hinunter* gespielt wird, durchgewalkt und zentriert werden. Je schneller, desto besser. Die oft sehr kurzen Szenen lassen wenig Zeit. Man muß sofort *da* sein. Um das zu erreichen, fahren die Darsteller ihre Antennen aus, reagieren auf feinste Schwingungen und richten danach instinktiv ihr Spiel. Scheinbar ganz bei der Sache, um die's gerade geht, steuern sie ihre Wirkung wie ein Mädchen, das gefallen will. Die Besten, mit großem Reservoir an Erfahrung und komödiantischen Mitteln, sind wahre Ausstrahlungsathleten. Noch bevor ein Wort gesagt ist, halten sie die Zuschauer in ihrem Bann.
Einer stand jeden Abend am hinteren Vorhang. Ein dunkler, höflicher und überaus begeisterungsfähiger junger Mann mit Brille. Gespannt verfolgte er die Entwicklung von Pointen, lachte mit dem Publikum, als wären sie auch für ihn neu und wich erst von der Stelle, nachdem der letzte Beifall verebbt war – unser Platzanweiser.
Tagsüber Student, schien er der Kleinkunst verfallen. Sein Engagement überstieg die Pflichten, für die er engagiert war, bei weitem. Intelligent und umsichtig machte er sich überall nützlich, tat immer das, was gerade nötig war. Genau genommen studierte er Kabarett – gewissermaßen im Trockenkurs. Sein Name war Dieter Hildebrandt.

Fehlte er einmal, so hatte das politische Gründe. Er hielt bei den Heimatvertriebenen einen Vortrag. An diesen Abenden sprang ein anderer, nicht minder Besessener für ihn ein. Dieser Ersatzmann, blond und rundlicher von Gestalt, war schon beim Theater, Regieassistent von Hans Schweikart an den Kammerspielen und sollte zum Generalintendanten aufsteigen – August Everding.
Er hat in der Kleinen Freiheit auch gespielt – den Urlaubsvertreter – und sagt über diese Zeit:

> Immer wenn Frau Kolman im Sommer Gastspiele brachte, vor allem Kabarett, fiel Hildebrand als Kartenabreißer aus und übergab diesen Dienst dann mir – für 4,– DM pro Abend. Ich habe jede Aufführung gesehen und vor allem viel über *Timing* gelernt. Damals hat uns abends immer Gunnar Möller in sein Haus eingeladen – er war schon ein Star seit dem Film ICH DENKE OFT AN PIROSCHKA – und wir alle freuten uns, dort zu sein.
> Frau Kolman hat immer gerne darauf hingewiesen, daß so meine theatralische Karriere begonnen hat. Damals ahnte ich es noch nicht. Das einnehmende Wesen habe ich behalten, hoffentlich auch die Präzision des Kabaretts. Eines weiß ich immer noch: alle Kabarett-Texte waren bissiger, griffiger als heute. Es ging ein Raunen durchs Publikum, wenn ein besonders an-griffiger Text formuliert wurde. In unseren Knochen war noch ein Rest von einer »*Ja darf man das denn*«-Stimmung.
> Dies war die Zeit des Aufbruchs. Man brach wirklich auf. Es war keine unfröhliche Zeit, aber das Kabarett vermochte unser Lächeln zum Gerinnen zu bringen. Wir waren manchmal nach der Aufführung wirklich zu

einem Aufbruch entschlossen – und waren doch nur in einem Kabarett-Keller gewesen. Damals war Kabarett noch nicht etabliert.

Mit dem sündteuren Herausbrechen eines Pfeilers im neuen Haus an der Maximilianstraße kam der Durchbruch. Unsere Programme waren in München Tagesgespräch. Die Schickeria zitierte aus den Kritiken. *Man* ging in die Kleine Freiheit. Und wollte danach nicht nach Hause, sondern weiterlachen mit dem Ensemble, das man auch privat für ungemein witzig hielt.
In Helen Vita, der Schweizerin mit dem Zeitlupensex, in dem dreistäugigen Luxusgeschöpf Eva-Maria Meineke und später in Monika Greving von der ehemaligen Schaubude hatten wir attraktive Aktricen. Auch Gertrud Kückelmann, die rothaarige Lady Sybille von Gymnich und die Schwabinger Femme fatale Inge Scheck spielten bei uns. Der Kostümaufwand gewann großstädtischen Chic.
Männliche Zuschauer beneideten die männlichen Darsteller, die diesen Damen allabendlich hautnah sein durften. Als Inge Schecks schulterweit ausgeschnittene Bluse einmal unter den Busen rutschte und sie – mit Requisiten in beiden Händen – seelenruhig weiterspielte, im damaligen Restaurationsklima eine doppelte Sensation, mutmaßte man, die Bühnenbeleuchtung werde vom knisternden Eros in den Garderoben gespeist.
Gewiß, in diesem Dorado aus Unterwäsche knisterte es tatsächlich. Doch die Ursache fand sich vor allem im Kopf: der nächste Text. Wenn wir einander beim Umziehen halfen, griff man zu. Und hatte nur einen Gedanken dabei – daß es eilte.
Gut hundertmal habe ich ein Korsett zugehakt, bis ich

sah, was ich da verpackte, habe aus Kleidern geholfen, ohne an der Konzentration Schaden zu nehmen. Es gab auch Zärtlichkeiten, beruhigendes Streicheln, Umarmungen, Küsse hinter den Kulissen, Intimitäten als Stellprobe sozusagen, denn erst auf der Bühne entfalteten sie ihr voll vibrierendes Bouquet. Danach herrschte wieder familiäres Desinteresse mit kleinen Freiheiten.
Der wie gesagt sündteure Umbau des neuen Hauses beschädigte meine Jungfräulichkeit in finanziellen Dingen nicht. Er flatterte im allgemeinen Aufwind mit. Es war eine gute Zeit für Wagnisse. Alle wagten. Doch ohne Gönner hätten wir's nicht geschafft. Rundfunkintendant Rudolf von Scholz und Unterhaltungschef Rolf Didczuhn schossen uns Honorare vor. Der Süddeutsche Verlag, der Münchner Merkur, Siemens & Halske, Lodenfrey, Mix & Genest und noch ein Dutzend Firmen halfen mit Geld- beziehungsweise Sachspenden beim Deichbau gegen die Flutwelle von Rechnungen, die unser Nestbeschmutzernest wegzuschwemmen drohte. Ohne Egon Goliat als Deichgraf hätten wir *Kabarett unter* melden müssen. Ich bewunderte ihn! Wie er Bezahlungen voreilig zugestellter Rechnungen durch Nachbestellung von Kleinigkeiten, die zu beschaffen einige Zeit dauern würde, mit dem Satz »Wir zahlen dann alles zusammen!« hinausschob! Wie er Rechnungen an die falsche Hausnummer, etwa 43 statt 44, mit dem Vermerk *hier nicht bekannt* zurückschickte, um ein paar Tage zu gewinnen, oder Fehler erfand, über die man sich noch einmal in Ruhe unterhalten sollte, sobald man Zeit habe. Und wie er immer rechtzeitig vor Gläubigern um die nächste Straßenecke *verreiste* – alles war finanzkabarettistisch bravourös.
Unbezahlbare und, bei Gott, unbezahlte Hilfe leistete

auch unsere Bürovorsteherin Centa Ostermeier, ehedem Sekretärin von Otto Falkenberg an den Kammerspielen. An diesem ungemein rundlichen, unangreifbar freundlichen Prellbock zerschellten wütende Gläubiger rudelweise. Centa war infam positiv. Sie appellierte an das kulturelle Gewissen, das jeder zu haben habe.

Eine *Bausteinaktion* hatte sie ersonnen, bei der man, ob Zuschauer oder Lieferant, mit einer Spende von fünf Mark an aufwärts einen Baustein der Kleinen Freiheit erwerben und sich damit in die *Gesellschaft der Freunde des literarischen Kabaretts* einkaufen konnte. Dafür bekam man freien Eintritt zur ersten, öffentlichen Vorstellung des nächsten Programms – sprich Generalprobe –, Einladungen zu den Cocktailparties des Theaters – damals ein zu viel versprechendes Neuwort – und der Name kam auf eine im Foyer aufgehängte Ehrenliste, die alphabetisch mit *Hans Albers* anfing. Da standen sie, gleichsam untergehakt, verewigt: Wer wer war und wer wer werden wollte.

Die Staatsoper hat sich später mit einer ähnlichen Idee einen Teil ihrer Bestuhlung verschafft. Kleine Namensschilder erinnern an den Stifter.

Dank Egons Jongleurkünsten und Centas Bausteinmauer hielt der Deich. Unter der Last zusätzlicher Sozialabgaben wäre er wohl zusammengebrochen. Wir ließen sie einfach weg.

Theater in Finanznöten zählen zum festen Bestand bürgerlicher Vorstellungen. Wie lustig das Leben mit bescheidenen Mitteln sein kann, zählt für sie nicht und mag allenfalls der älteren Generation erinnerlich sein.

Im künstlerischen Beruf von seiner Tätigkeit gerade so leben zu können, war damals Erfolg genug. Die Freu-

de an der Sache mußte stimmen. Erst später wurde sie durch die sogenannten *Kohlen* ersetzt.
Weil sich unsere Freude ansteckend mitteilte, rissen sich immer mehr Schauspieler um Engagements bei der Kleinen Freiheit. Auch ohne Sozialabgaben.
Noch gab es unter Künstlern den Snobismus der Unbekümmertheit. Für sein Alter traf man selbstverständlich keine Vorsorge. Zyniker brüsteten sich mit Rücklagen an Veronal; Belesene ließen den vieldiskutierten spanischen Philosophen Ortega Y Gasset für sich sprechen: *Die Sicherheit tötet das Leben.*
Irgendwie würde es schon gehen.
Gewiß trat Bruni Löbel einmal in der Kleinen Freiheit vor den Vorhang, um wegen noch ausstehender Gage zu protestieren. Mild schüttelten wir die Köpfe. Sie kam zurück, ihre Zornesfalten glätteten sich und sie spielte ihre Rollen mit gewohntem Elan. Auf den Gedanken, uns zu Solidarität aufzurufen, zum Streik anzustifen, wäre sie nie gekommen. Ein echtes Zirkuspferd mag einmal schnauben, aber es trabt dann doch.
Das Sein im Augenblick ging allen über das Haben für später.
Weder Hans Nielsen, Bobby Todd, Franz Muxeneder, Elisabeth Scherer, Alois M. Giani, Charlotte Kerr, Karl Lieffen, Horst Hächler, Charlotte Witthauer, Peter Tim Schaufuss, Hilde Classen, noch der vom Krieg zum Kabarett versprengte Ufa-Nachwuchsliebhaber John Pauls-Harding forderten ein Ende der Bescheidenheit.
Mein Versagen als Direktor soll damit nicht beschönigt werden. Oft genug hat mir Centa Ostermeier ins Gewissen geredet, ich müsse darauf dringen, daß Sozialabgaben bezahlt werden, auch im eigenen Interesse.
»Jaja«, sagte ich jedesmal und dachte: Was hat sie nur

mit dem Fremdwort? Allzu gründliche Beschäftigung mit Geld fand ich vulgär. Daran hat sich nichts geändert. Wir liebten die leichte Gangart. Es war schön, Kabarettist zu sein, am späten Vormittag, wenn alte Freunde längst vom Ernst des Lebens an Arbeitsplätzen festgehalten wurden, durch die Stadt zu promenieren, in Geschäften Autogramme zu geben und Rabatte zu bekommen, in Restaurants erkannt und bevorzugt betreut zu werden. Dabei sich huldvoll anzuhören, wie gut man wieder gewesen sei, erfrischte. Auch wenn das angesprochene Ereignis Jahre zurücklag. Wer einmal kräftig in der Presse gelobt wurde, darf lange versagen.
Mit seinem Auto genau dort vorzufahren, wo man hinwollte, bedeutete zusätzliche kleine Freiheit. Da fand man's auch nicht beschwerlich, nach der Vorstellung eine mit Lippenstift auf die Windschutzscheibe geschriebene Telefonnummer mittels benzingetränktem Lappen wegzuwischen, bevor man als später Gast auf einer Einladung den nächsten Auftritt hatte.
Weil wir jeden Abend spielten, gab's reguläres Abendessen für uns nur zweimal im Jahr: Karfreitag und Heiligabend. Einladungen als unbezahlte Stimmungsmannequins dafür um so mehr. Man bemerkte die Absicht und verabschiedete sich rasch. Es sei denn, eine neue Bekanntschaft entwickelte Magnetismus, und der Alleinunterhalter unterhielt sich allein mit ihr.
Spaß hatten wir in den Vorstellungen genug. Insbesondere an privaten Improvisationen, die sich thematisch mit unseren Rollen vereinbaren ließen. Gut getarnte Frotzeleien auf offener Szene pointiert zu beantworten, bereitete uns schulbubenhaftes Vergnügen.
In einer Parodie auf Schillers berühmte Kapuzinerpredigt reimten sich zwei Dialogsätze.

Fragt der eine: Und was sagt der Russ'?
Antwortet der andere: Red er keinen Stuß!
Hinterhältig kam eines Abends die Frage: Und was sagt der Russe? Und ohne ein Zögern die Antwort: Red' er keinen Stuß, eh?
Manche Damen auf den vordersten Plätzen, in der sogenannten *Nerzreihe*, gewöhnten sich an, ihre Mäntel oder Stolen auf die nur sechzig Zentimeter hohe Bühne zu legen. Trude Kolman schnaubte Rauch aus der Nase wie ein germanischer Drache. Bei meinem nächsten Auftritt sollte ich energisch darauf hinweisen, daß das unstatthaft sei. Mein Riecher sträubte sich. Rauchlos. Da mußte uns eine kabarettistischere Lösung einfallen. Schon war ich dran. Ohne den Text zu ändern, stellte ich mich auf den ersten Nerz und schlenderte conferierend weiter über alle andern. Bei der Schlußpointe war die Bühne frei.
Neckereien unter Kollegen wurden bei der Kleinen Freiheit grundsätzlich nicht in der Garderobe, sondern auf der Bühne ausgetragen. Trotz allen Übermuts, der ja Stimmung macht, nicht zu lachen, erforderte höchste Beherrschung. Wenn etwa Peter W. Staub plötzlich zu husten anfing, dabei die Hand statt vor den Mund vor ein Auge hielt oder mit dem Zeigefinger durch drei glaslose Brillen auf seiner Nase griff, um etwas gar nicht Vorhandenes aus dem Augenwinkel zu wischen und mit der anderen Hand von der Fingerkuppe zu schnippen, worauf es an dieser hängenblieb wie ein Kaugummi. In solchem Fall mußte sich Eva Maria Meineke, deren Lachen besonders locker saß, etwas Witziges einfallen lassen, das ihre entgleisenden Gesichtsmuskeln erklärte.
Kollegenscherze können die Stimmung töten. Der Zuschauer will mitlachen, das heißt immer wissen, woran er ist. Ein gutes Extemporé erheitert beide Sei-

ten. In dieser Kunst übten wir uns unablässig. Helen Vita, die Zartmollige mit den verführerischen Sirenentönen, konnte extemporieren, ohne den Text zu verlassen. Sie betonte einen politischen Satz derart lasziv, daß er einen Doppelsinn unterhalb der Gürtellinie bekam und blickte dabei züchtig-ernst.
Größter Ernstbleiber aber war Johnny aus dem Hause Pauls-Harding. Er hatte Geburtstag und brachte, wie jeden Abend, Kästners Chanson vom Schuster Voigt alias HAUPTMANN VON KÖPENICK. Die Uniform neben sich im Pappkarton, saß er auf einer Parkbank. Da erschien, was in öffentlichen Anlagen ja möglich ist, ein Passant: Rainer Penkert ging in abenteuerlicher Aufmachung mit irrem Blick vorbei und sagte mitten in den Schustertext *Mahlzeit*!
Kurz darauf erschien Helen Vita mit schwingendem Handtäschchen wie auf Kundenfang. Auch sie hauchte Mahlzeit. Peter W. Staub folgte auf Plattfüßen und mit dem Stock tastend; die Brillen auf seiner Nase wurden von einem zusätzlichen Zwicker gehalten. Eva-Maria Meineke stolperte mit nervösen Zuckungen, Monika Greving schien von einem Juckreiz geplagt, das gesamte Ensemble samt Pianist und Bühnenmeister marschierte zur Gratulationscour vorbei und jeder sagte *Mahlzeit! Gratuliere!* konnten wir nicht sagen – der Zuschauer hätte es nicht verstanden. Aber *Mahlzeit* im Park – das war möglich.
Johnny behielt die Nerven. Unbeirrt und ohne Zwerchfellvibrato sprach er seinen Text weiter, schob gelegentlich seinerseits ein dankendes *Mahlzeit* dazwischen, oder flüsterte todernst und ohne Lippenbewegung *Sehr komisch! Sehr komisch! Haha!*
Trude Kolman stand zufällig nicht hinten am Vorhang.

Sie hätte den Hauptmann von Köpenick bewundern müssen, ohne dieses Gefühls recht froh zu werden. Das Publikum dagegen applaudierte unbefangen.

Das beste Kabarett Deutschlands, wie wir genannt wurden, verzeichnete bei aller Unbestechlichkeit in politischer Zeitkritik seine größten Erfolge mit zwei vergleichsweise unpolitischen Programmen. Auch das ist Zeitkritik. PLÜSCH UND PLEURÖSEN, eine Jahrhundertwende-Nostalgieklamotte mit Dreikaiserjahr, Froufrou-Frivolität, dekadenten Militärs, Stettiner Sängern, Maxim's, Aufklärung einer höheren Tochter, Cinematographentheater, Palais de danse und Feuerwehrball heizte die Stimmung an, daß das Publikum vor Vergnügen trampelte. Jeden Abend!
Schon der Zuschauerraum bekam bei noch geschlossenem Vorhang Sonderapplaus. In nächtelanger Schnipsel- und Klebearbeit hatte Bernhard Wicki, Freund und Gönner des Etablissements, sämtliche Wände mit einer Fotomontage-Collage zeitgenössischer Schnappschüsse tapeziert, daß Max Ernst ihn glatt als Bruder angenommen hätte, wäre er von Paris herübergefahren.
Wie heißt es doch? Ein Theater kommt nur dadurch in die Höhe, daß jeder mehr tut als seine Pflicht.
Der Satz stand einmal im Programmheft.
BIER UNTER PALMEN – so hieß der zweite Höhepunkt. Das Programm zeigte Deutsche, auf eine Insel verschlagen. Was tun sie dort? Sie machen alles genau so wie zu Hause. Sogar den Rhein, der hier nicht fließt, legen sie an. Präsident des Restaurationsstaates wird der einzige Eingeborene – ein Schwarzer, der seltsamerweise schwäbisch spricht. Über ein hinterlassenes Funkgerät des deutschen Kreuzers *Emden* aus dem Ersten Welt-

krieg hatte er jahrelang Kontakt mit einem Stuttgarter Amateuerfunker.
Vom Entwurf her genug Zündstoff für ein hochpolitisches Programm. Doch im exotischen Urwald wurde das Pulver naß. Eine paradiesische Fülle komödiantischer Ablenkungen überwucherte das bundesdeutsche Kleinkaro, entfesselter Spieltrieb zerschwelgte Zeitkritik.
Schuld daran war nicht zuletzt Erich Kästner. Wie immer kam er zur Premiere und lachte, lachte, lachte. Wenn wir aus Freude darüber noch etwas zulegten, lachte er noch mehr. Und nicht nur er. Als unsere Damen beim Vermessen des anzulegenden Rheins das Wigalaweia wagnerscher Rheintöchter anstimmten und in dem Bekenntnis gipfelten:

Wir wollen einen deutschen Rhein ha-ha-ben!
Wir wollen keinen fremden Rhein ha-ha-ben!

ächzten die Sitzreihen, schüttelte sich das Publikum. Der Buchstabe H im Rhein stört die Zweideutigkeit ja nur beim Lesen.
Lachbazillen, denen kein Ernst gewachsen war, verstreute auch Trude Kolmans erster Ehe-Egon, der Exberliner Egon Jameson. Sein mitrailleusenhaftes Staccato-Gelächter riß das Auditorium so mit, daß selbst Kritiker, die unbedingt ein Haar in der Suppe finden wollten, um ihre Klasse zu beweisen, der allgemeinen Heiterkeit erlagen.
Diesen Heimvorteil durch wohlwollende Verwandtschaft machte einer allein durch seine Anwesenheit wieder wett, an dessen ehrlichem Wohlmeinen gewiß niemand zweifelte – Robert Gilbert. Wenn er in der Vorstellung saß, das heißt zumeist bei Premieren, passierte etwas Unvorhergesehenes. Vorzugsweise mit dem Vorhang. Er ließ sich nicht öffnen oder ging nicht mehr zu.

Verhakte er sich psychokinetisch? Beim Theater hält man alles für möglich. Sorgen erzeugen Schwingungen, und die hatte Robert Gilbert als Autor. Für jedes Programm versah er eine bekannte Opernouvertüre mit Text. Viererkonferenz à la Rossini, Hotelschickeria nach CARMEN von Bizet, Gemeinschaftssauna nach Mozart. Nicht nur ihn, auch uns machten diese zungenbrecherischen Reimkunstwerke nervös. Bei dem stimmungsanheizenden Ouvertürentempo und den komplizierten Arrangements genügte ein falscher Einsatz, um das ganze Bravourstück zusammenbrechen zu lassen.

Als es – ein einziges Mal – passierte, behalfen wir uns mit einer Stegreifconférence im Konjunktiv: Dieses könne ein Fehler und der könne Absicht gewesen sein. Vielleicht habe man dem Publikum verdeutlichen wollen, wie schwer, wie vielschichtig das sogenannte Leichte mitunter ist. Das einmal transparent zu machen, sei uns selbstverständliche Höflichkeit, weil Mitwisserschaft bekanntlich die Spannung erhöhe. Unter herzlichem Beifall fingen wir dann noch einmal von vorn an.

Stegreif hat in der Tat großen Reiz. Gerade wenn man *en suite*, das heißt jeden Abend dasselbe Programm spielt. Man kann Nuancen ausprobieren, kann improvisierenderweise seine Schlagfertigkeit prüfen und kräftigen.

Der Einfall aus dem Augenblick machte Laune. Nicht nur bei den Mitwirkenden. Stegreif paßte in die Zeit. Jeder hatte beim Aufbau seiner Existenz improvisieren müssen oder mußte es noch immer. Dieser damals hochentwickelten, durch nichts zu ersetzenden Fähigkeit haben wir es zu verdanken, daß die Kleine Freiheit ihrem Publikum so erfrischend gegenwärtig geblieben ist. Literarischer Schliff und komödiantische Präsentation machten den Erfolg aus, nicht die politische Pointe.

Bei allen Schrittchen, um die wir uns drückten, inszenierte Trude Kolman souverän. Ironisch statt anklagend, ohne handgestrickte Anliegen oder verquaste Tiefe im Ausdruck. Weder Ehe- noch Siegelringe, noch gleiche Anzüge von der Stange beeinträchtigten den weltstädtischen Zuschnitt.

Anläßlich der Festvorstellung zum zweiten Geburtstag der Kleinen Freiheit schrieb Gunter Groll in der Süddeutschen Zeitung:

> ... das Ganze war, samt jenem Feuerwerk der fesselndsten Glanznummern und der glanzvoll entfesselten Darsteller, auch eine kleine Probe, wie lange aktuelles Theater sich hält. In der Kleinen Freiheit hält es lange – kraft seiner Form. Es wird, wenn der Inhalt unaktuell geworden ist, zum Dokument. Zum Dokument der Zeit und des Kabaretts und in diesem Fall unseres kühnsten und klügsten Zeitkabaretts – sagen wir's ruhig zum hundertsten Male. Denn die Kleine Freiheit hat Geburtstag ...

Mit dem dritten Umzug des Theaters auf die andere Seite der Maximilianstraße endete das literarische Kabarett *Die Kleine Freiheit*. Zur rechten Zeit. *Die Große Freiheit ist es nicht geworden* – heißt es in Kästners Song. Im wachsenden Wohlstand wurde der Zubiß unverbindlicher. Das Kollektiv löste sich auf, Kästner & Co gingen samt ihren Interpreten. Friedrich Holländer kam. Effektsicher baute er das Kanonenboot zum Vergnügungsdampfer um. Seine Revuen mit Hanne Wieder und Lukas Amann garantierten, von Trude Kolman inszeniert, weiter ausverkaufte Vorstellungen. Danach wurde die Kleine Freiheit Boulevardtheater.

Übrigens

Als wir noch schlanker waren, standen wir uns näher – sagt Komponist Friedrich Meyer. Dieser Satz reicht sozusagen weit über den Leibesumfang hinaus. Er zielt auf die Beziehungen von Mitmensch zu Mitmensch, damals, als die Freßwelle noch Utopie war. Wir hatten mehr Zeit füreinander, beziehungsweise wir nahmen sie uns. Oder, wie es Heinz Rühmann ausdrückt:
»Nach dem Theater, nach Filmdreharbeiten blieben wir zusammen. Weil wir nicht auseinander gehen konnten.« Das hat er mir fünfunddreißig Jahre später gesagt. Jetzt sei es nicht mehr so. Die Feststellung bleibt nicht auf Künstlerkreise beschränkt. Sie gilt auch unter Freunden, Bekannten. In Geschäften, auf Banken bei Behörden – überall hatte man seine Bezugsperson, der man vertraute, auf deren Wissen man vertrauen konnte. Sie war immer da, immer erreichbar, oft über Jahrzehnte. Wurde sie versetzt, stieg auf oder wechselte in den Ruhestand, verständigte sie einen rechtzeitig, machte den Kunden mit dem Nachfolger bekannt, beziehungsweise mit der Vertretung, ehe sie in Urlaub fuhr. Damals eine Selbstverständlichkeit im Umgang, die es noch geben mag. Die Regel ist sie nicht mehr.
Heute betraut man eine Firma, eine Anwalts- oder Steuerkanzlei mit einer schwierigen Aufgabe. Anfangs klappt alles. Man bekommt einen Sachkundigen, weiht ihn ein, bespricht mit ihm, wie vorgegangen werden soll. Über Nacht kommen Bedenken auf oder eine bes-

sere Idee, die umgehend beredet werden muß. Man ruft an und erfährt, der Zuständige sei für drei Wochen in Urlaub gefahren. Man möge dann wieder anrufen.

Einen Vertreter hat er nicht eingeweiht. Sollte es ausnahmsweise einen Ersatzmann geben, kann man wieder von vorne anfangen. Sofern er die Unterlagen findet, die man dem Urlauber überließ und überhaupt Zeit hat. Da ist ein freier Nachmittag, ein Betriebsausflug, ein unaufschiebbarer persönlicher Termin. Überall stößt man an die Grenzen fremden Privatlebens.

»Sie müssen Verständnis haben«, wird man belehrt.

Man braucht mehr: Geduld und Selbstbeherrschung. Höflichkeiten im Geschäftsverkehr sind Klischées aus der Tiefkühltruhe. Die Formel: »Was kann ich für Sie tun?« – nach Hilfsbereitschaft klingt sie nicht. Vielleicht weil der Frager einem gar nicht helfen könnte. Um einem Kundenwunsch zu entsprechen, müßte er sich auskennen in seinem Laden. Manchmal ist er ehrlich:

»Tut mir leid. Ich bin erst drei Tage hier.«

Dafür muß man Verständnis haben. Auch für die Schwindelei, es täte ihm leid. Verständnis gilt als sozial. Man hat es zu haben. Schon am Telefon, wenn bei einer Firma nach dem dritten Anruf endlich jemand den Hörer abnimmt und einen ins Nichts verbindet, ohne nachzuprüfen, ob das Gespräch zustande gekommen ist. Man läßt den andern spüren, wie überlastet man sich fühlt. Die Fernsprechauskunft löst das eleganter: sie ist permanent belegt.

»Wir loben die alten Zeiten, müssen aber in den jetzigen leben«, sagte Georg Christoph Lichtenberg schon vor zweihundert Jahren. Halten wir uns an ihn, wenn wir uns umsehen, voller Verständnis dafür, daß sozialer Fortschritt und humaner Rückschritt einander offenbar bedingen.

Am Bahnhof gab's noch Dienstmänner, oft köstliche Typen, die dem Fremden mit ihrem Dialekt einen ersten Eindruck von der lokalen Atmosphäre vermittelten. Wer nicht abgeholt wurde, hatte im Dienstmann eine erste Bezugsperson für kleine Auskünfte. Wer Verständnis findet, muß keines mitbringen.

Abends stellte der Hotelgast seine Schuhe vor die Tür. Sie wurden selbstverständlich nicht gestohlen – nur geputzt.

In Privathäusern hing morgens das Säckchen mit den frischen Semmeln an der Türklinke, neben dem Fußabstreifer stand die Milch. Zweimal am Tag wurde Post zugestellt. Bekam man ein Paket und war bei Lieferung nicht zu Hause, konnte man's auf dem nächstgelegenen Postamt abholen, ohne zu einer Zentralstelle kilometerweit durch die Stadt fahren zu müssen. Schalter waren noch nicht wegen hoher Personalkosten unterbesetzt; die Beamten kannten sich aus und mußten nicht bei jeder Kleinigkeit nachschlagen, was da zu tun sei.

Geschäfte hatten bis sieben Uhr abends geöffnet. Auch Mittwoch und Samstag. Mit dem Auto fuhr man vor, wo man hinwollte und hätte kein Verständnis dafür gehabt, um zwei Ecken herum eine Parklücke suchen zu müssen.

In Feinschmeckerlokalen verkehrten nicht Hinz und Kunz in ästhetisch beleidigendem Aufzug und einer Duftwolke von Ungewaschenheit. Es gab so etwas wie atmosphärische Sperren. Hier fühlten sich die Hinze, dort die Kunze unter ihresgleichen.

Der Begriff *Rücksicht* wurde wesentlich größer geschrieben. Geschäftliche Anrufe zwischen zwölf und zwei Uhr fielen ebenso unter »ruhestörende Ausnahmen« wie Rasenmäher oder lärmendes Heimwerken am Samstagnachmittag. Sonntags störte allein übertriebenes Kirchengeläut.

Bitten um Entschuldigung konnte man jeden Tag mehrmals vernehmen. Selbst Gerügte reagierten umgehend. Wenn ein zerstreuter Kunde ein Lebensmittelgeschäft mit brennender Zigarre betreten wollte, genügten Blicke.

Junge Menschen hielten alten deutlich öfter Türen auf, nahmen ihnen Lasten ab, boten ihren Sitzplatz an. Freunde und Bekannte halfen einander bei der Wohnungssuche, ohne eine Vermittlungsprovision zu erwarten. Begehrte ein Fremder, man möge ihn im Auto mitnehmen, kam einem nicht automatisch der Gedanke, er wolle einen möglicherweise unterwegs ausrauben.

»Leit, laßt's doch d'Leit naus!« mahnte der Weissferdl in seinem Couplet von der Trambahnlinie acht. Daran hielten sich die Menschen auch bei Haustüren. Wer hinein wollte, ließ Herauskommenden den Vortritt.

Bekam einer unterwegs Durst, nahm er einen Schluck aus der mitgeführten Bier- oder Limonadenflasche und machte sie mit dem festangebrachten Drahtverschluß tropfsicher wieder zu. Kein Kronenkäppchen blieb liegen, kein eigens gekaufter Verschlußdeckel ließ sich nicht mehr finden.

Linksabbieger mußten noch nicht rechts abbiegen; auf Bankauszügen waren die roten Zahlen noch rot; es wurden keine längst bezahlten Rechnungen penetrant angemahnt. Gab es Irrtümer, konnten sie in einem

Gespräch beigelegt werden. Weil sie Menschen unterlaufen waren, nicht Computern, bei denen man Verständnis haben muß, daß sie keinen Rückwärtsgang besitzen.
Konzerne schickten zu Reparaturen an ihren Geräten Fachleute in die Behausungen, ohne für die Anfahrt eine Summe zu berechnen, als wären sie eigens von auswärts mit dem Taxi gekommen. Sogar in modernsten Büros ließen sich die Fenster selbstverständlich öffnen. Keine Zwangsversorgung mit Betriebsklima aus der Blechröhre.
Und: Es gab noch Sonntagskinder! Das Berufsethos verbot den Ärzten Eingriffe in den Zeitplan der Natur, nur um sich das Wochenende freizuhalten.
Es gab mehr Menschlichkeit und weniger Sprüche.
Die Polizei mußte sich nicht zum *Freund und Helfer* hochloben. Sie verfügte über unverwechselbare Persönlichkeiten. Da gab es – vor der Verampelung – einen Schutzmann am Münchner Stachus. Er stand auf einer Kanzel und regelte den Verkehr in Handarbeit. Aber auch mit Zurufen: »Kommen S' Fräulein. Jetzt ist der richtige Moment. – So. Gleich kommen die andern wieder. Bleiben S' noch einen Moment auf der Bremse.«
Er war ein dunkler, gemütlich runder Mann aus dem Badischen und so beliebt, daß es sogar einen Schlager über ihn gab. »Ja am Stachus hat der Schutzmann alle Hände voll zu tun . . .«
Vor Weihnachten war der Verkehr schon damals besonders dicht. Am Stachus kam es zu Staus. Blinker und Winker wurden betätigt wie an einer Engstelle, auf die jedoch kein Schild hinwies. Weil es sie gar nicht gab. Auto- und Motorradfahrer drängten zur

Kanzel, hielten dort an und reichten dem beliebten Schutzmann ein Geschenk hinauf. Dazu hupten sie *Fröhliche Weihnachten*.

Die Liste zu verlängern, sähe nach Verdrossenheit aus. Dazu aber besteht kein Grund. Mit wachsendem Umweltbewußtsein steigt auch das Gefühl für den Nächsten wieder im Kurs.

ATELIERGEFLÜSTER

Zwischen Kabarett und Film bestand eine Art Magnetismus. Saß ein bekannter Regisseur in der Vorstellung, wurde mit gesteigerter Laune gespielt. Vielleicht fiel man auf?
Film bedeutete, sich vor ungleich größerem Publikum produzieren zu können, für ungleich mehr Geld. Die Hoffnung auf eine große Kinokarriere trog jedoch. Den Regisseuren war das von vornherein klar. Sie suchten Witz.
Ein Kabarettist mag sich als griffiger Typ eignen, um eine blasse Rolle aufzumöbeln, er mag es verstehen, schwache Stellen, die in jedem Drehbuch vorkommen, mit Pointen anzureichern. Mehr nicht. Sein ironischer Blickwinkel, das Neben-sich-selber-stehen, ist seine Begrenzung. Menschengestaltung, Gefühle bis zum Kitsch, das Samtauge des romantischen Helden, die Figur, mit der sich der Zuschauer identifiziert, bringt er mit seinen spezifischen Mitteln nicht. Er bleibt Kleinkünstler. Intellektuell zweifellos überlegen, aber nicht finanziell.
Der Kabarettexter in mir begriff das schneller als der Kleinkünstler und die angebotenen Rollen aus dem Metier der bewegten Bilder bestätigten es endgültig: lauter Verrückte. Rasender Reporter, Veitstänzer, Schwarzhändler, Zirkusconférencier, Mädchenhändler, Jazzsänger und so fort. Später wiesen mich gar Hauptrollen in meine Grenzen zurück. Zunächst aber ging's zügig voran. Von sekundenlangen zu minutenlangen

Auftritten, den Boten-Rollen auf dem Theater vergleichbar, Kleindarsteller, die Schreckliches vermelden und den Stars damit Gelegenheit geben, mit bewegtem Mienenspiel die Schwere der Entscheidung vorzuführen. Weiter brachte ich es nicht.

Wer zeitkritisches Kabarett schreibt, entwickelt zwangsläufig einen anderen Blickwinkel: Für doppelte Böden, Wollen und Können, Scheinen und Sein, die Komik des Ernstes.

Die Atmosphäre auf dem Bavaria-Filmgelände unterschied sich angenehm von der in anderen Großbetrieben. Hier ging's entschieden vergnüglicher zu. Obwohl aus Berufen gemischt, die für gewöhnlich überhaupt nicht miteinander in Berührung kommen, kannte offenbar jeder jeden. Entsprechend war der Umgangston. Schnoddrig-familiär, auf bayerisch-solidem Grund, von fixem Berliner Dialekt überlagert. Die alten UfA, Tobis, Terra und wie die Traumfabriken aus der ehemaligen Reichshauptstadt hießen, hatten hier in der Diaspora überlebt.

Bei aller Vertrautheit blieb jeder auf seinem Platz innerhalb der Hierarchie, beschränkten sich Konkurrenzkämpfe auf die Berufsgruppen. Die Hauptmasse der Tätigkeiten spielte sich, dem Eisberg vergleichbar, unter der Wasseroberfläche ab, über die nur das Endprodukt, der fertige Film mit seinen Stars, herausragte.

Drei Gruppen konnte ich unterscheiden: Die festen Einrichtungen, technische Werkstätten, Studios, Fuhrpark, Vorführungen, Kantine, Kopierwerk, Beleuchtung, Feuerwerker, Gewandmeister, Lagerverwalter, die Trick-, Geräusche- und Effektemacher, die kaufmännische Verwaltung.

Der jeweilige Stab, aus Produktions- und Aufnahmelei-

tung, Tontechnik, Kamerateam, Maske, Garderobiers, Requisite, Cutter, Script, Regisseur und ihre Assistenten. Schließlich die Truppe. Schauspieler, Tänzer, Musiker, Komparsen.
Der Architekt und vor allem der Drehbuchautor sollten fertig sein, bevor es losging. Sonst gab's schlaflose Nächte. Die gab es sowieso. Meist wegen Kleinigkeiten und Kleinlichkeiten.
»Der Stab – das ist der Film. Die Stars kannste vergessen.« So hatte mich eine altgediente Regieassistentin eingeweiht.
Mit Film meinte sie den Alltag im Beruf, nicht den Streifen, der im Kino läuft. Der hieß FILM OHNE TITEL. Vergessen konnte ich nach ihrer Meinung Hans Söhnker und Hildegard Knef. Es ist mir nicht gelungen. Ihn kannte ich schon, und sie war noch nicht *die* Knef, sondern ein Mädchen, bäuerisch-blank wie mit der Wurzelbürste geschrubbt, außen und innen, ein Mädchen ohne Allüren. Sie verkraftete ihre junge Prominenz. Das Aufheben um ihre Person irritierte sie nicht. Unbeeindruckt kam und ging sie mit Gefolge, setzte sich auf den Stuhl, der ihr überall im Atelier hinterhergetragen wurde, trank die gereichte Tasse Kaffee, ließ sich fotografieren, selbstverständlich, ohne in Posen zu verfallen wie: *der Star bei der Arbeit.*
Bei der Arbeit, vor allem in den Pausen zwischen zwei Einstellungen, sah man, wer dieses nachgerade absolutistische Theater um seine Person bewältigte und wer nicht. Besonders wenn sich Komparserie im Atelier befand, jene Bildfüller aller Altersklassen ohne Text.
Wurde einer von ihnen für ein Sätzchen ausgewählt, durfte er sagen *gnädige Frau, da drüben steht Ihr Gatte!* fiel es ihm mitunter schwer, danach gegenüber seinen Kolle-

gen natürlich zu bleiben. Er befand sich jetzt auf einer anderen Stufe. Und hatte Vorbilder.

Die Stars, die Nur-Stars ohne Theaterpraxis, redeten viel und betont launig. Untereinander mit Regisseur und anderen Spitzenleuten, in der Lautstärke aber für alle. Als suchten sie, was sie vor der Kamera nicht hatten – Reaktionen vom Publikum. Scherze gelangen oft peinlich. Sie wurden übertrieben belacht wie bei strengen Vorgesetzten. Einige boten mit politischen und philosophischen Betrachtungen gar Kabarettreifes. Nie mehr habe ich sogenannte Prominente unausgegorenes Zeug in solchen Mengen unwidersprochen verzapfen gehört. Beim Stab wechselte man Blicke wie unter Psychiatern, wenn die Symptome eindeutig sind. Man wußte, was es heißt, mit zu wenig zu viel Erfolg zu haben.
Jungstars fielen mir auf, Burschen, schon mittelpunktsbewußt, weil ihr erster Film Kasse gemacht hatte. Wie rührend parodiereif rangen sie um private Natürlichkeit! Man konnte sehen, wie das Bemühen, nicht arrogant zu wirken, ihr Lächeln bremste beziehungsweise ihren Ernst entspannte. Schaute ein Komparse etwa gleichen Alters einen solchen Erfolgsnovizen eindringlich an, zuckte der zuerst zurück, sagte dann aber ein paar verbindliche Worte. Etwa »Mein Kostüm ist die reinste Sauna«.
Ohne es zu merken, sprach er natürlich von sich, und Sauna kam gerade in Mode. Wurde ihm der Ton des andern zu kameradschaftlich, zog er sich eilig zurück.
Einer hatte solche Schwierigkeiten nicht: Walter Giller. Mit seiner flapsigen Herzlichkeit bedachte er alle, quer durch die Hierarchie.
Anzahl der Drehtage, Höhe der Gage, Reihenfolge der

Namen auf dem Plakat, Talentunterschiede und vieles andere trennten in diesem Labyrinth aus unsichtbaren Mauern. Wer nur einen Nachmittag vor der Kamera stand, blieb fremd. Es sei denn, er hatte Freunde beim Stab, die ihn einbezogen, oder er konnte sagen:
»Um sechs Uhr müßte ich abgedreht sein. Ich hab' heut abend Vorstellung.«
Theater wertete ungemein auf. Bühnenschauspieler, vorzugsweise in Chargen und mittelgroßen Rollen besetzt, verbreiteten Respekt. Ihrer Wirkungen durch direkten Kontakt mit dem Publikum sicher, den kurzen Einstellungen mit lächerlich wenig Text handwerklich ohne viele Erklärungen und Proben gewachsen, verhielten sie sich unauffällig. Und das fiel auf im allgemeinen Bedeutungsgerangel. Sofort zur Stelle, wenn man sie rief, sprangen sie in die Verwandlung, daß Komparsen und Mitglieder des Stabes einander zunickten: »Da sieht man's halt.«
Oft mußte der Regisseur die Ausstrahlungskraft dämpfen. Wie bei Hans Albers. Der war ein Star. Sogar beim Stab. Ich sehe ihn noch ins Atelier kommen und mit seinem Strahleblick zu den Beleuchtern zwischen den heißen Scheinwerfern auf der Brücke hinaufgrüßen. »Verdammt trockene Luft hier. Holt euch mal schleunigst ein paar Kasten Bier!«
Auf seine Rechnung, verstand sich. Bei einem anderen Star, einem seines Geizes wegen unbeliebten Liebhaber, krachte einmal von der Brücke ein leerer Bierkasten unmittelbar neben ihm zu Boden. Er tobte theatralisch, die Männer entschuldigten sich. Hier oben werde man schwindelig bei der trockenen Hitze. Sie blieben trocken.
Die Regel war das nicht. Im gereizten Klima nervlicher Belastung, wie sie Dreharbeiten mit sich bringen, sind

gewisse Feuchtigkeiten zur Lockerung und Stimulierung unerläßlich. Mit ihrer Hilfe und in erprobter Dosierung als Ersatz für fehlende Publikumsreaktionen spielten sich viele über kniffliche Stellen hinweg.
Vor allem die Garderobieren gewisser Vedetten vollbrachten hier wahre therapeutische Wunder. Während der Maskenbildner letzte Glanzstellen abpuderte, standen sie mit vollen Händen und aufmunterndem Zuspruch bereit. Nichts entging ihrem mütterlichen Instinkt. Das Starthema über den Kauf einer Villa im Tessin verebbte, unaufgefordert reichten sie die Zigarette zu einem letzten Zug gegen die Aufregung, die Kaffeetasse zum letzten Schluck für die Konzentration, das Sektglas für die Stimmung. Ein letztes geflüstertes Toi toi toi – und dann alles nochmal.
Geduldig wartete der übrige Stab. Er kannte das Ritual. Insbesondere bei Großaufnahmen. Endlich erhob sich die Geschönte aus ihrem Stuhl, stellte sich in Positur, feuchtete die Lippen an, damit sie glänzten; da unterbrach der Kameramann. Das Kleid warf eine ungünstige Falte, eine Locke Schatten. Eine Männerhand nestelte am Busen, die Garderobiere reichte das Sektglas.
»Ruhe bleibt!« störte der Aufnahmeleiter die Stille.
Auf der Stirn zeigten sich am Haaransatz kleine Perlen. Wie eine Löschwiege betätigte der Maskenbilder das Leder.
»Lippen!« flüsterte die Garderobiere nach dem Zug an der Zigarette.
»Klappe«, sagte der Regisseur behutsam.
Es klappte dann. Endlich und mehrfach zur Auswahl. Mit allen Ritualen dazwischen. Bis der Star nach Küßchen und dickem Lob mit Gefolge abrauschte. Was aus der Villa im Tessin werden würde, blieb ungewiß.

Bei Margot Hielscher gab's Schnaps und Sekt für alle. Für ihren Musikfilm HALLO FRÄULEIN wurden in einer neuen Halle auf dem Bavaria-Filmgelände Nachtaufnahmen gedreht. Es war eine sternklare Frostnacht. Große Drahtkörbe, in denen Koksfeuer glühten, und Alkohol ersetzten die noch nicht installierte Heizung. Wir halfen mit heißer Musik nach. Wir – das war die im Film mitwirkende Bigband, zusammengesetzt aus musizierenden Darstellern und allen greifbaren Spitzenjazzlern wie Freddie Brocksieper am Schlagzeug, Klarinetten-Hugo Strasser, Tenorsaxophonist Max Greger, der Trompeter Charlie Tabor und Werner Scharfenberger am Flügel. Helmut Zacharias schnulzte nicht – was ihm später viel Geld brachte – er geigte *Hot* à la Stéphane Grapelly.

Technische Schwierigkeiten erzwangen immer wieder große Pausen. Uns kamen sie gelegen. Wir verdanken ihnen eine unvergeßliche Jamsession. Selbst Regisseur Rudolf Jugert unterbrach nur ungern, wenn gerade alles klappte und er uns zu einem Als-ob-Spiel nach Playback für die Kamera benötigte.

Bald nach den Dreharbeiten gründete Margot Hielscher zusammen mit Kurt Meisel ihre eigene Filmproduktion, die HMK. Auch Heinz Rühmann machte sich selbständig in diesen zweiten Gründerjahren und drehte mit seiner *Comedia* auf eigenes Risiko. Lang hielten beide nicht durch. Ihre Spielfreude scheiterte an kaufmännischem Kalkül.

Ein *Comedia*-Film sei hier erwähnt: DER HERR VOM ANDERN STERN. Nicht weil mir Heinz Rühmann darin eine Rolle gab, sondern wegen des ironischen Blickwinkels. Der war ungewohnt. Eine Chance zeichnete sich ab, eine neue, kabarettistische Betrachtungsweise,

unsentimental, mit gescheitem Text, ohne Selbstmitleid und tiefgründige Grübelei. Dabei keineswegs oberflächlich, nur erfrischend kritisch im restaurativen Aspik, der sich zu festigen begann.
Helmut Käutners DER APFEL IST AB und Rudolf Jugerts FILM OHNE TITEL zielten in dieselbe Richtung. Vergeblich. Sie reichten nicht aus, dem Zuschauer die Optik einzustellen. Der hockte verständnislos vor den Pointen und wartete auf Kitsch. Das Humorig-Doppelbödige, nur scheinbar Leichte tat sich immer schwer in unserem Land.

In den Filmateliers hielt sich der sträfliche Humor erstaunlich lang. Vor allem beim Stab. Die Atmosphäre hier erinnerte an das Artistenmilieu. Umgangston und Zusammenhalt schienen dieser hermetischen Zunft entliehen, die zu gefährlich lebt, um sich imponieren zu lassen. Weit in der Welt herumgekommen und wahrhaft international, bewahrt sie sich ihre Kleinbürgerlichkeit, hält Ordnung, spart, sorgt vor und bleibt im abgesteckten Rahmen, im Kleingärtchen wie ehedem die Berliner Laubenkolonisten. Der Dialekt bewirkte diesen Vergleich. Hier war's gemütlich. Wie bei Muttern!
Hier wurde in Bildern gesprochen, in Bildern von drastischer Ausdruckskraft und Komik, hier blühten Geschichten von Streichen, die man einander gespielt hatte, von Pannen in allerfeinsten Kreisen, von Stars, die mit ihrem Lorbeer nicht zurechtkamen. Bei allen kessen Tönen blieb der Tenor stets versöhnlich.
Wer täglich miterlebt, wie in höheren Einkommensklassen auch nur mit Wasser gekocht wird, lernt sich zu bescheiden. Das schafft eine gute Ausstrahlung. Sie beruhigt, toleriert, reguliert. In solcher Atmosphäre kann

schöpferische Arbeit gedeihen. Nicht umsonst sind Künstlerviertel Kleinbürgerviertel. Das hängt nicht nur mit den erschwerten Startbedingungen zusammen, die dem künstlerischen Beruf anhaften. Auch in ihm lernt man sich zu bescheiden, ohne aufzugeben.

Der Stab produzierte das, was man heute Betriebsklima nennt. Bemutternd nach Sekundantenart dämpfte er Konkurrenzkämpfe zwischen Schauspielern, versöhnte den einen mit dem Regisseur, die andere mit dem Kameramann, der sie angeblich lieblos und unvorteilhaft fotografierte.

Ein Geflüster unter Stabsmitgliedern genügte und manches psychologische Problem war gelöst. Ob der Betreuer den Betreuten mochte oder nicht, spielte dabei keine Rolle. Es ging um den Film. Schlechte Stimmung im Atelier überträgt sich auf die Kinoleinwand. Der Zuschauer wird weniger beeindruckt, ohne sagen zu können, was ihn stört. Er weiß auch nicht, was der Stab an therapeutischer Arbeit geleistet hat, wenn im Rolltitel all die Namen, die ihm nichts sagen, über die Leinwand ziehen.

Sie sind zu Recht aufgeführt. Schönheit ist *auch* Maske und Beleuchtung, die einschmeichelnde Stimme *auch* Werk des Tonmeisters. Der Kameramann kann zu kurze Beine völlig ausklammern, die Cutterin den Film so schneiden, daß ein nachweisliches Untalent begabt erscheint.

Bei meinem ersten Besuch im Schneideraum, vom Regisseur mitgenommen, glaubte ich nicht recht zu hören. Es ging um eine beliebte Schauspielerin. Sie mußte in einer Szene an einen Tisch treten und mit dem Mann reden, der dort saß. Statt dieser Einstellung hatte die Cutterin einen Gegenschnitt eingesetzt. Er zeigte den Mann am

Tisch wie er aufschaut, als sie kommt. Der Regisseur wollte die Schauspielerin kommen sehen; die Cutterin widersprach und führte zum Beweis die gewünschte Einstellung vor.

»Sehen Sie sich das an! Wie die watschelt. Die kann ja nicht einmal gehen. Von Spielen gar nicht zu reden. Aber ich krieg' sie hin.«

Es war kein Einzelfall. Am Schneidetisch sieht man alles, jede zu frühe Reaktion ebenso wie Präzision der Gestaltung. Schwächen werden oft heftig kritisiert, da sie die Arbeit erschweren. So liegt der Gedanke nahe, daß Abhörmikrophone in Schneideräumen die Selbstmordquote unter Stars vermutlich anheben würden.

Grundehrliche Töne, die dem Herzen Luft machen im allgemeinen Beschönigungsgepäppel um die Darstellungsmimosen, blieben nicht auf die Schneideräume beschränkt. Im Atelier brachen sie explosionsartig auf, wenn wieder einmal nichts klappen wollte. Ansonsten herrschte hier eine gedämpfte Kommunikationsweise und vor allem tropisch wucherndes Geratsche.

Nichts konnte geschehen, ohne daß nicht irgend jemand vom Stab davon wußte. Beruflich gewissermaßen. Sei es nun, wer mit wem und wer ohne, die mögliche Umbesetzung einer mißglückten Rolle oder die Schreckensnachricht, der Finanzhahn habe aufgehört zu fließen – man wußte Bescheid.

Das machte die weitere Entwicklung zur Sondervorstellung. Betrat ein wichtiger Mann das Atelier, um seinesgleichen eine Neuigkeit zuzuflüstern, versuchten ein Dutzend Augenpaare an ihren Mienen den Text abzulesen. Im Austausch der Beobachtungen ergab sich anschließend ein ziemlich genaues Bild. An Stoffen herrschte nie Mangel, ein Gerücht genügte für Tage.

Man könnte sagen, der Film, der da ablief, während ein Film gedreht wurde, versorgte den Stab mit Spannung. Genauer: er versorgte sich selbst damit. Nach den gleichen dramaturgischen Gesetzen wie im andern: Man erfährt etwas und hat einen Wunsch, wie es weitergehen möge. Gespannt verfolgt man, ob es klappen wird.
Gab es gerade nichts Neues, füllte Altes die Lücke. Vor allem die Maskenbildner, gewohnt, die Kunden während ihrer Arbeit zu unterhalten, konnten abenteuerliche Geschichten aus Berlin erzählen. Die besten aus dem Ganovenmilieu. Woher ihre genaue Kenntnis stammte, blieb unklar. Vielleicht hatten sie die aufgeputzten Bräute der zwielichtigen Kavaliere mit dem Brillanten am kleinen Finger für deren Feste geschminkt. Da wurde an nichts gespart; auch der Polizeipräsident war stets eingeladen. Nebst Gattin. Man gab sich ja betont als ordentlicher Bürger.
Das bewiesen die sogenannten *Sparvereine*, ein Ganovenmodell, das den Sozialstaat vorweggenommen hat. Die Risiken des Lebens jenseits der Legalität bewirkten ein gesteigertes Bedürfnis nach Sicherheit. Für die Angehörigen vor allem. So war man draufgekommen: Wer ein krummes Ding drehte, entrichtete einen gewissen Prozentsatz von der Beute an den Sparverein. Freiwillig. Die gemeinnützige Einrichtung verwaltete die Gelder wie eine Privatbank. Ging bei einem Coup etwas schief, wurde einer erwischt und eingesperrt, versorgte der Sparverein in der Zwischenzeit das Fräulein Braut, bezahlte die Miete und den Anwalt, der den Pechvogel vertrat.
Außenstehende konnten mit dem Sparverein Geschäfte machen. Nicht unbedingt dunkle, doch unfeine. Die Kundschaft reichte bis in feinste Kreise. Da wollte ein

betuchter Liebhaber seinem erfolgreicheren Nebenbuhler einen Denkzettel verpassen. Verpassen lassen. Auf einem Beratungstermin erfuhr er Möglichkeiten in allen Preislagen und wählte die spektakulärste.
Bei der kirchlichen Trauung mit dem andern wunderten sich Gäste über eine größere Anzahl auffallend muskulöser Männer im Frack, die sich nach Habitus und Physiognomie keiner der beiden Familien zuordnen ließen.
Bevor sie sich weitere Gedanken machen konnten, wurde es ernst. Am Arm des Vaters zog die Braut in die Kirche ein. Plötzlich sprangen die befrackten Muskelpakete in den Mittelgang.
»Momang, der Herr«, sagte einer zum Vater.
Andere packten die Braut, schulterten sie samt Schleier und trugen sie zum Portal zurück, während weitere Kollegen mit wohlgesetzten Sprüchen in Berliner Dialekt die Hochzeitsgäste ablenkten beziehungsweise an der Verfolgung hinderten.
»Herrschaften, bewahren sie Ruhe!«
»Vielleicht is die Dame unpäßlich, wa?«
Draußen brauste ein Wagen vor, Braut und Häscher verschwanden in einer Staubwolke.
»Das war der Onkel Doktor! Den kenn' ick.«
»Da isse in besten Händen. Der krümmt ihr keinen Zahn...«
Einer rief zur Empore hinauf. »Musik, Herr Kapellmeister! Die Leute kommen ja aus die Stimmung.«
Mit begütigendem Geplauder dieser Art zog sich die Nachhut zum Portal zurück, klemmte von außen eine Latte unter die Klinke und ward nicht mehr gesehen.
Ein solcher Auftrag kam teuer. Nicht nur der Fahrzeuge und Leihfräcke wegen. Es bedurfte generalstabsmäßiger Vorbereitung wie ein anderes Ganovenstück, *In feine*

Kreise, das man erzählte: Provozierter Durchfall einer Welturaufführung im Theater. Auch hier wunderten sich Gäste, altgediente Premierenbesucher die meisten, über gewisse, nie gesehene Herren im Smoking. In ihren Programmheften hatten sie Zettel versteckt, von denen sie wie Schulbuben abspickten. Sie prägten sich Stichworte ein, Stichworte, vom Auftraggeber dem Bühnentext entnommen, um darauf mit Pfiffen zu antworten, bis der Vorhang würde fallen müssen. Empören durfte man sich ja. Es mußte nur schlüssig wirken. Das war kabarettistisch sauber.
Bei allen Unterschieden, die Artisten-, Film- und Sparvereinskreise trennt, hatten sie doch eine Wurzel: Das weltstädtische Kleinbürgermilieu mit seiner Ordnung, seinem Zusammenhalt, seinem selbstbewußten Auftreten. Eine gerissen-naive Welt, instinktsicher und von unerschöpflichem Mutterwitz.
Mittlerweile ist die unverblümte Schnauze beim Filmstab verstummt. Die Alten gingen, das Fernsehen kam, das Netz der sozialen Segnungen wurde engmaschiger. Für familiäre Improvisationen mit Spaß und Herz gab es bald keinen Platz mehr.

Wenn sich die Branche für Ilse Kubaschewskis *Gloria*-Filmball herausputzte, repräsentierten sie die Stars und Starlets. Aus spiegelnden Limousinen stiegen sie in glitzernden Bühnenroben unterm Statusnerz, in Frack und Smoking mit Nelke im Knopfloch, sonnten sich im Scheinwerferlicht der Wochenschau, bevor sie in die Menge der Bewunderer und Autogrammjäger vor dem Eingang zum Ort des spektakulären Geschehens tauchten.
Ernste, ungeduldige Herren folgten ihnen, die niemand

kannte. Produzenten, Verleiher, Produktionsleiter, Finanziers, Pressechefs, Drehbuchautoren, Komponisten, Regisseure, Ehemänner oder ständige Begleiter und Gäste.

Ein Star war nicht mehr das unnahbare Wesen wie vor dem Krieg. Er war zwar noch Günstling des Schicksals, doch schon Mitmensch auf Tuchfühlung, dem man das Autogrammbuch mit unüberhörbarer Bitte entgegenstreckte, ihn aber passieren ließ, auch wenn er nichts hineinschrieb.

Jahre später wurde der Star Volkseigentum. Mitleidlos eingekeilt, mußte er sich den Weg freisignieren oder er saß schreibend mit seinem Wagen fest und alle Bitten, ihn starten zu lassen, halfen nichts. Gab die Menge endlich den Weg frei, glich einer das soziale Gefälle mit einem Nagel aus, an dem er das anrollende Nobelblech entlangscheuern ließ.

Drinnen im Ballsaal blieb das Gedränge zwar erhalten, doch es störte nicht im Crème de la crème-Gefühl. Man schlängelte sich um seinesgleichen, um Prominenz aus verschiedensten Berufen. Auf der Tanzfläche schoben schwitzende Minister die Weibsblüten der Nation vor sich her, immer an der Bande entlang, vorbei an den Tischen der Größten, um sich gegenseitig im Schmuck des Partners zu zeigen.

Mehr zur Mitte hin schmiegte ein männlicher Star seine Charakterwange an ein Starlet, das den Andruck mit dem Becken erwiderte, als Stempel gleichsam unter einen Filmvertrag. Ein anderes Wesen dieser Art hatte sich vom Partner gelöst und gab, mit verheißungsvollem Lächeln im Sambarhythmus langsam um die eigene Achse sich drehend, eine Talentprobe aus quellendem Dekolleté. Manch betagter Faun hielt sich bei vorsichtigen Schrittchen mit beiden Händen an jungen Lenden fest, im Blick schon den Gipfel aller Wünsche. Der hieß für die Erwählte *Monte Carriere*, und sie würde dem Filmonkel folgen, ein paar Stunden später. Wie sonst keiner konnte der den Alterunterschied überbrücken – mit einem jungen Liebhaber, beim gleichen Spiel, vor der Kamera. Doch nicht wie im Nibelungenlied, nur als ob.

Nicht jeder Leinwandverführer erwies sich als solcher, nicht jede Diva hielt den Liebreiz, den sie in ihren Rollen auszustrahlen hatte. Die Körpersprache beim Tanz, der persönliche Magnetismus entziehen sich schauspielerischer Gestaltung. Dafür wurde um so inniger Frohlaune vorgeführt.

Unter Fotoblitzen räkelten sich ganze Gruppen bei hochgehaltenem Glase. An den Prominententischen gab es Bussis, weiter hinten lange Küsse. Man zeigte Sinnenfreude in unterschiedlicher Betonung, man zeigte Schmuck und Maßgarderobe, zeigte sich voll naivem Stolz und mimte im teuren Rahmen beste Gesellschaft. Wie vor der Kamera.

Warum wir Kabarettisten zu den Filmbällen eingeladen wurden, läßt sich nur ahnen. Vielleicht als Farbtupfer oder zum Beweis für vorhandenen Humor. Wir parodierten die Branche ja nicht gerade zimperlich. Fest auf der Gästeliste stand selbstverständlich Kabarettnestor Werner Finck. Einmal wurden wir unter falscher Flagge vorgestellt. Beim offiziellen Filmball im Deutschen Theater hatte man eine glitzernde Treppe errichtet, über welche die Stars einzeln und sinnbildlich zu ihrem Publikum hinabsteigen sollten.

»Almabtrieb«, lästerte Werner Finck hinter der Bühne,

wo alle, an Haaren und Garderobe zupfend, auf ihren Auftritt warteten.
Draußen am Fuß der Treppe stand Axel von Ambesser mit Namensliste als Zeremonienmeister. »Und jetzt kommt eine Kollegin aus England. Die Schauspielerin Jean Simmons!«
Sie stand vor mir und schwebte ins Scheinwerferlicht, in den Beifall. Ich rückte nach im Pferch wie ein Rodeostier. Was hatten wir hier verloren?
»Grüß schön!« alberte Werner Finck. »Und fall nicht.«
Meine Füße trabten an. Zur Unterscheidung vom Filmstrahlen zeigte ich das maliziöse Lächeln meiner parodistischen Zunft. Da es keine Filmhauptrolle zu benennen gab, etikettierte mich Freund Axel mit komödiantischer Spielfreude.
Nach mir kam wieder eine Echte, im filmischen Sinn des Wortes. Zirkusreif aufgeputzt, gebärdete sie sich so überwältigt, daß sie für einen Augenblick stehen bleiben mußte. Vielleicht lag's auch an dem unübersichtlichen Kleid oder war berechnet, um den Beifall zu verlängern. Nicht nur bei ihr, auch bei anderen wurde ich an einen Ausspruch der Grande dame der Operette, Fritzi Massarx, erinnert.
»Die Schauspielerinnen von heute können nicht mehr über eine Freitreppe hinunterschreiten.«
Von Werner Finck erwartete das niemand. Er schlurfte ins Licht, grüßte gekonnt linkisch mit der Hand und ... stolperte. Wer ihn kannte, hatte das erwartet. Ein Auftritt ohne Text mußte bei ihm genau so seine Pointe haben.
Die Treppe verdeutlichte alles zum pedalen Psychogramm. Jede Absicht, jede Geziertheit, jede Hemmung offenbarte sich wie unter der Lupe.

Ansonsten überzuckerte Arglosigkeit die Filmbälle. Berechnung, Ehrgeiz und Neid blühten zwar offener, wurden aber durch die Narrenfreiheit gemildert, die diesem Gewerbe eigen ist. Ernst konnte auch Spiel sein und umgekehrt.

Man plätscherte mit im jungen Wohlstand, genoß die Oberfläche nach den schweren Jahren. Das mußte Folgen haben. Arglos schwelgten die Zuschauer in vielen, arglosen Filmen, zu arglos, um auf die Dauer im internationalen Geschäft mithalten zu können. Lieschen Müller schaufelte bereits an ihrem späteren Grab im Silberwald. Alte Filmhasen wie der Regisseur Géza von Cziffra sahen das klar. Den Anfängen wehrten sie nicht. Wozu? Unproblematische Unterhaltung muß es auch geben. Die Zuschauerzahlen bewiesen es. Mit jenem leichtlebigen Unterton, der ungarischem Akzent bei uns anhaftet, gab er mir einen präzisen Drehbuchauftrag:

»Hassencamp, schreiben Sie Scheißfilm! Dicke Frau fällt in Swimming-pool, Mann raucht Knallzigarre, wo explodiert, junger Busen rutscht aus Kleid, Liebhaber verliert Hose, Feuerwehr löscht irrtümlich Festessen ...«

Kabarettistische Zeitkritik wollte er einwandfrei nicht, nur die kabarettistische Routine. Auch ich versagte, griff nach dem Scheck und in die unterste Schublade. Das Schicksal rettete mein Niveau – ein Kassenschlager wurde der Film nicht. Immerhin hatte ich Lehrgeld bekommen, statt es zu bezahlen. Eine Perversion, die mich stutzig machte. Sollte sie zur Richtschnur der Unterhaltungsindustrie werden?

Einer, der stets dabei war beim großen Starauftrieb, eine mittlerweile legendäre Figur des deutschen Films, ließ sich im Ballsaal nur selten blicken: der Berliner Produzent Artur – Atze – Brauner. Während seine temperamentvolle

Frau Maria keinen Tanz versäumte, während Alkohol, Rhythmus und Balz den Sinn für Geschäfte bereits weitgehend anästhesiert hatten, lauerte er, gleich dem Raubritter in der Talenge, an einem Portal, durch das alle irgendwann einmal kommen mußten – am Ausgang zu den Toiletten.

Sein Ballgeflüster war sterotyp, jeder kannte es: »Entschuldigen Sie einen Augenblick, ich möcht' mit Ihnen Vertrag machen . . .«

Über die Gagen, die er anbot, hätte man sich andernorts entrüstet, zumindest milde gelächelt. Doch die Beschwingtheit, der innere Drang, beschleunigten leichtfertige Zusammen. Wie ein Autogrammjäger hielt Atze Formular und Feder bereit. Man zögerte zu zögern – um mit Werner Finck zu sprechen.

Die Hand gehorchte dem inneren Drang. Trotz Bedenken gegen die noch undeutliche Aufgabe kehrte man erleichtert auf die Spielwiese für privilegierte Wunderkinder zurück.

Es gab auch Verweigerer, internationale Filmgrößen, denen der Ruf vorauseilte, es sei nahezu unmöglich, sie mittels Vertrag festzunageln. Zu ihnen zählte der unermüdliche Damentorero, der ego- wie exzentrische Regisseur Roberto Rossellini. Durch seine Ehe mit Ingrid Bergman hatte er sich auch als Klatschspaltenlieferant ein Denkmal gesetzt. Der Maestro, so hieß es, lehne jeden Vertrag von vornherein ab, äußere täglich neue, unerfüllbare Wünsche, komme grundsätzlich zwei Stunden zu spät und halte sich an keinen Drehplan. Für den sparsamen Atze Brauner ausreichende Gründe, ihn vor keiner Tür abzufangen.

Eine Münchner Filmproduktion besaß zufällig die Rechte an einem Stoff, der diesem Primadonnus liegen

mußte, wie schon der Titel verrät: ANGST. Das Wort – ein Omen für sich. Alle rieten ab. ANGST mit Rossellini sei Selbstmord. Außerdem komme man als deutscher Produzent gar nicht an ihn heran.
Nun unterscheidet sich Franz Seitz – unter Freunden Buba genannt – von seinen Produzentenkollegen nicht nur durch hartnäckig betriebene Thomas-Mann-Verfilmungen. Dem hageren, stets dezent-eleganten Urbayern eignet neben seiner Leidenschaft für den Reitsport ein hintersinniger Humor im Valentinformat, der ihm ebensowenig ausgeht wie seine Tabakspfeife.
Zu Verhandlungen über ein anderes Projekt weilte Buba für einige Tage in der Ewigen Stadt. Nebenbei kam er auf Rossellini zu sprechen. Ein Filmkaufmann wußte, wo der Unberechenbare anzutreffen war und vergaß nicht, die bekannte Warnung zu wiederholen. Schlüssig klang sie nicht. Wenn Rossellini zu keinem Vertrag zu bewegen war, wie drehte er dann seine Filme?
Nach Antwort suchte der Münchner nicht, er hatte bereits eine Idee. Auf einer Abendgesellschaft machte der Filmkaufmann die Herren miteinander bekannt. Sie verständigten sich französisch. Franz Seitz blablate nicht lang. Er umriß den Stoff im Telegrammkonzentrat, nannte eine zusageträchtige Regiegage und ließ dem Köder eine Einschränkung folgen: auf einen Vertrag werde er verzichten. Künstlerische Tätigkeit entziehe sich juristischen Formulierungen. Die würden nur Unfrieden schaffen, indem sie ein großes Konzept in Kleinlichkeiten aufsplittern, um auf deren Erfüllung zu bestehen. Auch wenn diese von der schöpferischen Verdichtung längst überholt sind.
Befremdetes Schweigen. Rossellinis Brauen verharrten in Höchststellung. Romanische Textvorwegnahme mit

Händen und Mienenspiel, endlich Worte: Ein Film ohne Vertrag? Wo bleibe da die Sicherheit?

»Im künstlerischen Impetus!« entgegnete Buba und fügte hinzu, daß er den Maestro für fortschrittlicher gehalten habe.

Impossibile!

Der Italiener preschte zum Rückzug vor. Er sei interessiert, den Film zu machen, ja er müsse ihn machen, bestehe aber auf einem Vertrag. Sein Anwalt werde ihn aufsetzen.

Mit einem Lächeln fügte sich der Produzent. Rasch einigte man sich über Einzelheiten, zumal Ingrid Bergman die Hauptrolle spielen sollte. Alsbald kam das Ehepaar Rossellini nach München. Mit großem Renommiergerät, darunter ein Ferrari-Coupé, ein offener Rennsport-Ferrari, ein Rolls Royce.

Landlauf, landab wurde gedreht. Die Produktionsleitung gab täglich zweierlei Dispositionen für den nächsten Tag heraus. Eine für Schauspieler und Stab, eine für die Familie Rossellini mit Drehbeginn um sieben Uhr früh.

Gegen diese, für sein Verständnis teutonische Arbeitswut protestierte der Maestro erwartungsgemäß. Er kam grundsätzlich zwei Stunden später, pünktlich zum normalen Drehbeginn um neun. Oft raste er vorher im Rennsport-Ferrari spazieren. Vorbei an der winzigen Windschutzscheibe traf ihn einmal ein kleiner Stein neben dem Auge.

Schwer verletzt legte sich Rossellini ins Hotelbett und ließ das Unglück melden, um dann mittags tapfer im Atelier zu erscheinen und ohne Pause bis Mitternacht durchzudrehen. Im äußeren Augenwinkel klebte etwas in Hautrosa, nicht größer als ein Schönheitspflaster aus dem Rokoko. Es wuchs sich zu einer Art Talisman aus.

Tage später saßen wir in der Weinstube *Zur Kanne* in kleinerer Runde, der Maestro trug sein Pflaster, Ingrid Bergman lächelte. Nicht darüber, noch weil sie sich in der Öffentlichkeit befand – für viele Stars ein Anlaß, Natürlichkeit als Rolle darzubieten – ihr Lächeln strahlte von innen. Sie trieb keinen modischen Aufwand, trug aus Rücksicht auf ihren Roberto Slipper ohne jeden Hauch von Absatz.

Aber nicht nur körperlich machte sie sich kleiner. Sie schwieg gern, konnte zuhören ohne Drang, Mittelpunkt zu sein. In der Arbeit war sie die personifizierte Disziplin. Sie beherrschte ihren Text, mußte ihn nicht vor jeder Einstellung nachschlagen. Nie hätte sie sich in einen Sessel gesetzt, der zur Dekoration gehörte – dort räkelten sich unausgeschlafene Starlets. Fehlte der Klappstuhl mit ihrem Namen, blieb sie stehen, als sei das selbstverständlich. Ihrer Garderobiere gelang es nicht, Kaffee für sie zu holen.

»Das ist nicht deine Aufgabe«, sagte Ingrid Bergman und holte ihn selber. Ihre Herzlichkeit begeisterte alle. Sie gehörte sozusagen zum Stab.

»Da siehste den Unterschied«, berlinerte man hinter der Kamera, »det is eben 'n Weltstar.«

Ihr Name – zusammen mit dem des Maestro – lockte 2,6 Millionen Besucher in die Kinos und das, obwohl es sich um einen sogenannten anspruchsvollen Film handelte. Zum Vergleich: Seichte Renner brachten es seinerzeit auf acht Millionen Zuschauer und mehr. Bei entsprechend größerem Aufwand. Die Produktionskosten hatten sich auf DM 700 000,– belaufen. Geschäftlich konnte der Produzent zufrieden sein, ebenso künstlerisch. Jean-Marie Straub, ein damals schon renommierter Cinéast, hielt ANGST für den besten deutschen Film nach dem Krieg.

Aus pekuniärer Sicht betrachtet muten die Fünfzigerjahre heute nachgerade exotisch an. In dem Schlagerfilm DIE SÜSSESTEN FRÜCHTE FRESSEN NUR DIE GROSSEN TIERE stand ein gewisser Peter Alexander mit dem Titelsong zum ersten Mal vor der Filmkamera, zwei Drehtage lang, den Tag zu einer Gage von DM 150,–.

Wesentlich besser gepolstert, finanziell wie figürlich, wirkten im gleichen Film drei der unerläßlichen Augenweiden mit, ausgesucht hübsche Mädchen, eine von ihnen gar in einer tragenden Rolle.

Für die Anreise zum Drehort in Süditalien hatte die Produktion den Mitwirkenden und dem Stab einen Schlafwagen gemietet. Zur Verabschiedung erschien auch Produzent Franz Seitz am Bahnhof. Seine Geste sollte in einem für ihn typischen Privatspaß gipfeln. Nicht daß der geplant gewesen wäre; die Idee reifte erst bei einem Rundblick.

Außer Freund Buba hatten sich nämlich drei weitere Herren eingefunden, betucht und schon länger in den allerbesten Jahren, Herren, deren Tätigkeit in Filmkreisen häufig, für das Endprodukt gleichwohl vollkommen unwichtig war: die ständigen Begleiter der Augenweiden.

Übernächtigte Dackelblicke meldeten den Trennungsschmerz, kraftvolle Drücke bestätigten das Gefühlspotential, innige Küsse gelobten Treue. Die letzten Worte glichen einander wie auf allen Bahnhöfen.

Mach's gut! – Ruf mich gleich an! – Paß auf dich auf!

Winkend zwischen grinsenden Kollegen und den Führungskräften des Stabes, unter ihnen Franz Antel, der Regisseur, rollten die Augenweiden außer Sichtweite, hinaus in die Nacht, in viele Nächte.

Buba beobachtete die verlassenen Kavaliere und tat, was

er nur zu wichtigen Verlautbarungen tut – er nahm die Pfeife aus dem Mund.
»Meine Herren«, sagte er, »ich möchte sie jetzt ins Jagdmuseum einladen. Zur Entgegennahme der Geweihe.«
Da röhrten sie potent, die Ständigen, wie über einen unanständigen Witz. Franz Seitz behielt recht. Nicht eine der drei kehrte zu ihrem Unwiderstehlichen zurück.

Deutsche filmten im Ausland, Ausländer drehten in Deutschland. Der internationale Betrieb machte selbst vor mir nicht halt. Meine kabarettistischen Fertigkeiten konnten den Ausschlag nicht gegeben haben, denn der amerikanische Schauspieler und Produzent Douglas Fairbanks – lebenslänglicher Junior des legendären Hollywood-Altstars gleichen Namens – sprach kein Wort deutsch und hat unser Kabarett nie betreten.
Im Hotel Vier Jahreszeiten lernte ich ihn kennen und bekam meine erste Hauptrolle. In englischer Sprache. SILENT NIGHT hieß der Film. Er verklärte die Entstehung des Weihnachtsliedes *Stille Nacht* aus amerikanischer Sicht bis zum Segen des Salzburger Bischofs für den Komponisten. Und der war ich, Lehrer Gruber aus Oberndorf an der Salzach im bayerisch-österreichischen Grenzgebiet.
Auf der Kinoleinwand sah das Voralpenland dann mehr nach Disneyland aus, ein Ballungsraum von Folklore und Gemütlichkeit, mit U nicht mit Ü. Mittendrin Lehrer Gruber, vor sich auf dem Tisch die Zither und den Bierkrug. Nach einem letzten Schluck küßte ihn die Muse. Gewiß, es war kein Rheingold-Bier gewesen, dem die Welt das berühmte Lied verdankte; man begnügte sich raffiniert mit der Assoziation. Rheingold-

Beer, ein amerikanisches Brauereiprodukt jenseits des alpenländischen Reinheitsgebots, hatte den Film finanziert.

Mit dem Hollywood-Attribut des Verführers der Zwanzigerjahre, dem Menjoubärtchen, jenen zwei frivolen Gedankenstrichen über der Oberlippe, pries Douglas Fairbanks das Getränk im Vorspann und das in großer Höhe: auf der Terrasse des Schneefernerhauses unterhalb der Zugspitze, die seitdem im mittleren Westen wohl als Hausberg der Oberndorfer angesehen wird. Zur Premiere wurde ich nicht in die USA eingeflogen. Douglas Fairbanks jr. klopfte mir auf die Schulter und reiste ab.

Jahre später gab Benny Goodman sein erstes Konzert in München. Während der Pause nahmen mich Freunde in seine Garderobe mit. Eine kleine, mütterliche Frau öffnete die Tür, sah mich an und – wie heißt es doch so schön? – sie konnte den Blick nicht von mir wenden.

»I know you!« sagte sie und überlegte, »I'm sure I know you.« Nach einem Augenrollen schnippte sie mit den Fingern. »Christmas! Yes. Silent night! You are Lehrer Gruber, aren't you?«

Wie sich herausstellte, lief der Film jahrelang zu Weihnachten im US-Fernsehen. Der Popularitätsrausch des Filmstars aber blieb für mich auf dieses eine Mal beschränkt, und so ist mir der Name von Benny Goodmans Sekretärin unvergessen: Muriel Zuckerman.

Es war eine fröhliche Zeit beim deutschen Nachkriegsfilm. Nicht nur aus meiner Kleintierperspektive. Mit geschultem Improvisationstalent tat man, was man glaubte, daß man konnte, um den Anschluß an das internationale Niveau wieder herzustellen. Technisch, finanziell, künstlerisch. Die Prozentanteile dieser drei Ingredienzen variierten.

Es gab Beachtliches, wie NACHTWACHE, DUELL MIT DEM TOD, BERLINER BALLADE. Es gab die treuherzige Verwechslung von Gehalt mit Breite – im neuen Breitwandformat, einer technischen Revolution ohne erkennbare künstlerische Folgen. Format und Format sind eben zweierlei. Der deutsche Drang zur Tiefe lebte auf, die Problemsuche in Trümmern, das Erneuerungsgebaren. Zu manchem Seelenorgamus kam's – Charaktertriumph im Dickicht schicksalsschwerer Entscheidungen, Großmut vor Ort, wo andere versagen würden, trotz Klavieruntermalung. Die alte Ufa stand Pate, wie gehabt, in besten Akademikerkreisen, und Franz Schafheitlin spielte den Hausfreund, der eigene Begierde überwand: »Ich kann und darf nicht an mein Glück denken!«

Das einfache Glück fehlte nicht, die wundersame Fügung unter gesunden Gemütern in Gottes herrlicher Natur. Ein herzhafter Kuß oberhalb der Baumgrenze – wer möchte ihn verwehren, wenn ferne Blasmusik aus dem Tal das Dorffest ankündigt, just der rechte Platz, die Verlobung bekanntzugeben? Mag auch der Steinbock den Kopf schütteln wie ein gehörnter Voyeur.

Manch weißes Rößl trabte, als wär's ein Lipizzaner; Goldkehlen trällerten im Konditoreirokoko des Jagdschlößchens, wo der fesche Rittmeister beim Kammerfensterln seine weiße Uniform zerriß. So spielt es halt, das Leben.

Und dann – die wahre Tiefe, die Leere, das Nichts unter der verlorenen Hose. Verlorene Zeit, millionenhaft belacht.

Endlich war der Krieg auch kulturell verloren. Auf dem Weg über die DIE LETZTE BRÜCKE vollzog sich die Wende zum Wunder: der deutsche Film wurde erwachsen. Eltern, Verwandte, Spielgefährten denken noch heute mit Wehmut an seine unbeschwerte Kindheit zurück. Jetzt wissen sie, was nicht in den Drehbüchern stand: Fröhliche Zeiten erkennt man an den arglosen Fehlern, aus den unfröhlichere erwachsen. Weil niemand auf die Nestbeschmutzer hört.

ZURÜCKGEBLÄTTERT

In der Münchner Abendzeitung vom 10. Juni 1952 stand unter *Ganz privat* zu lesen:

> *In den frühen Morgenstunden des Samstags hat sich in der »Arche Noah« der Münchner Kabarettist Oliver Hassencamp an einem Käsebrot einen Backenzahn ausgebissen.*

Kommentar:
Man war damals für den Verlust von Privateigentum noch so trainiert, daß man sich später nur schwer daran zurückerinnern kann. An meinem Backenzahn hatte wohl der Kollege von der Zeit hauptsächlich genagt. Die jahrelange Überforderung mit hartem Kommisbrot kann als ausschlaggebend angenommen werden. Der Käse in der Arche Noha jedenfalls war 1952 längst wieder von friedensmäßiger Qualität. Das Lokal, damals ein beliebter Schwabinger Treffpunkt, befand sich auf einem Trümmergrundstück Ecke Leopold/Martiusstraße in einer alten Militärbaracke, wo der Boden beim Tanzen federte, nicht nur weil die Drei-Mann-Kapelle sehr heiße Musik produzierte.
Betrieben wurde der Laden von einem bühnenflüchtigen Schauspieler. Knut Benecke hieß er – wir hatten zusammen im Brunnenhoftheater auf der Bühne gestanden, ohne nennenswerten Mißerfolg, hatten als Schwarzhändler dagegen kläglich versagt.
An dem zunächst vielversprechenden Versuch, kurz vor

der Währungsreform einige hundert Flaschen Himbeergeist aus nicht mehr rekonstruierbarer Quelle mit Gewinn zu veräußern, wären fast unser beider Lebern betriebsuntauglich geworden.
Nachgerade dilettantisch seriös fühlten wir uns im allgemeinen Betrugsklima verpflichtet, die Ware vor Weiterverkauf zu prüfen. Nicht stichprobenweise, sondern durch ein Schlückchen aus jeder Flasche. Ärzte fanden für unser reelles Geschäftsgebaren eine völlig andere Bezeichnung. Sie sprachen von Alkoholvergiftung. Es blieb nicht bei diesem Schlag. Das Geschäft scheiterte – der Abnehmer war plötzlich verschwunden.
Die Erinnerung an diesen Verlust ist lückenlos. Schon beim Duft von Himbeergeist rebelliert noch heute der gesamte Organismus. Ich kann hier mit gutem Gewissen für den Ex-Kollegen Benecke sprechen, der sich später nach Süden abgesetzt hat. Er betreibt in Spanien ein Restaurant. Sollte auf der Getränkekarte von Don Knut unter *Spirituosen* kein Himbeergeist zu finden sein, wäre das nur zu verständlich.
In die Rolle des Gastronomen war er geschlüpft, um eine Zeit ohne Engagement zu überbrücken. Er half aus, entdeckte dabei unvermutete Talente und nutzte sie, bis aus der Überbrückung Beruf wurde. Da ihm das Grundstück, auf dem die Arche stand, nicht gehörte und er an Asthma litt, war die Auswanderung eine Existenzfrage. Seine Freundin und Kollegin ging mit. Als seine Frau.
Schicksale zeigten sich damals deutlicher. Was man ist, das ist man geworden. Gelernt hat man's nicht, um es zu werden. Probieren ging – wie man so sagt – über Studieren. Mancher arbeitete sich in eine Tätigkeit ein, die sich ergab, weil er in der Nähe wohnte. Oder frei nach dem immer hilfreichen Geheimrat Goethe: Keiner kennt seine

Kräfte, ehe er sie nicht versucht hat. – Kräfte, die er, ohne Not vor eine Berufswahl gestellt, nie bei sich vermutet hätte.
Und so lächelt heute mancher über planmäßige Ausbildung. Nicht nur bei Akademikern, wo die Speicherfähigkeit des Gehirns honoriert wird, unbesehen innerer Beziehung zum Metier, dem Talent, etwas Eigenes damit anzufangen, von Lust am Risiko gar nicht zu reden.
Heute geht es um Sicherheit. Löblich gewiß, doch für ein langes, zufriedenes Berufsleben etwas wenig. Die angeblich betrogene Generation lächelt zuletzt. Ihre Aussichtslosigkeit war ein elementarer Ansporn. Aus Handicap wurde Vorsprung.

Im Schlafzimmer des Staatsintendanten Curth Hurrle (Theater am Gärtnerplatz) nistet ein Schwalbenpärchen, das auf vier Eiern brütet.

Kommentar:
Diese *Ganz Privat*-Meldung der Münchner Abendzeitung aus dem Jahr 1952 erhellt in zu Herzen gehender Weise die noch immer angespannte Lage auf dem Wohnungsmarkt. Daß Schwalben ungehindert in den Intimbereich eines gehobenen Staatsdieners vordringen konnten, war für den Bürger beruhigend. Er wußte sich in der jungen Demokratie geborgen. Hier wurde der Wiederaufbau gerecht vorangetrieben. Schäden in den Behausungen wichtiger Persönlichkeiten hatten keinen Vorrang.
Der Staatsintendant selbst und seine Frau gewannen zusätzliche Sympathien. Einerseits als Tierfreunde, indem sie das Schwalbennest ließen, das ihr eigenes

Nest erheblich bekleckerte, andererseits als Kulturschaffende. Sie waren keine Miefschläfer hinter geschlossenen Gardinen, keine verqueren Stubenhocker. Sonst hätten sich die sensiblen Vögelchen einen anderen Nistplatz ausgesucht.
Ihr Verbleib bewies das Niveau ihres Hauptmieters. Gerade ein Theatermann braucht in seinem fensterlosen Musentempel einen gelüfteten Kopf, um das Schwingungsspiel auf der Bühne in Harmonie zu bringen. Schwalbendreck ist gewiß ein seltenes, gleichwohl überzeugendes Lob für die Qualitäten eines künstlerischen Menschen.

Ideen waren damals alltäglich. Auch beim Bayerischen Rundfunk. Die folgende Zeitungsmeldung mag es belegen. Ein Mitarbeiter des Senders hatte vorgeschlagen, als Gegenstück zu der Sendreihe DIE REGIERUNG SPRICHT eine andere, DIE REGIERTEN SPRECHEN, einzuführen.
»Ich finde«, sagte er, »daß für den einfachen Staatsbürger, der hilflos der Staatsmaschinerie gegenübersteht, ein Forum geschaffen werden müßte, in dem er zu Wort kommt. Allerdings nicht bei privaten Nörgeleien, sondern nur in Fragen, bei denen es sich um einen echten Konflikt zwischen Bürger und Staat handelt.«
Daß ein Staatsminister davon hörte, mag Zufall gewesen sein. Um so gezielter war seine Antwort:

> »Die Demokratisierung des Rundfunks ist nur darauf abgestimmt, das Volk vor der Regierung zu warnen. Damit erzieht man eine Anarchie des Volkes, die auf die Dauer den Bestand des Staates untergraben muß. Es ist an der Zeit, dieser Entwicklung entgegenzutreten!«

Kommentar:
Bei vorliegendem Text handelt es sich – so unwahrscheinlich das anmuten mag – *nicht* um Sience fiction von Ludwig Thoma. Der Vorschlag wurde 1949 tatsächlich gemacht.
Ideenfeind im Kabinettsrang war der Restaurator und Schwarzmaler Dr. Alois Hundhammer. Sein Kinnbart galt damals als Erkennungszeichen für altväterische Rückschrittlichkeit. Seine Denkweise dagegen beschleunigte die befürchtete Demokratisierung. Unfreiwillig hat er sich um das Vaterland verdient gemacht. Und um das Kabarett – eine seltene Union.

November 1955

Prinz Franz von Bayern siedelt in den nächsten Tagen zur Fortsetzung seines Jurastudiums von Schloß Berg nach Schloß Nymphenburg über.

Kommentar:
Sozusagen das Gegenteil von Millöckers BETTELSTUDENT und Beweis für den Aufschwung im Freistaat. Kein Mangel an Schlaf- und Studienplätzen. Für einen Bayern.

3. Februar 1954

Die Zeitschrift »Madame« veröffentlicht in einer Reportage über Schwabinger Leben ein Oktoberfestfoto der beiden Karikaturisten der Süddeutschen Zeitung, Ernst-Maria Lang und Ernst Hürlimann, mit dem Bildtext: »Auch Fernfahrer sind vertreten«.

Kommentar:
Der Psychophysiognomik, nach Carl Huter die Wissenschaft, vom Äußeren auf das Innere zu schließen, an Körper, Gesicht und Ausdruck Charakter, Talente und Tätigkeit abzulesen, wurde hier nicht bemüht. Sonst hätte man bemerkt, daß der Umgang mit dem Zeichenstift andere Züge prägt, als der Umgang mit Schaltknüppel und Handbremse. Um Irrtümer zu vermeiden, beschriften Bildreporter ihre Schnappschüsse.
Hat der Redakteur seine Sorgfaltspflicht vernachlässigt? Vermutlich durfte Schwabing nicht nach elitärem Künstlerviertel aussehen. Der Trend zum Sozialen mußte durchschimmern und sei's auf Kosten der Richtigkeit – ein Beispiel, das Schule machen sollte.

15. Januar 1954

Erich Kästner machte bei der Geburtstagsfeier für den Schriftsteller Wilhelm Herzog den Vorschlag, die Herzog-Wilhelm-Straße in Wilhelm Herzog-Straße umzubenennen.

Kommentar:
Obwohl aus Scherz oft Ernst wird – man braucht ihn nur falsch zu verstehen – geschah in diesem Fall nichts. Vielleicht dachte der zuständige Beamte, der eine sei in der Bevölkerung so unbekannt wie der andere.

22. Oktober 1955

Generalkonsul Herbert G. Styler bediente sich im »Weichandhof« selbst, da die ganze Belegschaft mit einer Hochzeit voll beschäftigt war.

Kommentar:
Daraus sollte nicht geschlossen werden, der Generalkonsul habe der Einfachheit halber auch gleich das Hochzeitsmenü mitgegessen. Bei allem Entgegenkommen wahrte er doch stets Distance.

16. November 1955

Bei einem Abend im Hause des Rechtsanwalts Dr. Fritz J. Berthold las Joseph-Maria Lutz aus seinen Werken, die Weilheimer Vier sangen und Thomas Wendlinger spielte bayerische Volksmusik. Unter den Gästen befanden sich Staatsminister Friedrich Zietsch, Staatssekretär Joseph Panholzer, Dr. Alois Hundhammer, Staatsintendant Prof. Rudolf Hartmann, die Regisseure Willi Forst und Franz Antel, Fred Kraus und Hannelore Bollmann.

Kommentar:
Solche buntgemischten Gesellschaften sollte Freund Fritz nicht mehr lange geben. Sein Berufsethos kollidierte mit Parteiinteressen – wie er's umschrieb. Seine spektakuläre Verhaftung mit Fernsehen und Presse markierte für viele eine Wende zum Wundern. Zivilcourage wurde Störfaktor, die politischen Sitten begannen schon wieder zu verfallen.

Bieridee

Jedes Jahr in der Fastenzeit nach dem Fasching versammelt sich in München die einheimische Prominenz aus Politik, Wirtschaft, Erfolgsgewerbe, etwas Wissenschaft und etwas Kultur, angereichert mit namhaften Zugereisten, die als dialektkundig und damit bayrophil gelten, in der Paulaner-Brauerei. Anlaß ist der Anstich des Salvators, des Fastenbiers, einem hochprozentigen Gebräu, hervorragend geeignet, das Weltgeschehen zur rosa Zeitlupe zu verklären, keineswegs aber zum Fasten.
Die Salvator-Probe findet am Vormittag statt. Im Bierdunst, bei Blasmusik, Weißwürsten, Radi und sämtlichen Spezialitäten des Landes prüfen die Geladenen den dunklen Gerstensaft auf seine Bekömmlichkeit fürs Volk, dem sich der Zapfhahn erst später öffnet.
Es geht exportbayerisch zu, folkloristisch-jovial, man trägt Leutseligkeit und Trachtenanzug. Auf der Bühne läuft ein Derbleckprogramm ab, in dem kommunale wie freistaatliche Zustände behutsam-grantig angeprangert werden. Samt den Zuständigen. Der jeweils Angeschossene – der Derbleckte – lacht dann heftig in die Fernsehkamera. Humorbeweise sind hilfreich zur Wiederwahl. Auch Bundesminister wissen das und weilen so zufällig in der bayerischen Hauptstadt, daß man sie einladen muß.
Das Programm ist ausgewogen. Es proporziert mehr als es provoziert. Die Gaudi kommt dabei aber nicht zu kurz. Wenn Volksschauspieler und dialektfeste Kabaret-

tisten in gelungener Maske, in Tonfall und Bewegung als Säulen des Freistaats auftreten und zu den unten sitzenden Originalen Blinzelkontakt aufnehmen, beutelt Gelächter die Geladenen, auch ohne Fernsehkamera.
Für die Mitwirkenden kommt zum Spaß noch die Ehr'. Wo sonst findet man ein Publikum, derart dicht mit Spitzen besetzt? Sie werden gesehen und es liegt bei ihnen, wie nachhaltig sie sich bemerkbar machen. Nach mehrmaliger Teilnahme spreche ich aus eigener Erfahrung.
Mit Atmosphäre, Örtlichkeiten und Ablauf vertraut, wollte ich beim Anstich 1955 noch einmal dabei sein. In einer Lieblingsrolle. Die freiwillige Abwanderung an den Schreibtisch stand endgültig fest.
Um einen gewissen Überraschungseffekt zu erzielen, sollte mein Auftritt auch vor den anderen Mitwirkenden geheimgehalten werden. Veranstalter und Regisseur waren einverstanden.
Auf daß die Täuschung sicher gelinge, schrieb ich einen Sketch, genauer nur einen halben. Relativ lustiges Geplänkel bis zu einer mittelmäßigen Pointe. Damit niemand enttäuscht ist, wenn's nicht weitergeht.
Die Halbheit, mit gebremstem Witz, gelang spielend. Die andere Hälfte, mein Auftritt mit dicken Pointen in möglichst kurzen Abständen, bereitete viel Kopfzerbrechen. Solche Texte entstehen, indem man sie immer wieder laut spricht und spielt. Die Darstellung selbst machte mir keine Sorgen. Sie war mir aus einem Programm der *Kleinen Freiheit* geläufig und von der Mentalität her vertraut. So konnte ich, unterstützt von einem Garderobier und einem Maskenbildner der Kammerspiele, die selber Spaß an dem Spaß bekamen, größte

Sorgfalt dem gerade für diesen Auftritt entscheidend wichtigen, äußeren Erscheinungsbild widmen.
Alle Mitwisser hielten dicht. Um nicht gesehen zu werden, fuhr ich erst eine halbe Stunde nach Beginn der feuchten Fröhlichkeit zum Bierkeller. Verhüllt huschte ich in einen Nebenraum, winkte einem Biermadl und schickte es zum Regisseur Emil Vierlinger, gleichzeitig Conférencier und allen im Haus bekannt.
»Sag ihm einfach: Jetzt is er da. Er weiß dann scho.«
Ein letztes Zurechtzupfen vor dem Spiegel. Vierlinger kam, sah und schüttelte den Kopf. »Wahnsinn!«
Auf Hochdeutsch ein Lob für die Leistung des Maskenbildners. Wir gingen zur Saaltür, wo ich hinter einem Schrank wartete. Kellnerinnen kamen vorbei, lachten oder stutzten.
»Des is doch der ...«
Und gingen weiter, die Maßkrüge zur Stoßstange gebündet, in den Saal. Sie würden nichts verraten. Von der fernen Bühne hörte ich bruchstückweise meinen lahmen Sketch.
»Moment!« tönte da nach der letzten müden Pointe Vierlingers Stimme über den Lautsprecher. »Ich muß das Programm leider unterbrechen ...« Routiniert wartete er, bis es still wurde im Saal, und fuhr dann fort. »Völlig überraschend haben wir höchsten Besuch aus Bonn bekommen. Meine Damen und Herren, ich bitte Sie, sich von ihren Plätzen zu erheben, Bundespräsident Theodor Heuss betritt soeben den Saal.«
Stuhlbeine rutschten, Köpfe drehten sich, ich zog noch einmal an der Zigarre und machte mich unter huldvollem Nicken und monarchistischem Winken auf den langen Weg.
Es ist schön, Spalier zu gehen. Im neugierigen Wohlwol-

len von beiden Seiten entrollt sich der rote Teppich gewissermaßen von selbst. Viel Stirnrunzeln gab's, ob oder ob nicht, bis sich die Spannung in Freude an der Parodie löste. Auf Beinen, die sich um Jahrzehnte älter fühlten, stapfte ich das Bühnentreppchen hinauf, lehnte mich genüßlich in den Beifall, die Spender mit Gestik und Mimik des Landesvaters bewirtend.

Unter mir die Oberen im Staate, deren Oberster ich war. Ich sehe sie noch vor mir, Joseph Baumgartner, den stämmigen Landwirtschaftsminister der damaligen Viererkoalition; neben ihm sein winziger Parteifreund von der Bayernpartei, Innenminister August Geislhöringer; die beiden letzten königlich-bayerischen Sozialdemokraten, Regierungschef Wilhelm Hoegner und Waldemar von Knoeringen; den Bundesminister Fritz Schäffer aus Bonn, den »Ochsen-Sepp« Joseph Müller, den Oberbürgermeister Thomas Wimmer von der Noch-nicht-Millionenstadt, Kultusminister August Rucker, Wirtschaftsminister Otto Bezold, Justizminister Fritz Koch, die ganze Spezi-Spezies vorn auf den Ehrenplätzen, und sah sie plötzlich anders.

Dank meiner Rolle als Berufskollege glaubte ich zu verstehen, woher diese so unterschiedlichen Führungskräfte auch in fortgeschrittenen Jahren die Reserven nehmen, um, offenbar schadlos, eine Hundertstundenwoche an die andere zu reihen:

Sie schöpfen aus dem Jungbrunnen der Macht. Sie kreisen als omnipotente Narzisse ständig um sich selbst, spiegeln sich in der Menge, deren Mittelpunkt sie sind, wo immer sie hinkommen. Spiegelbilder ermüden nicht, der rote Teppich klebt ihnen an den Sohlen, sie schreiten voran, eröffnen, weihen ein, legen den Grundstein, den Kranz nieder, pflanzen den Baum, ermuntern die

Zögernden, weisen den Weg zum Guten, zum Besseren und zum Besten ihrer Karriere.
Keine Alltagsmühsal zerrt an ihren Nerven, der Wagen steht bereit, das Flugzeug, der beste Platz, das beste Bett, das feinste Essen. Kein Koffer behindert den Gruß an die Menge, keine Aktentasche. Sie strecken die Arme nach rückwärts, schon ist der Mantel da, sie öffnen ihn, schon wird er abgenommen. Ohne Blick reichen sie den Hut zur Seite; die Hand kommt, ihn entgegenzunehmen, während ein Referent Daten souffliert, die sie sogleich mit fester Stimme verkünden werden.
Trotz überquellender Terminkalender haben sie mehr Zeit als andere, Zeit, um gleichsam nahtlos von Essenz zu Essenz zu flattern. Sie brauchen keine Uhr, kein Bargeld, keinen Schirm. Überall sind Helfer zur Stelle, um sie weiterzurollen wie auf Schienen, zur Rede, die andere für sie verfaßt haben, zur Unterzeichnung. Abschließend beim Händedruck lächeln sie fürs Foto.
Leben sie überhaupt in der Welt, die sie regieren? Man soll Äußerlichkeiten da nicht unterschätzen. Ihre Polemiken gegeneinander sind Theaterdonner fürs Volk. Danach sitzen sie zusammen, hinter verschlossenen Türen, Tage, Nächte, beim Poker um Zentimeter von Macht. Der Einsatz gipfelt in der eigenen Person – für Spielernaturen das sinnlichste Risiko. Der Sieger läßt sich bejubeln, stellt eine Weiche, delegiert die Arbeit. Die andern mischen indes die Karten für das nächste Spiel.
Mit den weitausholenden, kontemplativen Armbewegungen des schwäbischen Landesvaters ruderte ich aus der Gedankenerleuchtung im noch andauernden Beifall ans Mikrophon. Ein Proberäuspern schaffte Stille.
Vorab gab der Bundespräsident seine Freude kund

sowie die Ehre, als alter schwäbischer Weintrinker ein bayerisches Starkbierfest eröffnen zu dürfen. Er könne sich dabei eines gewissen protestantischen Lächelns nicht erwehren. In sattem Bariton verglich er sodann das Gewerbe des Winzers mit dem des Politikers und zog für beide den Schluß: Im Wein liegt Wahrheit. Der Schwindel liegt im Etikett.
Über den Maßkrug, der ihm gereicht wurde, peilte der erste Mann im Staat einige Politiker zu knapper Zwiesprache an; die solchermaßen Geehrten ließen ihren Humor dröhnen. Dem umstrittenen Bayernparteichef im lockeren Grauhaar spendete er Trost: In Württemberg braucht man keine Bayernpartei. Dort ist man auch ohne Parteibuch schwäbisch. Nach langem, bedächtigem Schluck aus dem Maßkrug auftauchend, nickte der hohe Gast dem Ministerpräsidenten zu. »Jaja. Wer hätte das gedacht – Kollege Hoegner! Aber in Bayern ist mir eigentlich jede Regierung recht. Bei *dem* Föhn und *dem* Bier passiert nix.«
Unter Beifall und Tusch verließ sodann der Bundespräsident in würdiger Haltung den Saal.
Mit diesem präsidialen Auftritt beendete ich meine Bühnentätigkeit. Kabarett war für mich nicht der Platz, um zu ergrauen. Kabarett bedarf studentischer Frische. Der Elan soll biochemisch begründet sein; Amateurstatus; nicht ironisches Gewissen der Nation auf Frischzellenbasis.
Das Gefühl, jetzt sei es genug, trog nicht nur bei mir nicht. Erst später merkt man, daß eine persönlich glückliche und erfolgreiche Zeit im größeren Zusammenhang mitschwingt. Unser Nachholbedarf war gestillt. Überschäumende Lebensfreude, spontane Herzlichkeit, die naive Lust am Improvisieren erlahmten im Mahlsand des Fortschritts.

Recht auf Heiterkeit

Hassencamp stürzt Faschingsprinz – diese Schlagzeile auf der Titelseite der Münchner Abendzeitung Anfang Februar 1956, im Hochfasching also, sollte eine Dauergaudi verheißen, mit absehbarem Ende am Aschermittwoch.

Die Idee hatte lange brachgelegen. Wie schon betont, langweilte das jährliche Fröhlichkeitszeremoniell des etablierten Narrenkartells nicht nur mich. Kam einer der großen öffentlichen Bälle gerade in Schwung oder lief bereits auf Hochtouren – der Seeräuber hatte seine Haremsdame gefunden, der Onkel im Ringeltrikot grabschte nach einer femme fatale, die Bajadere schwankte noch zwischen zwei Scheichs – da wurde das kollektive Tändeln jäh unterbrochen. Marschmusik schmetterte die Sinnenfreude nieder, prächtig aufgepfaut zog das Prinzenpaar ein, mit Hofstaat und schenkelstrammer Garde wie in einer Militäroperette. Ein opulentes Bild, gewiß, leider zur Unzeit.

Man interrumpiert kein erotisch-rhythmisches Bacchanal mit materialischem Ritual, das obendrein schon jeder kennt. Werfen Gardemädchen ihre Beine noch so hoch, sie blockieren die persönlichen Aktivitäten, degradieren kreative Maskerer zu Touristen. Was soll der arme Prinz, von Großkaufleuten gewählt, seinem närrischen Volk, das ihn nicht kennt, in seiner Ansprache denn Mitreißend-Komisches erzählen, wenn er nur hereinplatzt in fremde Bälle x-mal am Abend, ohne Zeit, sich auf die

spezifische Stimmung einzustellen? Er kann sie nur töten. Und Seine Tollität tut es, muß es tun, mit einem der verläßlichsten Frohsinnskiller: er verteilt Orden an die Elite angeblich humorbesonnter Bürger.
Bei uns galt die geballte Faustregel: Je gelungener das Fest, desto störender der Prinzeneinzug.
Was hat Konvention im Fasching verloren? Mußte Adenauers These *Nur keine Experimente* auch in der fünften Jahreszeit gelten?
Eine Störung der Störung schwebte mir vor, eine parodierte Revolution mit wechselndem Glück, täglich neuen Aufregungen und veralberten Kampfmaßnahmen. Erbittert sollte es zugehen, Spaß um Spaß, in faschingsmäßigem Rollenspiel zur Belustigung der Allgemeinheit.
Ich fand humorpotente Mitstreiter, Männer mit dem nötigen Ernst für eine vorbildliche Gaudi. Erich Kästner, Werner Finck, Walter Kiaulehn und als einzigen Münchner Siegfried Sommer. Der Architekt und politische Karikaturist Ernst Maria Lang entwarf das für eine ordentliche deutsche Revolte unerläßliche Emblem, wir formulierten einen ersten Aufruf und gaben ihn in Druck

> Genug geprinzelt! Es hat sich ausgegardelt!
> *Die Faschingsrepublik ist ausgerufen!*
> Ein Häuflein entschlossener Männer hat das Steuer herumgeworfen. Jetzt ist es endlich soweit! Es gibt keine Tollität mehr, nur noch Tolleranz. Der Freistaat Schwabing ist zur Faschingsrepublik erklärt worden! Alle Funken-, Prinzen- und andere Garden haben sich mit sofortiger Wirkung als entwaffnet zu betrachten. Sämtliche Jungelfer gehören um neun Uhr ins Bett!
> *Organisierter Humor ist tierischer Ernst!*

Wer sich jetzt noch von volldilettantischen Humorgesellschaften langweilen läßt, handelt gegen jedes Volksvergnügen und wird als Provokateur rücksichtslos ausgelacht!
Wir sind zum Äußersten entschlossen! Tausende von Begeisterungsschreiben sind bereits bestellt und nicht mehr rückgängig zu machen.
Wir erwarten Sie am 8. 2. 56 um 20.30 Uhr im *Studio 15* zur Entgegennahme der Regierungserklärung der Faschingsrepublik Tolleranzia.

Das Aktionstribunal:
Werner Finck Oliver Hassencamp Erich Kästner
Walther Kiaulehn Siegfried Sommer

Masken-, Visier-, Wein- und andere unkomische Zwänge wie Ordentragen und Prinzenwalzer entfallen als endgültig überlebt.

Das Echo auf diese erste Revolution mit Voranmeldung blieb nicht aus. Sie entzündete sich im Blätterwald. Sämtliche Münchner Zeitungen berichteten darüber. Da fand sich in einem Blatt unter der Schlagzeile

Münchner Faschingsprinz soll zurücktreten,

eine zweite: *Faschingsrepublik von drei Zuagroasten ausgerufen!* Wir jubelten. Diese Zurückstufung mit dem Scherzschimpfwort bayerischer *Mir-san-mir-*Apartheid war Öl ins brennende Gelächter. Und es gab Gleichgesinnte, wie wir nachlesen konnten.
Unter der Überschrift *Mit dem Rummel unzufrieden* hieß es an anderer Stelle:

... ähnlich wie *Die Gaukler,* die sich heuer vom Münchner Fasching zurückgezogen haben, weil sie denselben in der heutigen Form strikte ablehnen, fordern die Unterzeichneten des »Aktionstribunals« und mit ihnen viele namhafte Münchner Künstler »Schluß zu machen mit dem bürokratischen Faschingsrummel und der geschäftstüchtigen Humorindustrie«.

Der erhoffte Spaß zeugte laufend Ideen. Parodistisch-korrekt brachten wir am Siegestor Plakate an. Stadteinwärts:

Sie verlassen den demokratischen Faschinssektor

und stadtauswärts:

Sie betreten den demokratischen Faschingssektor.

Am Ort der Proklamation der Republik, dem ehemaligen, vom Krieg verschonten, erst der Zerstörung durch den Wiederaufbau zum Opfer gefallenen Pavillon des Prinz Leopold-Palais an der Leopoldstraße zierten kernige Parolen die Wände.

Kein toilettäres System! Nur Prinzenabtritt! oder *Verordneter Humor ist keiner!* und so weiter.

Mit Kreissägen behutet betraten wir Revoluzzer am Abend den Saal. Mehrere jubelten uns zu. Für Gedränge von Republikanern war es noch zu früh. Später aber konnte die Proklamation nicht stattfinden. Wir hätten genau das getan, was wir beanstandeten: die Ballnacht gestört. Die gewollte Wende gründlicher vorzubereiten, verbot uns unsere Verfassung. Organisierter Humor kann nur unorganisiert angegriffen werden.

Ohne feststehende Reihenfolge teilten wir uns in die Regierungserklärung. Jeder sagte, was er kundtun wollte und strapazierte die demokratischste aller Vokabeln, das Wörtchen *fordern.*

Walter Kiaulehn forderte – ganz Revolutionär – den Kopf

des Faschingsprinzen. Seine Formulierung ist mir im Gedächtnis geblieben: »Höflich bis zum Schafott. Aber geköpft wird doch.« Den Seitenhieb einer Zeitung auf die Nicht-Bayern im Aktionstribunal parierte er nebenbei: »Es liegt im Prinzip des Zureisens, daß man einmal ankommt. Jeder Zuagroaste will heimisch, will Einheimischer werden. Das haben am besten die Wittelsbacher bewiesen.«

»Im Namen aller humorentmündigten Münchner«, forderte Werner Finck, man müsse verhindern, daß der Gegner, die Faschingsgesellschaft *Narrhalla,* mit ihrer chronischen Witzlosigkeit die ganze Stadt stört. Die Prinzengarde müsse nicht mehr einziehen, sondern eingezogen werden, zumal sie erst nach den vielen Fridericus Rex-Filmen entstanden sei. Leider habe sie das Wort des alten Fritzen nicht befolgt: Kerls, wollt ihr denn ewig leben?

Wir stimmten noch eine Hymne auf die Faschingsrepublik an, wie sich das für stramme Revolutionäre gehört, und forderten zum Mitsingen auf. Fürs erste war das genug. Am nächsten Abend wollten wir bei einem Prinzeneinzug rebellieren. Es ging uns darum, das Pulver nicht sofort zu verschießen, sondern die Maßnahmen langsam zu steigern. Bis zum Aschermittwoch.

Nachdem alles gesagt war, traten wir ins maskierte Privatleben zurück – wir tanzten. Es handelte sich ja um einen Faschingsabend. Und wie es da so geht, zerstreuten wir uns, zogen weiter auf andere Bälle. Freiwillig.

Seine Tollität Albrecht I., von Beruf Juwelier, zog auch von Ball zu Ball. Dienstlich. Bis der Verplante den letzten Prinzenwalzer getanzt, den letzten Orden verliehen hatte, war Mitternacht vorüber. Doch Albrecht Heiden, von Freunden *Burschi* genannt, drängte weiter, feind-

wärts. Er wollte seinen Thron verteidigen, um unsere Kritik zu entkräften, am liebsten mit Humor.
Durfte er das?
Seine Tollität zog es vor, sich zu erkundigen. Nach Rücksprache mit dem damaligen Narrhalla-Chef – zivil ein Chef im Übernachtungs- und Bewirtungsgewerbe – erhielt er die Erlaubnis, mit verkleinertem Stab und verkleinerter Garde ins Proklamationspalais zu marschieren. Bei der etablierten Organisation hieß das, er fuhr, von Funkstreifenwagen eskortiert, mitten durch das Siegestor, was sonst keiner darf. Nicht einmal im Fasching.
Wir lasen darüber anderntags in der Zeitung:

> Am Mittwochabend um 22 Uhr wurde im *Studio 15* in Schwabing die *Münchner Faschingsrepublik* ausgerufen. Die Revolutionäre riefen begeistert »Nieder mit dem Prinzen«!
> Vier Stunden später – um 2 Uhr – tauchte im Studio der Faschingsprinz mit Prinzessin und Hofmarschall auf, und die frischgebackenen Republikaner riefen begeistert »Hoch lebe der Prinz«!
> Ein Aktionstribunal, dem Oliver Hassencamp, Werner Finck, Walther Kiaulehn, Erich Kästner und Siegfried Sommer angehören, hatte den Sturz des Prinzen seit einigen Tagen vorbereitet. Als der Prinz im Studio auftauchte, waren die Mitglieder des Aktionstribunals bereits wieder verschwunden. Der Prinz war von dem begeisterten Empfang überrascht und sagte: »Ihr seid mir die richtigen Republikaner.« Die scharfen Kreissägen, die sich die Freistaatler angeschafft hätten, um ihn abzusägen, seien wohl erst noch beim Schärfen.

Uns gefiel das. Mit diesem Prinzen konnte man Lachsalven austauschen. Was in einer anderen Zeitung stand, ließ uns allerdings daran zweifeln.

> ... Der Prinz verließ mit Jungelfern und kleiner Garde nach zehn Minuten wieder das Lokal. Verkleidete Spione der Narrhalla waren im Saal verteilt und schauten dem Volk auf das Maul. Das Ergebnis ihrer aufopfernden Tätigkeit: Die Narrhalla sagte eine für Donnerstag geplante Sondersitzung, die sich mit der Revolution befassen sollte, ab und gab auch keine Erklärung ab ...

»Die Republikaner haben sich selbst so blamiert, daß jede weitere Maßnahme Leichenfledderei wäre – wir versetzen keine Tiefschläge«, war am Vormittag im Brustton der Überzeugung von den Narrhallesen zu hören.
So viel aufatmende Fairneß machte uns stutzig. Die Narrhalla und ihr nahestehende Zeitungen betrachteten die Revolution als gescheiterten Scherz für einen Abend. Nur weil der Prinz zu spät kam. Dabei war die Proklamation doch erst die Ouvertüre. Wenn die Gegenseite das nicht begriff, mußten wir's ihr beibringen. Mit neuen Aktionen.
Bei einem Auftritt im Fernsehen belehrte ich als Humorbeamter potentielle Ballbesucher über korrekte Ausgelassenheit mit allen Rechten und Pflichten, die zu verwaltetem Frohsinn gehören, beziehungsweise zu ihm führen.
Zuschauer lachten; die Narrhalla schwieg. Betrachtete sie uns ernsthaft als Feinde? Wir erwogen, den Prinzen anzurufen und ihm zu sagen, wie wir's meinten:
Laßt uns die Parodie eines Machtkampfes durchspielen mit täglichen Erfolgsberichten beider Seiten in den Zei-

tungen. Etwa so: In der letzten Nacht haben die Republikaner die Faschingshochburg im *Haus der Kunst* erobert. Tausende schöner Frauen fielen ihnen in die Hände und um den Hals.
Dazu die Gegenseite: Prinz Albrecht I. und seine Narren verteidigten die Faschingshochburg im *Deutschen Theater* mit List und Eros. Eindringende Republikaner wurden von Gardemädchen so lange mit Orden behängt, bis deren Gewicht sie zu Boden zog.
Es sollte Zusammenstöße geben, Kanonaden mit Sektkorken, Entführungsversuche und am Aschermittwoch gemeinsame Siegesfeier beim traditionellen Fischessen.
Das hätten wir dem Prinzen sagen wollen. Der hatte Humor. Doch er regierte ja nicht allein.
Um die eingefädelte Zwietracht zu retten, wandten wir ans an den Chefredakteur der Abendzeitung. Tatsächlich brachte der Monarchisten und Republikaner zu ernsthaften Humorverhandlungen an einen Tisch. Wir hatten leider nichts zu lachen. Man hielt uns für gefährlich. Wir hätten uns der Schlagwörter einer echten Revolution bedient – hieß es. Unser Gegenargument: Daran erkenne man die saubere Parodie – verfing nicht.
Ein Obernarr griff mich wegen meines Fernsehauftritts an. Ich weiß es noch wörtlich:
»Was Sie da gesagt haben, ist beleidigungsklagereif. Da kommen Sie nicht mit einer Geldstrafe davon. Das gibt Gefängnis.«
»Danke«, sagte ich. »Genau so habe ich mir Fasching vorgestellt.«
Es half nicht. Mit jeder schnellen Antwort vertieften wir nur den Graben. Zwar wurde gelächelt, auch blinzelten Kontrahenten einander zu, die Tollität vor

allem, doch der Krieg im Saal wurde verweigert, der Apparat war zu schwerfällig.
Wo Ballveranstalter Prinzeneinzüge für viel Geld bestellt haben, darf's keine Störung geben. Die hat man nicht bestellt. Wenn da nicht jeder merkt, daß es Spiel ist, wer trägt dann die Kosten für die Pleite?
Eine bierernste Zeitungsumfrage, was Münchner vom Fasching ohne Prinzepaar halten, hatte uns Gänsehaut in die Lachfalten getrieben. Da hieß es aus Akademikermund:

> *... ich würde es jedenfalls sehr bedauern, wenn den Münchner Fasching künftig kein Prinzenpaar mehr regieren würde. Im Haus der Kunst kann man den Fasching ruhig so weiter feiern wie bisher (Anmerkung: ohne Prinzeneinzug, nur mit heißer Musik), aber sonst soll der bürgerliche Fasching in München nicht untergehen ...*

Prinzenpaar, Prinzengarde und Narrhalla sind alter Münchner Faschingsbrauch, der meiner Meinung nach unbedingt beihalten werden muß – meinte eine Zugereiste, nicht ahnend, daß der Prinz importiert wurde wie deutsche Könige auf dem Balkan.
Und ein Direktor befand:

> *Seit Generationen zählen wir uns zu den Münchner Bürgern. Wir haben deshalb ein Recht darauf, daß die alte Tradition weiterhin bestehen bleibt. Münchner Fasching ohne das Prinzenpaar wäre ein Witz ohne Pointe.*

So ernst genommen zu werden, lähmte unseren unsittlichen Unernst und bestätigte überraschend den Stand

der Restauration. Wir waren zu progressiv gewesen. Und das viel zu früh. Wir hatten das bürgerliche München überschätzt. Und uns selbst.
Langsam und leise gingen die fröhlichen Zeiten in Erinnerung über.

Weihnachtsbilanz einer deutschen Familie

1945	
Vater:	amerik. Taschenlampenbatterie, Paar Schuhsohlen
Mutter:	Wiechert: Das einfache Leben, Wollstrümpfe, 0,5 Pfund Kaffee
Sohn:	Kasperlefiguren
Tochter:	Puppe (aus Uniformstoff)
Onkel Eugen:	Großvaters Regenpelerine
Tante Lisbeth:	2 Topflappen
Freund Paul:	Ohrenschützer
Schwiegervater:	(im Lager)
1947	
Vater:	Fahrradschläuche, Schweizer Chronometer, Camel
Mutter:	Amerikanische Wolldecke, Dose Nescafé, Das Buch vom Tee
Sohn:	Candies, Roller (antiquarisch)
Tochter:	Candies, Kleidchen (aus Tischdecke)
Onkel Eugen:	Rasierapparat (gegen Raucherkarte)
Tante Lisbeth:	Peanutbutter, Reader's Digest
Freund Paul:	Lucky Strike, Aluminiumaschenbecher
Schwiegervater:	(noch im Lager)
Captain Sullivan:	Altdeutschen Zierhumpen, Perserbrücke

1949

Vater:	Schonbezüge (Opel P4), Anzugstoff, Camel
Mutter:	Kalbfellmantel, Nylonstrümpfe, Schuhe
Sohn:	Anorak, Karl May
Tochter:	Teddybär, Pullover
Onkel Eugen:	Diplomatentasche, Krawatte
Tante Lisbeth:	Christstollen, Flasche Vermouth
Freund Paul:	Fahrrad (vom Vater)
Schwiegervater:	Argentinienreise (einfach)

1951

Vater:	Borgward, Smoking, Cognac, Zigarren
Mutter:	Cocktailkleid, Perlenkette
Sohn:	Fahrrad, Werkzeugkasten
Tochter:	Kunstlaufschlittschuhe, Webrahmen
Onkel Eugen:	Schweizer Chronometer (vom Vater)
Tante Lisbeth:	Christstollen, Flasche Vermouth
Putzfrau:	Wollschal, Handschuhe
Chef:	Kunstdruck (Böcklin)

1953

Vater:	goldene Uhr mit Goldarmband, Siegelring, Zigarren, Reise- und Opernführer
Mutter:	Persianer, Ceram: GÖTTER, GRÄBER UND GELEHRTE, Siegelring
Sohn:	Moped, Duffle Coat
Tochter:	Skiausrüstung, Duffle Coat

Onkel Eugen:	Ledermantel, Kirst: 08/15
Tante Lisbeth:	Christstollen, Flasche Vermouth
Dienstmädchen:	Eau de Cologne, Wecker
Geschäftspartner:	Kiste Spätlese

1955

Vater:	Krokodilbrieftasche, Krokodilfüllhalteretui, Krokodilzigarettenetui, Krokodilstreichholzetui, Brillantring
Mutter:	Krokodilhandtasche, Krokodilschuhe, Brillantring, Fernsehtruhe (Chippendale)
Sohn:	Vespa, Siegelring (vom Vater)
Tochter:	Plattenspieler, Schallplatten, Siegelring (von der Mutter)
Tante Lisbeth:	Christstollen, Flasche Vermouth
Dienstmädchen:	Kofferradio, Eau de Cologne, Seife
»X«:	Appartement, Modellkleid, Krokodilhandtasche

1957

Vater:	Chrysler, Ferienhaus (Tessin), Cuba-Zigarren
Sohn:	Volkswagen, Smoking, Magnetophon, goldene Armbanduhr
Tochter:	goldenes Armband, Cocktailkleid (von Dior), Satz Lederkoffer, Krokodilhandtasche
1. Dienstmädchen:	Gehaltserhöhung, Eau de Cologne, Seife
2. Dienstmädchen:	Gehaltserhöhung, Eau de Cologne, Seife

Abgeordneter Y:	Freßkorb (DM 400,–)
Rechtsanwalt:	Freßkorb (DM 500,–)
»X«:	Nerzstola, 190 SL
1959	
Vater:	Manschettenknöpfe (18 Karat), Gehpelz, Cubazigarren
Tochter:	Appartement, Nerzstola, 190 SL
1. Dienstmädchen:	Eau de Cologne, Seife, DM 500,– (im Kuvert)
2. Dienstmädchen:	Eau de Cologne, Seife, DM 250,– (im Kuvert)
Chauffeur:	Gehaltserhöhung, Ledergürtel, Feuerzeug
Rechtsanwalt:	gotische Madonna (Lindenholz)
Steuerberater:	Krimsekt, Dose Kaviar
Gemeindekasse: (Tessin)	DM 5000,–
»X2«:	Appartement, Modellkleid, Krokodilhandtasche
Sohn:	Kaution (DM 20 000,–)

Ausklang mit Musik

Mancher mag den düsteren Hintergrund jener Zeit vermißt haben, die nackte Not, die es wahrlich gab. Sie wurde in anderen Büchern ausreichend beschrieben.
Der Mensch ist so geschaffen, daß er die Schrecken vergißt. Das Erfreuliche aber, das soll man aufschreiben, über jene berichten, die bei aller Misere ihren Humor nicht verloren haben. Ihnen ist dieses Buch gewidmet. Mein Dank gilt allen Freunden, die dazu beigetragen haben.
Schließen wir mit Musik.
Weil Musik den Schwingungszustand einer Ära am deutlichsten beschreibt. Das freiheitliche Lebensgefühl unserer Jugend, das der Jazz ausgedrückt hatte, endete weltweit mit dem Übergang zum Rock'n'Roll.
Verwundert erwachte die Kriegsgeneration aus ihrem Traum von der großen Freiheit. Ihre Bereitschaft, die Welt zu umarmen, gefror in dem Klima zunehmend menschenfeindlicher Technik und rüder Geldmacherei. Ein neues Lebensgefühl, eine Musik aus Angstschreien im Phonbereich schwerer Artillerie machte Verständigung unmöglich, wollte das. Trotzig erklärten die Jungen den Älteren den Krieg. Um Frieden zu erzwingen, wie sie ihn sich vorstellten, probten sie die Kulturrevolution. Und scheiterten an ihrer Blaublumigkeit.
Man kann die Altvorderen nicht ins Abseits schieben. Sie werden nicht weniger, sie werden immer älter. Neue Alte rücken nach. Das macht sie unumgänglich. Noch

verteidigt eine bärtige Nachhut den neurotischen Kindergarten und schon kündet die Musik der Noch-Jüngeren ein noch neueres Lebensgefühl. Mit leiseren, gläubigeren Tönen, scheu umarmungsbereit, voller Hoffnung. Wo die Bäume sterben, sind wir auf dem Holzweg. Und warten auf die nächste Musik.